Volker Lapp • Wie helfe ich mir draußen

Volker Lapp

Wie helfe ich mir draußen

Touren- und Expeditionsratgeber

Überarbeitete und erweiterte Neuausgabe

pietsch

Einbandgestaltung: Andreas Pflaum

Titelbild: Andreas Pflaum unter Verwendung einer Vorlage
von Siegfried Horn.

Bildnachweis:
Die Zeichnungen erstellten Heinz Lapp, Fenja Killmann/
Jeanette Killmann und Reinhold Busch.
Die Bilder fotografierte Christian Schiegel.

ISBN 3-613-50363-8

Postfach 103743, 70032 Stuttgart
Ein Unternehmen der Paul Pietsch Verlage GmbH + Co
4. überarbeitete und erweiterte Neuausgabe 2000

Die Auflagen 1–3 sind unter der ISBN 3-613-50070-1 erschienen.

Lektor: Oliver Schwarz
Innengestaltung: Katharina Jüssen
Repro: digi bild reinhardt, 73037 Göppingen
Druck und Bindung: Fotolito LONGO, I-39100 Bozen
Printed in Italy

Inhalt

Vorwort

Im Jahre 1988 erschien zum ersten Mal das vorliegende Büchlein, mit dem ich eine Lücke auf dem Markt der vielen Survivalbücher schließen wollte. Nun gibt es das Buch bereits in der vierten Auflage und es hat mit jeder Auflage etwas an Umfang gewonnen, da mir im Lauf der Jahre immer wieder neue Tipps einfielen, die sich in bestimmten Situationen als wichtig erwiesen haben.
Ich habe mich nach wie vor bemüht, das Buch als ein Handbuch zu erhalten, das in jeder Tasche mitgeführt und weiterhin nach dem Prinzip: »Man nehme...«, verwendet werden kann. Es soll ein Buch bleiben, das mögliche Situationen darstellt und gleichzeitig eine Lösung dafür anbietet – eine Lösung, die einfach zu verstehen und vor allem schnell und sicher auszuführen ist.
Ich habe versucht, ein möglichst vielschichtiges Buch zu schreiben, das nicht nur Expeditionsteilnehmern und Abenteuerurlaubern eine Hilfe ist, sondern auch Wanderreitern, Jägern, Schlittenhundeführern, Bergsteigern, Natur- und Survivalfreunden.
Ganz neu hinzugekommen ist das Kapitel: »Mit dem Auto unterwegs«, das sich vor allem an Fernreisende richtet, aber auch eine Menge allgemeiner Tipps für das Fahren im Gelän-

de bietet. Neu sind auch die Kapitel über das Angeln und die Orientierung mit Hilfe von Kompass, Karte und GPS.
Ein besonderes Anliegen war mir immer der Medizinteil. Dieser kurze Streifzug durch die Human- und Tiermedizin kann selbstverständlich weder den Gang zum Arzt noch ein Medizinstudium ersetzen. Allerdings sind gewisse medizinische Kenntnisse – gerade wenn man auf sich alleine gestellt ist – unumgänglich. Denn selbst der einfallsreichste, improvisierfähigste Geist ist machtlos, die beste Ausrüstung nur noch Hilfswerk, wenn man durch Krankheit oder Unfall nicht mehr einsatzfähig ist. Natürlich sollten die richtigen Handgriffe schon vor dem Beginn einer Reise oder Tour eingeübt werden. Das Erste-Hilfe-Training ist sogar als selbstverständlicher Bestandteil einer sorgfältigen und richtigen Planung zu sehen. Dazu sollte jeder versuchen, sich eine gewisse Flexibilität anzueignen, um im Notfall mit den ihm zu Verfügung stehenden Mittel improvisieren zu können. Klar, dass die *goldene Regel* hinsichtlich des Erste-Hilfe-Kapitels auch in diesem Buch lautet: *Die beste Bewältigung einer Notfallsituation besteht darin, sie gar nicht erst eintreten zu lassen!*

Volker Lapp
Wittgenborn, im Jahr 2000

1. Rund um's Wetter

ALLGEMEINE WETTERREGELN

Föhn:	Birgt stets die Gefahr eines Wettersturzes.
Kaltfronten:	Können auch im Sommer die Schneefall-Grenzen im Gebirge sinken lassen.
Nebel im Tal:	Meist sonniges Wetter im Gebirge; gute Fernsicht.
Bewölkter Himmel:	Geringere Temperaturunterschiede zwischen Tag und Nacht.
Wolkenloser Himmel:	Starke Temperaturunterschiede zwischen Tag und Nacht. Diese fallen umso stärker aus: • Je schwächer der Wind weht und/oder • je trockener die Luft ist (insbesondere bei Schnee).
Langsame Veränderung des Wetters:	Bringt beständiges Wetter und konstante Temperaturen.
Schnelle Wetterveränderung:	Sorgt für Unbeständigkeit.

VORZEICHEN FÜR GUTES WETTER

- Sich schnell auflösende Kondensstreifen
- Taubildung am Morgen
- Morgengrau
- Hoher Luftdruck
- Steigender Luftdruck
- Morgennebel, der sich bald auflöst
- Senkrecht aufsteigender Rauch
- Große Temperaturunterschiede zwischen Tag und Nacht.
- Ostwind im Sommer: es wird wärmer
- Ein langsamer Anstieg des Luftdrucks über Tage hinweg entspricht einem beständigen Hoch; ein schneller Druckanstieg bedeutet meist nur ein Zwischenhoch.
- Im Gebirge: Nebel im Tal ist meist von gutem Wetter und Fernsicht auf der Höhe begleitet.

KÄLTEZUNAHME

Eine Kältezunahme ist zu erwarten bei:
- stark glitzernden Sternen im Winter
- Ostwind im Winter.

ANZEICHEN FÜR SCHLECHTE WITTERUNG

- Morgen- oder Abendrot
- Flach ziehender Rauch
- Tiefer Luftdruck mit bleibender Tendenz
- Lang anhaltende Kondensstreifen in großer Höhe
- Windzunahme
- Grauer Abendhimmel
- Fallender Luftdruck

- Windstille bei Regen: langanhaltender Niederschlag
- Ferne Gegenstände, die plötzlich scheinbar näher kommen; Berge nehmen eine blauschwärzliche Färbung an
- Halo-Erscheinungen (Ringe und Höfe) an Sonne, Mond oder Sternen bedeuten eine *baldige* Wetterverschlechterung
- Auffallend gute Hörbarkeit entfernter Geräusche
- Aufklarung mit plötzlich starkem Luftdruckanstieg nach längerem Regen deutet nur auf eine *kurzzeitige* Wetterbesserung hin
- Wolkenaufzug (sich verdichtende Schichtwolken) aus West bis Südwest zeigt bei Druckabfall in *Mitteleuropa* auf Niederschlagstendenzen
- Dunst in den Bergen – bei gleichzeitiger Aufklarung im Tal – ist meist ein Zeichen für Wetterverschlechterung
- *Sturmgefahr bei schnell und stark fallendem Luftdruck*

DIE WOLKEN-WETTERBEDEUTUNG

Schichtwolken

Cirrus:	Bei Schönwetterlage und unregelmäßig verteilten Cirrus-Wolken am Himmel besteht keine baldige Aussicht auf Wetterveränderung. Bei fallendem Luftdruck sowie aus SW bis NW herbeiziehenden Cirruswolken, die sich verdichten, ist während des nächsten Tages mit Wetterverschlechterung zu rechnen.
Cirrocumulus:	Schnell herbei ziehende Cirrocumuli-Wolken aus westlicher Richtung zeigen den kommenden Wetterumschlag. Sehr feine Cirrocumuli deuten im Sommer auf Föhn oder Gewitter hin.
Cirrostratus:	Bei fallendem Luftdruck ein Zeichen für baldigen Regen; Ringe und Höfe (Halos) um Mond und Sonne: nachfolgender Regen.
Altocumulus:	Schlechtwetterfront ist angesagt.

Altostratus:	Ebenfalls ein Schlechtwetterzeichen; bei Verdichtung des Altostratus und Ausbildung von Wolkenfetzen an der Unterseite ist mit nasskaltem und regnerischem Wetter zu rechnen.
Nimbostratus:	Bildet er eine geschlossene Wolkendecke in eintönigem Grau, deutet dies auf Landregen. Allerdings: Reißt die Wolkendecke langsam auf und kommt Helligkeit durch, kann man sich auf besseres Wetter einstellen.
Stratus:	Stratuswolken im Sommer zeigen die Möglichkeit eines Gewitters an. Strati unter 100 m Höhe bezeichnet man als Nebel. Wenn bei *klarem* Winterwetter abends Nebel aufzieht, der sich dann wieder auflöst, bedeutet dies anhaltenden Frost.
Stratocumulus:	»Schönwetterwolken«; flache, geschichtete (Stratus) Quellwolkenfelder unterhalb einer Inversion. Am Ende einer Schauerperiode oder nach Nebel oder Hochnebel im Hochdruckgebiet auftretend.
Quellwolken	**(= Schauer- oder Gewitterwolken)**
Cumulus:	Nach Sonnenaufgang (bei gutem Wetter) sich bildende Cumuluswolken, die sich nach Sonnenuntergang wieder auflösen, deuten auf eine stabile Wetterlage hin. Lösen sich dagegen die Wolken nicht auf, ist mit Wetterverschlechterung zu rechnen.
(Cumulus:)	Die Bildung von starken Cumuli deutet auf Regenschauer und/oder Gewitter hin. Cumuluswolken aus SW und NW: Regen oder Schneeschauer, unter Umständen zusätzlich Windböen. Ein Auftauchen von Cumuli im Morgengrau lässt ebenfalls auf schlechtes Wetter (Schauer) schließen.

Cumulonimbus: Gewitterwolken; es ist mit Böen und/oder Regenschauer zu rechnen. Schwefelgelb gefärbte Cumulonimbuswolken zeigen kommenden Hagel an.

KLEINE WOLKENTABELLE

Wolkenhöhe in Metern	**Wissenschaftlicher Name**	**Abkürzung**	**Bezeichnung**	**Volksmund**
8000–12.000	Cirrus	Ci	Hohe Wolken	Feder-, Schleier-, Eiswolken
6000–10.000	Cirrocumulus	Cc	Hohe Wolken	Haufenfederwolken, kleine »Schäfchen«
6000–8000	Cirrostratus	Cs	Hohe Wolken	Schleierwolkenschichten (Halo um noch durchscheinende Sonne)
3000–6000	Altocumulus	Ac	Mittelhohe Wolken	grobe Schäfchenwolken, Quellwölkchen in der Höhe
3000–6000	Altostratus	As	Mittelhohe Wolken	Schichtwolken in der Höhe
2000–5000	Nimbostratus	Ns	Mittelhohe Wolken	Regenschichtwolken
0–2000	Stratus	St	Niedrige Wolken	niedrige Schichtwolken
500–2000	Stratocumulus	Sc	Niedrige Wolken	Schicht-/ Haufenwolken
500–6000	Cumulus	Cu	Niedrige Wolken	Haufen-, Quellwolken
500–1500	Cumulonimbus	Cb	Niedrige Wolken	Regenhaufen-Wolken

Cirrus – Federwolken/Schleierwolken/Eiswolken

Cirrocumulus – Haufenfederwolken, kleine »Schäfchen«

Cirrostratus – Schicht von Schleierwolken, Halo um noch durchscheinende Sonne

Altocumulus – grobe Schäfchenwolken, Quellwölkchen in der Höhe

Altostratus – Schichtwolken in der Höhe

Nimbostratus – Regenschichtwolken

Stratus – Niedrige Schichtwolken

Stratocumulus – Schicht-Haufenwolken

Cumulus – Haufenwolken, Quellwolken

Cumulonimbus – Regenhaufenwolken

WETTERKARTEN-SYMBOLE

- wolkenlos
- heiter (1/4 bedeckt)
- 1/2 bedeckt
- wolkig (3/4 bedeckt)
- bedeckt
- trockener Dunst durch Industrie oder Staub
- feuchter Dunst
- Bodennebel
- Nebel (Sicht unter 1 km)
- Staub- oder Sandsturm
- Schneetreiben
- Regen
- Nieseln (Sprühregen)
- Niederschlag in der Umgebung
- Schneefall
- Regen mit Schnee
- Eisnadeln
- Schauer
- Graupelschauer
- Hagelschauer
- Gewitter
- Ferngewitter
- Wetterleuchten
- nach Regen
- nach Gewitter

- Warmfront
- Kaltfront
- Okklusion

Windgeschwindigkeiten

- still oder sehr schwach
- um 1 m/sek. (1–5 km/h)
- um 2,5 m/sek. (6–13 km/h)
- um 5 m/sek. (14–22 km/h)
- um 7,5 m/sek. (23–31 km/h)
- um 10 m/sek. (32–40 km/h)
- um 22,5 m/sek. (77–85 km/h)
- um 25 m/sek. (86–94 km/h)

Wolkenzeichen

- Cirrus (Eiswolken, federförmig)
- Cirrostratus (Eiswolken, dünne schleierförmige Schichtbewölkung)
- Cirrocumulus (kleine Schäfchenwolken)
- Altostratus (Schichtwolken aus Eis und Wasser)
- Nimbostratus (dichte Schichtwolken aus Eis und Wasser)
- Altocumulus (dicke Schäfchenwolken aus Wasser)
- Stratocumulus (geschichtete Quellwolkenbänke aus Wasser)
- Stratus (hochnebelartige geschlossene Wolkenschicht)
- Cumulus (Quellwolken)
- Cumulonimbus (Regen- und Schauerwolken, Gewitter)
- Altocumulus lenticularis (linsenförmige Wolken aus unterkühltem Wasser, Föhnwolken)

LUFTDRUCKMESSUNG MIT DEM TASCHENBAROMETER

Um eine präzise Luftdruckmessung zu erhalten, muss zwischen zwei Messungen der momentane Standort beibehalten werden. Man darf also nicht höher oder tiefer steigen. Falls doch, müssen anhand der Karte (Höhenlinien) die Ab- oder Aufstiegsmeter exakt vermerkt und das Barometer korrigiert werden, um ein Steigen oder Fallen des Luftdrucks zu erkennen. Ein Barometer kann deshalb auch als Höhenmesser verwendet werden (s. dazu auch Kap. 3, Höhenmesser).

Merke: Der Luftdruck nimmt mit zunehmender Höhe über dem Meer ab.

Umrechnung:
1 Hektopascal (hpa) = 1 Millibar (mb) = 0,750 Torr (1 mm Hg, Quecksilbersäule).

LUFTDRUCKREGELN

1) Fallender Luftdruck am Ende einer Hochdruckperiode bringt erste Federwölkchen mit sich; diese verdichten sich dann und bedecken bald den ganzen Himmel bis zur Regenschichtbewölkung. Nachfolgend starker Regen.
2) Rasch fallender Luftdruck *im Sommer* hat meist Gewitter mit Beendigung der Schönwetterlage zur Folge.
3) Fallender Barometerdruck bei *anfänglich hohem* Luftdruck bringt, solange der Wind aus ost- bis südöstlicher Richtung weht, noch keine Wetterverschlechterung.

Die ersten gegen ein umfangreiches Hoch anlaufenden Regen- und Schneefronten verlieren oft an Kraft; erst die nächsten Fronten bringen stärkeren Niederschlag.

4) Bei anhaltend tiefem Barometerstand (10–30 hpa unter dem Mittelwert von 1013,2 hpa) wechselt das Wetter bei westlichen Winden zwischen sonnig-trockenen Abschnitten im Zwischenhoch und häufigen Niederschlägen mit Wind und Abkühlung.
5) Eine Schönwetterlage ist von Bestand, solange das Barometer hohen Luftdruck anzeigt; hierbei im Winter oft Dunst, Nebel und Smog im Flachland. Im Bergland oberhalb der austauscharmen Grundschicht aber hervorragende Fernsicht und wolkenloser Himmel. Der leichte Luftdruckabfall von 1–2 hpa in der Zeit von etwa 4.00 Uhr morgens und besonders gegen 16.00 Uhr nachmittags ist tageszeitlich bedingt und ohne Auswirkung auf eine Wetterveränderung.
6) Sehr rasch steigender Luftdruck ist oft nicht von langer Dauer; nach dem Zwischenhoch folgt dann meist ein rasches Tief.
7) Langsamer, aber stetiger Druckanstieg signalisiert dagegen den Aufbau einer beständigen Hochdruckphase.

DIE ZIRKULATION IM HOCH- UND TIEFDRUCKGEBIET

- Das Wetter im Tief ist meist durch starke Bewölkung und Niederschlag an den Wetterfronten gekennzeichnet.
- Hochdruckzonen sind meist mit trockenem und wolkenarmem Wetter verbunden (abgesehen von Boden- und Hochnebel in den Frühlings-, Herbst- und Wintermonaten).

Merke: Der Wind weht immer entlang den Isobaren (Linien des gleichen Luftdrucks).

Zirkulation um ein Tief auf der nördlichen Halbkugel: spiralförmiges *Ein*strömen ins Tief hinein (immer links herum, *entgegengesetzt* dem Uhrzeigersinn!).

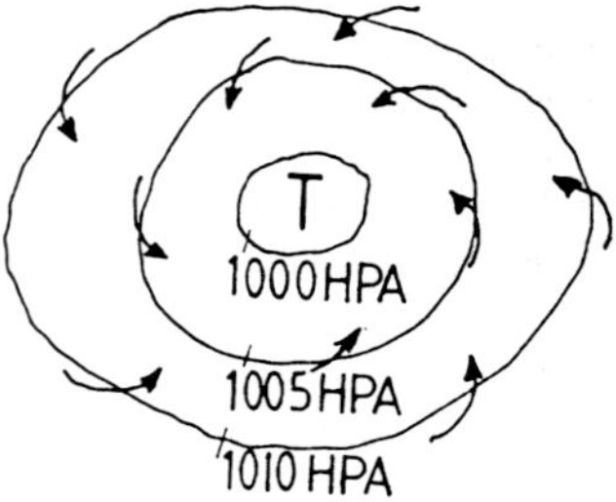

Zirkulation um ein Hoch auf der nördlichen Halbkugel: spiralförmiges *Aus*strömen aus dem Hoch hinaus (immer rechts herum, also *im* Uhrzeigersinn!).

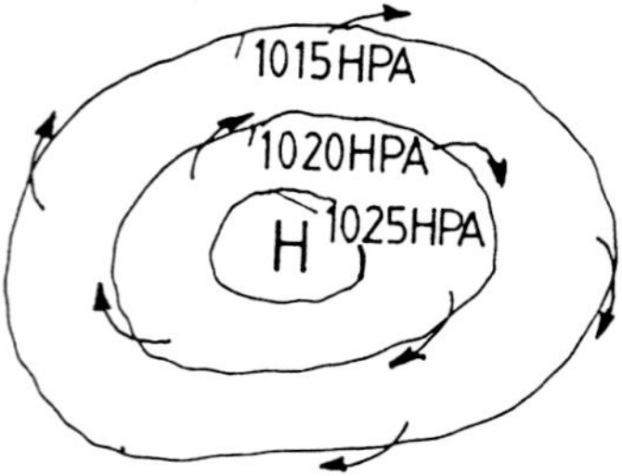

Anmerkung zur Zeichnung: Isobaren werden meist von 5 zu 5 hpa gezeichnet. Das Hoch in der Beispielzeichnung hat eine Kernisobare von 1025 hpa, d. h. alle Orte auf diesem Kreis verzeichnen den selben Luftdruck von 1025 hpa.

WINDREGELN (BEZOGEN AUF MITTELEUROPA)

- Wind vom Meer (aus SW, W oder NW) ist niederschlagsreich, da er Feuchtigkeit von der Wasserfläche aufnimmt.
- Westwetter bedeutet wechselhaftes, im Winter mildes Wetter, im Sommer kühle Temperaturen.
- SW-Wind auf der Vorderseite (Ostseite) eines von Westen her sich nähernden Tiefs bringt oft anhaltenden Warmfrontniederschlag – im Sommer Gewitter – mit sich.

- Südwind: mildes Wetter in allen Jahreszeiten.
- Nordwind dagegen bringt sommers wie winters kaltes Wetter.
- Ostwind: im Sommer trockenes, heißes Wetter, im Winter sehr niedrige Temperaturen.

Anmerkung: Diese Regeln beziehen sich auf die *Nordhalbkugel.*

Merke:
- Durch die größere Reibung über Land ist die Windgeschwindigkeit über Wasserflächen immer höher.
- Mit zunehmender Höhe nimmt auch die Windgeschwindigkeit zu.
- Hat man den Wind im Rücken – weht also der Wind gegen den Rücken –, liegt das Tief links, das Hoch rechts.

Beispiel:
Der Wind weht von Westen her (man steht mit dem Rücken zum Westen, das Gesicht zeigt nach Osten), also liegt das Tief im Norden, das Hoch im Süden.

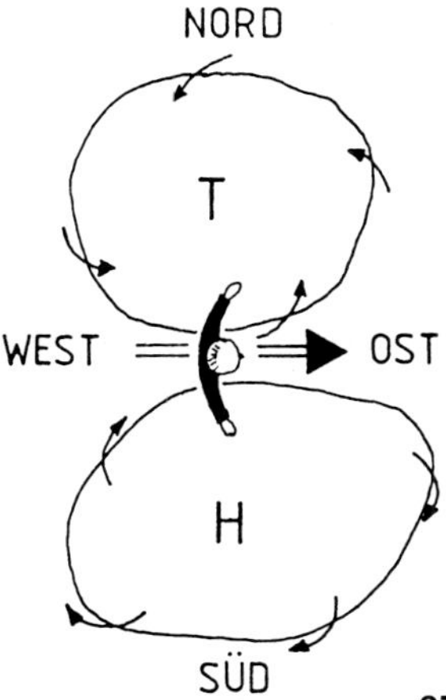

WINDGESCHWINDIGKEITEN

Definition	Erklärung	Wetterkarten-Zeichen	km/h	m/s	kn	Stärke nach Beaufort
Windstille	Keine Luftbewegung		0–1	0–0,2	0–1	0
sehr schwacher Wind	nur an ziehendem Rauch erkennbar		1–5	0,3–1,5	1–3	1
schwacher Wind	Wind im Gesicht spürbar	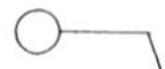	6–11	1,6–3,3	4–6	2
leichter Wind	Blätter bewegen sich		12–19	3,4–5,4	7–10	3
mäßiger Wind	kleine Zweige bewegen sich		20–28	5,5–7,9	11–15	4
stärkerer Wind	Größere Zweige bewegen sich		29–38	8–10,7	16–21	5
starker Wind	Große Zweige bewegen sich	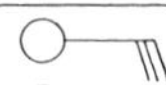	39–49	10,8–13,8	22–27	6
sehr starker Wind	schwächere Bäume bewegen sich	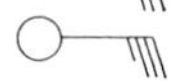	50–61	13,9–17,1	28–33	7
stürmischer Wind	Große Bäume bewegen sich, Zweige brechen ab	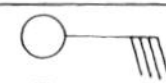	62–74	17,2–20,7	34–40	8
Sturm	Leichte Gegenstände werden aus ihrer Lage gebracht	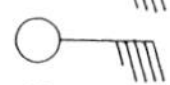	75–88	20,8–24,4	41–47	9
Schwerer Sturm	Bäume werden entwurzelt	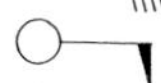	89–102	24,5–28,4	48–55	10
Orkanartiger Sturm	Schwere Sturmschäden	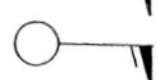	103–117	28,5–32,6	56–63	11
Orkan	Verwüstungen	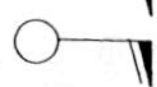	> 118	> 32,7	> 64	12

DER CHILL-FAKTOR (KÜHLEFFEKT DES WINDES)

Mit steigender Windgeschwindigkeit nimmt der Mensch die realen Temperaturen sehr viel niedriger wahr (sog. Chill- = Kühleffekt des Windes). Das führt z. B. dazu, dass es bei starkem Wind auch bei Temperaturen *über* 0° C zu Erfrierungen kommen kann. Die Kurven zeigen die empfundene Temperatur bei gegebener tatsächlicher Lufttemperatur und verschiedenen Windgeschwindkeiten bzw. -stärken.

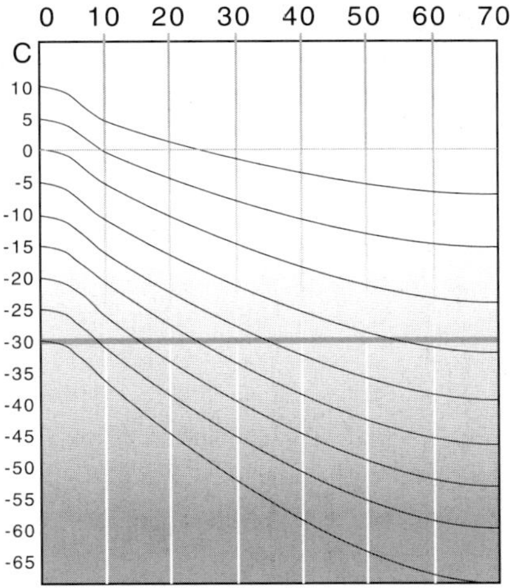

Merke: Ab einer empfundenen Temperatur von -30° C drohen an ungeschützten Körperteilen Erfrierungen innerhalb einer Minute. Ab -60° C empfundener Temperatur genügen bereits 30 sec!

Beispiel: Bei einer Lufttemperatur von -10° C und einer Windstärke 4 (in Beaufort) empfindet der Mensch eine Kälte von -25° C.

DER WECHSEL ZWLSCHEN LAND- UND SEEWIND

Während nachts der Landwind zur See weht, bläst tagsüber der Seewind zum Land (aus dem Hoch ins Tief). Voraussetzung: generelle Sonneneinstrahlung.

Nachts gilt: Wolkenarmut über dem Land im Absinkbereich des Hochs sowie Wolkenbildung (Quellwolken) über der See im Tief.

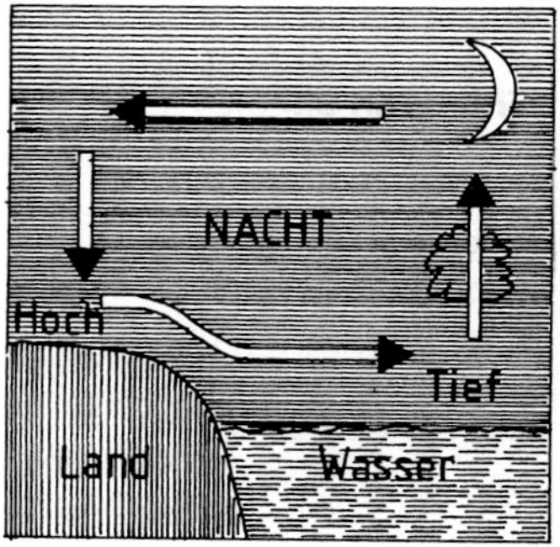

Tagsüber herrscht Wolkenarmut über der See im Absinkbereich des Hochs; Wolkenbildung dagegen über dem Land im »Hitzetief«.

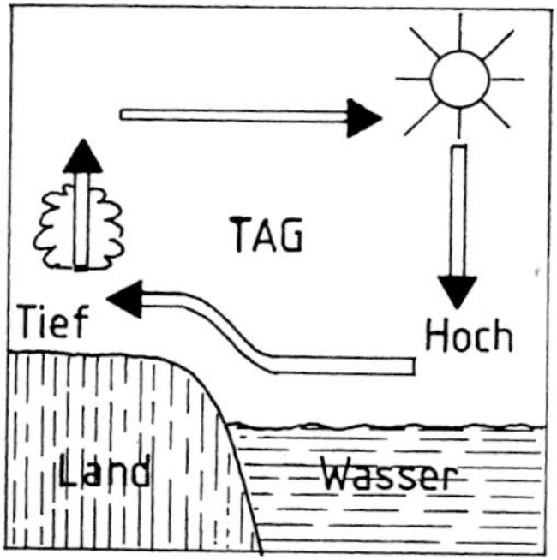

2. Wind- und Wetterschutz

VERHALTEN BEI GEWITTER

Gewitterentfernung

Zählen der Sekunden zwischen Blitz und Donner: das Ergebnis durch 3 geteilt ergibt die Entfernung in Kilometer (der Schall legt in der Sekunde 333 Meter zurück). Bei 6 Sekunden Differenz vom Blitzeinschlag bis zum Donner hieße dies: 6 Sek. ÷ 3 = 2 Kilometer.

Vorsichtsmaßnahmen

- Alle Metallstücke ablegen, ebenso Gegenstände aus Metall meiden (Weidezäune, Schienen, Motorräder, usw.).
- Geschlossene Autos (keine Cabriolets!) sind sicher (Faradayischer Käfig).
- Offene Wasserflächen sofort verlassen.
- Bei Segelbooten: versuchen den Mast zu erden, d. h. eine Metallverbindung vom Mast zum Wasser herzustellen (z. B. mit starkem Kabel oder Drahtseil).
- Feuchte Stellen – auch nasse Felsen – im Gelände meiden.
- Darauf achten, dass man selbst nicht über die Umgebungshöhe hinausragt.
- Beste Schutzstellung: Hockstellung mit angezogenen Beinen auf trockenem Untergrund; beide Füße dicht zusammennehmen.

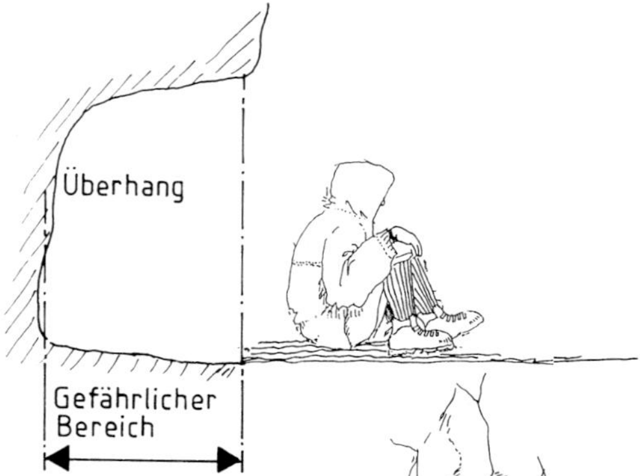

- Im Gebirge sich sofort über *mehrere* Einzelselbstsicherungen (s. S. 145, 153) sichern, da der Blitz eine Seilverbindung abschlagen kann. Vorsicht bei nassen Seilen!
  Vorsicht vor Erdströmen: nicht direkt unter einzeln liegenden Felsblöcken, Höhlen oder Überhängen Schutz suchen. Es ist besser, 2–3 m davor in Hocksitz-Stellung abzuwarten.
- Beim Einwickeln in eine Rettungsdecke sollte diese Bodenkontakt haben.

LAWINENGEFAHR

Grundsätzliches

- Nord-, Nordost- und Osthänge sind lawinengefährdet.
- Bei Hangneigungen zwischen 25° und 45° ist die Lawinengefahr am größten.
- Unterhalb von Schluchten und Rinnen ist man stärker gefährdet.
- Ab 20–30 cm Neuschnee ist mit Lawinengefahr zu rechnen.
- Bei vorherrschendem Föhn oder rascher, sonstiger Lufterwärmung ist mit starker kurzzeitiger Lawinengefahr zu rechnen.
- Eingeschneiter Oberflächenreif und Schwimmschnee sind gefährliche Gleitschichten.
- Lichte Wälder bieten meist keinen ausreichenden Lawinenschutz.
- Windbedingte Packschnee-Ablagerungen bilden Schneebretter.
- Hohlräume im Schneeprofil sind gefährlich; diese kommen oft bei staudenartigem Unterwuchs (z. B. Heidelbeeren) vor.
- Lawinengefahr besteht auch beim Spuren, wenn der Schnee mit dumpfen »Wwummf-Geräusch« bricht.

Merke: Besser übertriebene Vorsicht als gefährliches Heldentum!

Verhalten in lawinenverdächtigem Gelände

- Falls Verschütteten-Sende- und -Suchgerät (VS-Geräte) vorhanden, die einwandfreie Funktion vor Inbetriebnahme prüfen.

- Lawinenschnur am Körper befestigen; zur Not improvisieren.
- Alle Gurte am Körper lösen (Rucksack-Hüftgurt, Stockschlaufen, Fangriemen).
- Zusätzlich warme Kleidung anziehen (Handschuhe, Pullover; Anorak-Kapuze tragen).
- Die Spur immer außerhalb verdächtiger Hänge anlegen, auch wenn man dadurch Umwege oder stärkeren Energieverbrauch in Kauf nehmen muss.
- Wenn möglich sollte sich immer nur ein Mitglied der Gruppe im gefährdeten Hangbereich aufhalten.

Merke: Ein lawinengefährdetes Gebiet wird, falls man es nicht umgehen kann, schnell, einzeln und so hoch wie möglich gequert!

Maßnahmen bei Fremdverschüttung

1) Lawinenabgang genau beobachten.
2) Nach Stillstand der Schneemassen den Punkt des letzten Aufenthaltes der betroffenen Person markieren.
3) Falls die Gefahr des Abgangs weiterer Lawinen besteht, einen Warnposten in sicherem Gelände aufstellen.
4) Sind ausreichend Helfer vorhanden, sofort einen Kameraden ins Tal schicken; genaue Ortsangaben vereinbaren (Karte, Kompass, Höhenmesser, Peilung).
5) Die Suche *sofort* beginnen – es geht um Minuten. Schematisch suchen! Das Suchgebiet einteilen und markieren. Sind keine Lawinensonden und VS-Geräte vorhanden, sind zur Suche Skistöcke, Pickel, Zeltstangen oder Äste zu benutzen.

6) Ist das Opfer gefunden, sofort den Kopf freilegen, Mund und Nase reinigen. Beruhigend auf den Verunfallten einwirken (auf Schock achten!).
7) Falls das Opfer nicht bei Bewusstsein ist, sofort mit künstlicher Beatmung und eventuell Herzmassage beginnen (s. Kap. 7, Brüche, Unterkühlungen, Erfrierungen).

Hilfe bei Selbstverschüttung

1) Beim Erkennen der Lawine sich sofort von allen Ausrüstungsgegenständen lösen (Rucksack, Ski, Skistöcke usw.). Falls Bäume oder Sträucher in der Nähe sind, versuchen sich festzuklammern.
2) Ist man mit Skiern unterwegs, unter Umständen eine Schussfahrt wagen, um aus dem Gefahrenbereich herauszukommen.
3) Versuchen, mit Schwimm- und Stemmbewegungen an der Lawinenoberfläche zu bleiben.
4) Bei Verschüttung probieren, eine Kauerstellung einzunehmen. Atemfreiraum vor dem Gesicht schaffen.
5) Ruhe bewahren, Sauerstoff sparen.
6) Hört man Geräusche von Helfern und Hunden, besteht die Wahrscheinlichkeit, dass das eigene Rufen auch gehört wird.

3. Orientierung

Zur sicheren Orientierung und um ein Ziel unter sinnvollem Kraft- und Zeiteinsatz zu finden, müssen Standort, Richtung, Entfernung und Höhe bestimmt werden können. Nötig sind dazu natürliche und/oder künstliche Hilfsmittel.

NATÜRLICHE ORIENTIERUNGSMITTEL

Diese Methoden taugen ohne Hilfsmittel oder Kenntnisse der Astronavigation nur zur Groborientierung!

Sonnenstand

Sonnenaufgang	= im Osten
Höchststand (Mittag) nördliche Halbkugel	= im Süden
Höchststand (Mittag) südliche Halbkugel	= im Norden
Sonnenuntergang	= im Westen

Die Uhr als Kompass

Diese Methode ist an den Polen genau, in hohen Breiten brauchbar und in Äquatornähe sowie bei bedecktem Himmel nutzlos.
Trägt man eine Digitaluhr, zeichnet man sich ein Ziffernblatt und ermittelt Süden bzw. Norden anhand der Skizze.

Nordhalbkugel: Der Stundenzeiger (kleiner Zeiger) muss zur Sonne zeigen. Süden entspricht dann der Winkelhalbierenden zwischen Stundenzeiger und 12 Uhr, Norden der Winkelhalbierenden zwischen Stundenzeiger und 6 Uhr.
Südhalbkugel: Die Winkelhalbierende zwischen Stundenzeiger und 12 Uhr zeigt nach Norden, die zwischen Stundenzeiger und 6 Uhr nach Süden.

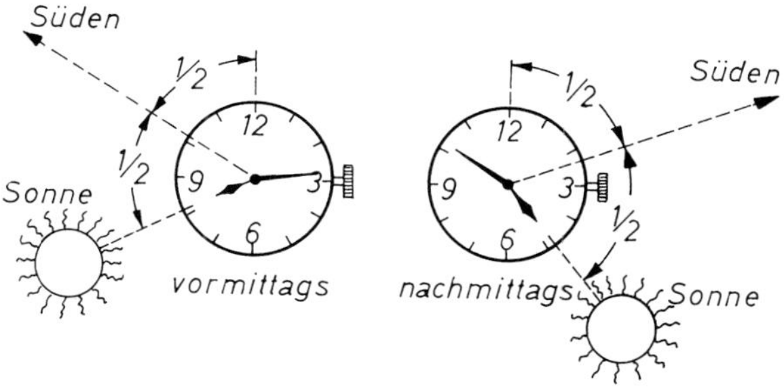

Polarstern und Kreuz des Südens

Die einfachste Methode zur Orientierung bei Nacht bietet auf der Nordhalbkugel der Polar- oder Nordstern im Sternbild des »Kleinen Wagens« (auch »Kleiner Bär«). Zur Suche bedient man sich des »Großen Wagens«. Beide Sternbilder drehen sich gegen den Uhrzeigersinn um den Polarstern.
Südlich des nördlichen Wendekreises und auf der Südhalbkugel orientiert man sich nach dem Sternbild »Kreuz des Südens«, das sich im Uhrzeigersinn am südlichen Nachthimmel dreht.

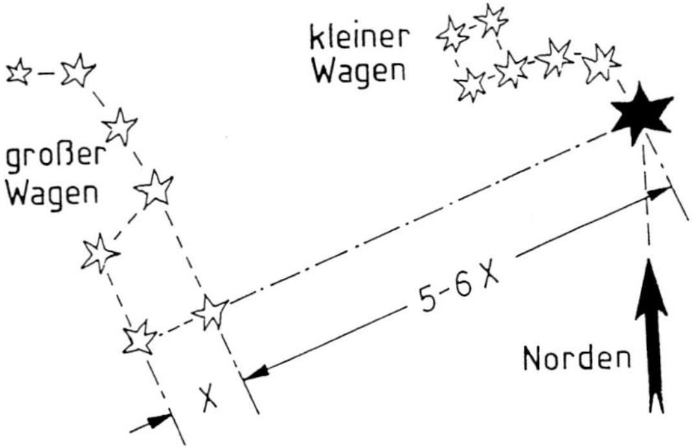

Polarstern (Nordstern)

- Er zeigt geografisch Nord an und ist ab etwa dem 10. nördlichen Breitengrad (Breitengrad: s. bei Koordinaten) sichtbar.
- In Polnähe kann kein Richtungswinkel bestimmt werden, weil er fast senkrecht über dem Kopf steht.
- Der Polarstern ist der vorderste »Deichsel«-Stern des »Kleinen Wagens«. Um ihn zu finden, verlängert man die hintere »Ladeklappe« des »Großen Wagens« 5-mal.
- Da der Polarstern nach geografisch Nord zeigt, kann auch die Deklination (s. Kap. »Kompass«) bestimmt werden.

Kreuz des Südens

Es ist sehr klein und »Kopf« und »Fuß« des Kreuzes liegen bei ausgestrecktem Arm nur zwei bis drei Finger breit (ca. 6°) auseinander.

Verlängert man die Längsachse des Kreuzes 4- bis 5-mal ab dem Fußstern und geht von dort senkrecht zum Horizont, erhält man Süden (auf ca. 3° genau).

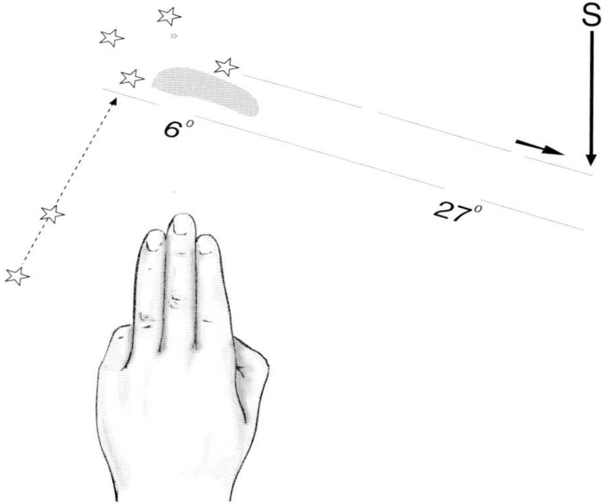

Merke: Der Höhenwinkel (Alpha) des Nordsterns und der des »Himmels-Südpols« entspricht jeweils der geografischen Breite (Breitengrad) des eigenen Standorts.

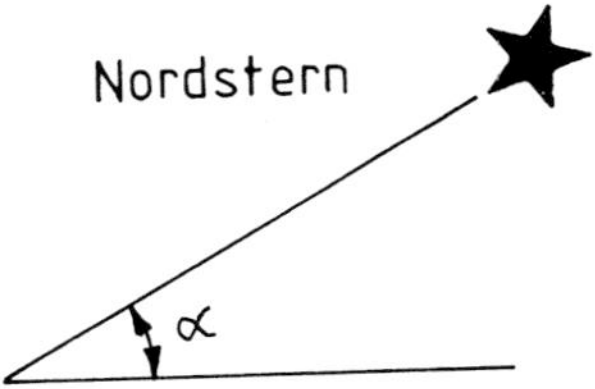

KARTE UND GELÄNDE

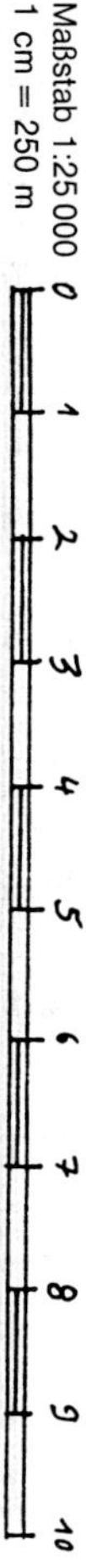

Je nach Kartenmaßstab ist die von der Karte ins Gelände zu übertragende Entfernung verschieden.
Der Maßstab wird auf dem Deckblatt oder am Kartenrand angegeben.

- Große Maßstäbe sind 1:25.000 und 1:50.000, z. B. bei topografischen Karten.
- Kleine Maßstäbe sind 1:500.000 oder 1:1.000.000, z. B. bei Straßen- oder Pilotenkarten.

Wichtigste Angaben für die Praxis sind Maßstab, Maßeinheit (km, Land-, Seemeilen) und Höhenlinien.

Kartenmaßstab

Maßstab	1 cm in der Karte entspricht im Gelände	1 km im Gelände entspricht auf der Karte
1:10.000	100 m	10 cm
1:15.000	150 m	6,65 cm
1:20.000	200 m	5 cm
1:25.000	250 m	4 cm
1:50.000	500 m	2 cm
1:100.000	1 km	1 cm
1:200.000	2 km	5 mm
1:500.000	5 km	2 mm
1:1.000.000	10 km	1 mm

Höhenlinien

Alle Geländeformen (Berge, Täler) werden auf Landkarten mit Höhenlinien dargestellt. *Höhenlinien* verbinden alle Punkte, die gleich hoch über Meereshöhe liegen.
Der Abstand zweier Höhenlinien heißt *Äquidistanz*, ist für die gesamte Karte gleich und wird am Kartenrand angegeben.
Die Hangrichtung verläuft rechtwinklig zu den Höhenlinien; so können Geländeformen erkannt werden.

Zähllinien sind stärker gedruckt und mit der Höhenangabe versehen, deren Ziffern so stehen, dass ihr Kopf immer nach oben (zum Berg), ihr Fuß nach unten weist.

Höhenlinien sind meist braun, auf Gletschern und Schneefeldern blau, in Seen (Höhe ü. M. oder Wassertiefe) blau und – in manchen Karten – auf felsigem Untergrund auch schwarz gedruckt.

Merke:
- Je enger die Höhenlinien, desto steiler das Gelände!
- Höhenlinien werden von der Falllinie rechtwinklig geschnitten.
- Für markante Punkte (Gipfel, Berghütten, Pässe, Seen, Ortsnamen) wird die Höhe ü. M. angegeben.

Nach den Höhenlinien lässt sich ein Profil der Landschaft zeichnen, die durchschnittliche Steigung kann ermittelt und die Gehzeit geschätzt werden.

Maßstab 1:5 000
1 cm = 50 m

0 1 2 3 4 5 6 7 8 9 10

Beispiele:

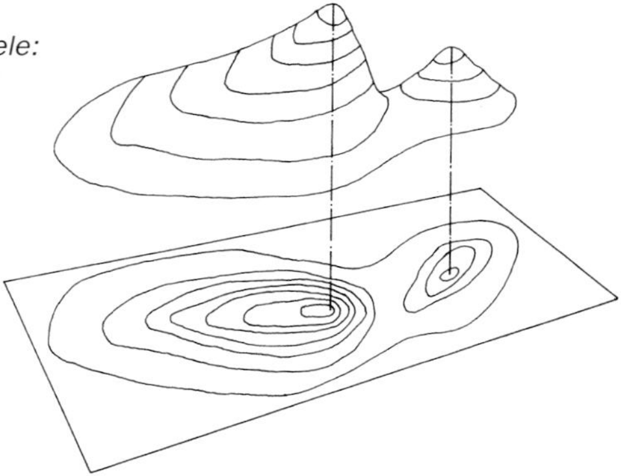

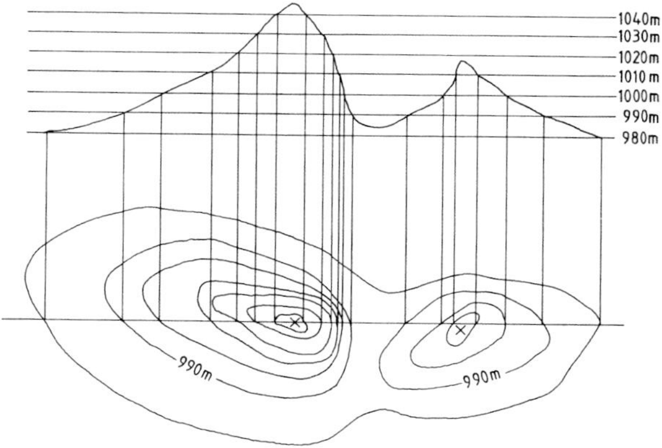

Ausgehend vom Maßstab der Karte sowie der Höhenlinien-Differenz (= Äquidistanz; sie wird in der Karte angegeben) lässt sich über den Abstand der Linien der Steigungswinkel errechnen.

Formel: $\frac{\text{Höhenunterschied in Meter x 10.000}}{\text{Höhenlinienabstand in cm x Maßstab}}$ = Steigung in %

Beispiel:
Kartenmaßstab 1:25.000
Höhenunterschied 60 m (6 Höhenlinien à 10 m)
Höhenlinienabstand für diese 60 Höhenmeter auf der Karte = 1,4 cm

Formel: $\frac{60 \times 10.000}{1,4 \times 25.000}$ = 17,1% Steigung

D. h., man muss auf 100 Meter waagerechte Wegstrecke 17,1 m aufsteigen.

Umrechnung von Grad in Prozent

Grad	Prozent
5	8,7
10	17,6
15	26,8
20	36,4
25	46,6
30	57,7
35	70
40	83,9
45	100

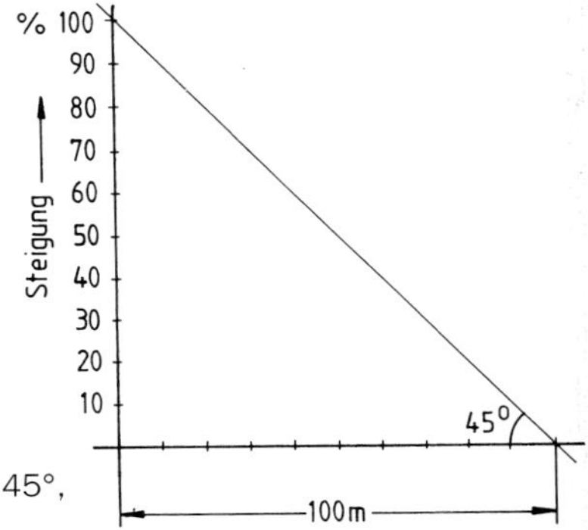

100 % Steigung entspricht 45°, ist also *nicht* senkrecht.

Benötigte Zeit beim Marsch

In der Ebene läuft der Mensch in hindernisfreiem Gelände in einer Stunde etwa 5 km bzw. er kann in dieser Zeit ca. 300 Höhenmeter aufsteigen.
Der Zeitaufwand für eine Etappe lässt sich daher ganz einfach aus Marschstrecke und Höhenunterschied berechnen.

Beispiel:
7,5 km auf 600 m Höhenunterschied ergeben einen Zeitaufwand von 90 + 120 Minuten = 210 Minuten.
Sicherheitsfaktor einkalkulieren!

Weitere Kartenmerkmale

Auf topografischen Karten, Straßenkarten und Atlanten markiert der obere Blattrand immer Norden.
Die Schrift von Siedlungsnamen (Orte, Berghütten) verläuft von West nach Ost.
Bei Landschaftsnamen, Flüssen, Gebirgszügen folgt die Schrift dem Landschaftsverlauf.

Merke: Bei schlechten Straßenkarten und Touristik-»Wanderkarten« ist das nicht der Fall; manchmal fehlt sogar ein Nordpfeil.

Höhenmessung von Objekten

Um die Höhe von Bauwerken, Bäumen oder sonstigen Objekten im Gelände zu errechnen, gibt es folgende Methode:

1) Man wählt einen Punkt, der eine bestimmte Entfernung zu dem zu messenden Objekt hat. Die Entfernung wird dabei durch Abschreiten ermittelt.

2) Ein Stock von bekannter Länge wird senkrecht in die Erde gesteckt.
3) Über die Spitze des Stockes wird die Spitze des Objektes angepeilt.
4) Die Höhe des Gegenstandes wird dann nach folgender Formel berechnet:

$$H = \frac{A \times h}{a}$$

Merke: Immer die gleiche Maßeinheit benutzen, entweder Schritte oder Meter.

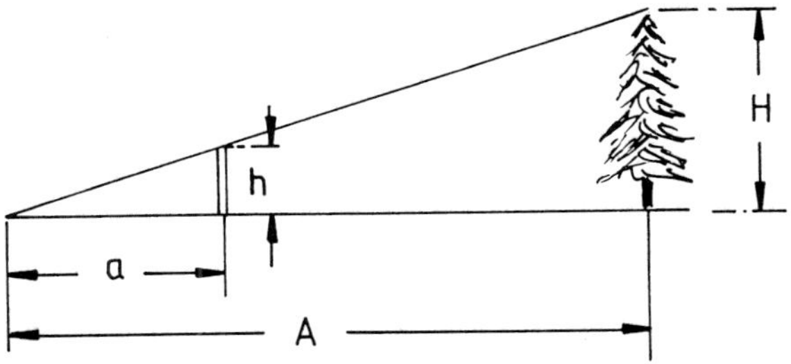

Bei geneigtem Gelände ist die Formel identisch, der Stock muss lediglich parallel zur Höhe »h« stehen.

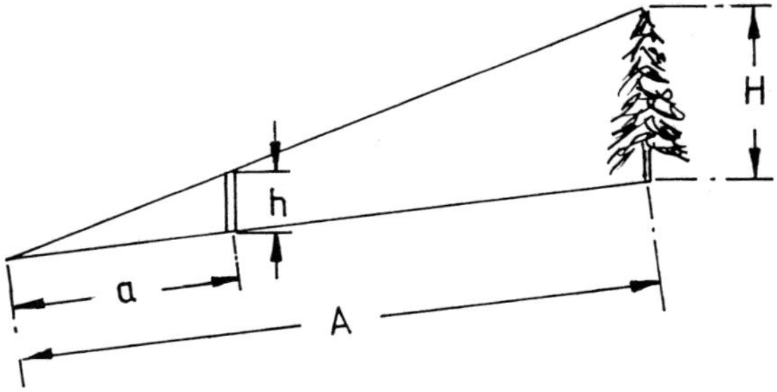

KOMPASS

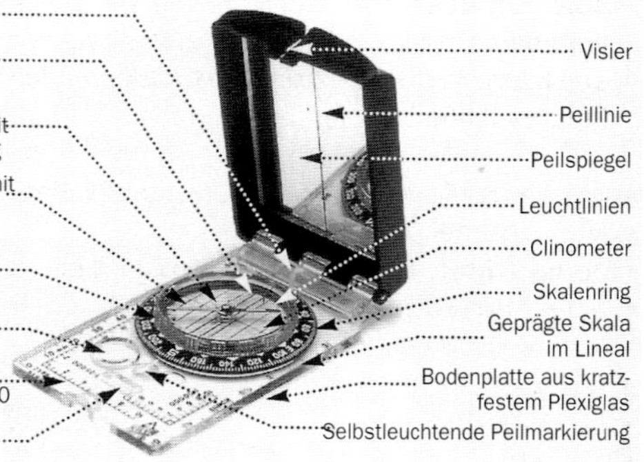

- Die Nadel zeigt immer zum magnetischen Nordpol und dient als Winkelmesser zum Errechnen eines Kurses.
- Magnetischer und geografischer Nordpol sind nicht identisch. Dieser Fehler wird *Missweisung* oder *Deklination* genannt. Berechnungen entfallen, wenn die Kompass-Windrose um den Deklinationswert verdreht werden kann.
- Ebenso folgt die Nadel dem Erdmagnetfeld, dessen Feldlinien in verschiedenen Winkeln zur Erdoberfläche verlaufen. Dieser Effekt heißt *Inklination*. Weil herkömmliche Kompassnadeln für eine bestimmte Region ausbalanciert werden, kann anderswo die Nadel im Gehäuse streifen und falsch anzeigen. Gute Hersteller bieten für andere Regionen angepasste Dosen an und sogenannte »Turbo«-Modelle sind (fast) überall brauchbar, weil Magnet- und Anzeigenadel getrennt wurden.

- Die größte Fehlerquelle in der Praxis ist die Deviation – die Ablenkung durch Fahrzeuge, Stromleitungen, Pipelines, aber auch Taschenmesser oder Kameras. Die Ablenkung bei einem Fahrzeug-Kompass muss deshalb kompensiert werden können. Dies geschieht mit »Gegen«-Magneten oder bei Elektronik-Kompassen rechnerisch.

Ausstattung eines zur Kartenarbeit tauglichen Kompasses:
- Magnetnadel
- durchsichtige Dose mit Flüssigkeitsdämpfung
- darin eingedruckte Nordlinien (evtl. zusätzliche West-Ost-Linie)
- Nordmarke
- lange Anlegekante zum Verbinden der Start-Ziel-Strecke
- Kurspfeil
- Kreisteilung der Windrose.

Die Kreisteilung der Windrose
- Am häufigsten wird die 360°-Teilung im Uhrzeigersinn verwendet:

0 bzw. 360°	= Norden
90°	= Osten
180°	= Süden
270°	= Westen

Nachteilig dabei ist, dass diese Teilung sich nicht ins Dezimalsystem einfügt.

- Verbreitet ist auch die Einteilung in 400 Gon (Neugrad). Ihr Vorteil ist, dass auf sie das Dezimalsystem anwendbar ist:

0 bzw. 400 Gon	= Norden
100 Gon	= Osten
200 Gon	= Süden
300 Gon	= Westen

- Das Militär teilt je nach Land den Vollkreis in 6000 bis 6400 (vereinfacht 60 bzw. 64) Strich (Mils, Artillerie-Promille) ein. Der Vorteil dabei ist, dass 64 Teile bei halbierten Winkeln gerade Zahlen ergeben. 60 Teile entsprechen dem Uhrenziffernblatt mit den Minuten:
  0/60 = Norden
  15 = Osten
  30 = Süden

Umrechnungstabelle für Kompass-Winkelangaben

360°	*400°*	*6400*
1	1,1	17,8
2	2,2	35,6
3	3,3	53,3
4	4,4	71,1
5	5,6	88,9
10	11,1	177,8
15	16,7	266,7
20	22,2	355,6
25	27,8	444,4
30	33,3	533,3
35	38,9	622,2
40	44,4	711,1
45	50,0	800,0
50	55,6	888,9
60	66,7	1066,7
70	77,8	1244,4
80	88,9	1422,2
90	100,0	1600,0

Die Deklination (Missweisung)

Die Erde dreht sich um den geografischen Nordpol. An diesem Punkt treffen sich auch die Längengrade.

Die Nadel des Kompasses richtet sich allerdings nach dem magnetischen Nordpol, genauer genommen nach den magnetischen Meridianen, die nicht geradlinig, sondern kurvenförmig verlaufen. Die Abweichung der Kompassnadel von der geografischen Nord-Süd-Linie wird *Missweisung* oder *Deklination* genannt und in Grad (°) Ost oder West angegeben. Sie ist entweder in der Kartenlegende angegeben oder direkt als »Linien gleicher Missweisung« (= Isogonen) in die Karte eingezeichnet.

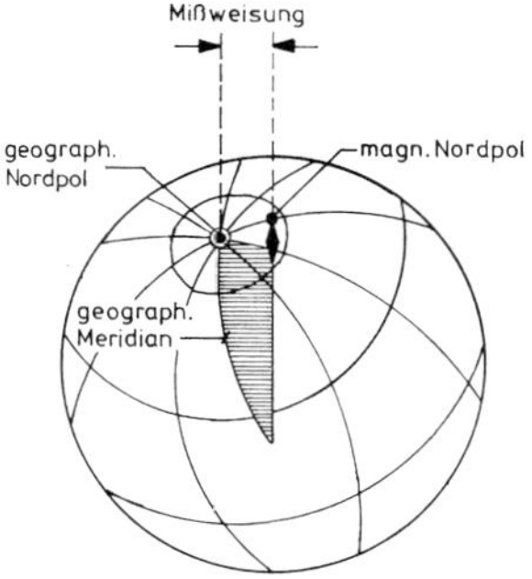

Magnetischer Nordpol	MN
Geografischer Nordpol	TN (engl. True North)
Deklination (Missweisung)	engl. Variation

Die Missweisung wird in Grad WEST oder OST angegeben.

Lage des magnetischen und geografischen Nordpols

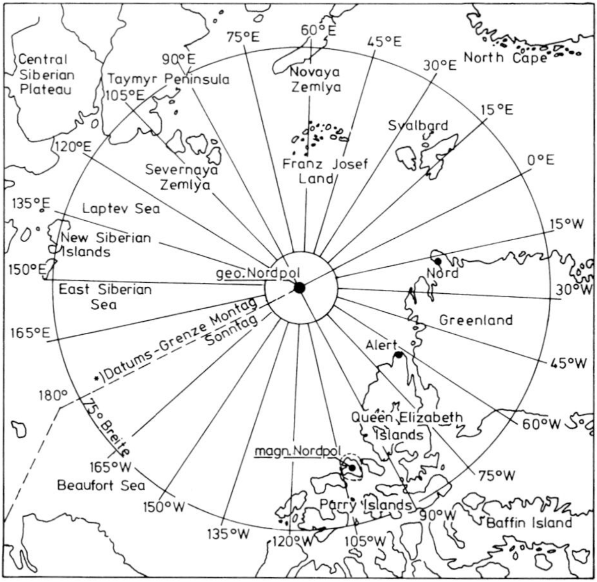

*) Internationale Datums-Grenze. Beim Passieren der Datums-Grenze nach Westen muss ein Tag weiter gerechnet, beim Passieren nach Osten ein Tag abgezogen werden.

Die Deklination entspricht dem Winkel am Ort des Betrachters der Karte zwischen dem geografischen Nordpol (TN) und dem magnetischen Nordpol (MN). Das heißt: Meine Kompassnadel weicht also um die angegebene Deklination von der geografischen N-S-Linie ab.

Für die nachfolgenden Beispiele wird zur Vereinfachung davon ausgegangen, dass die Kompassnadel genau zum magnetischen Nordpol zeigt, um so die nötigen Umrechnungen leichter erklären und zeichnerisch darstellen zu können.

Beispiel A

1) Deklination WEST

Der magnetische Nordpol (MN) liegt für den Betrachter westlich vom geografischen Nordpol (TN), also auf der Karte links von der Nord-Süd-Linie.
Somit ist bei Deklination West der Betrag der magnetischen Peilung um den Wert der Deklination größer als die Peilung bezogen auf den geografischen Nordpol (TN).

Nord-Süd-Linie (N/S) = Richtung geografischer Nordpol (TN)

Deklination: 10° WEST
Magnetische Peilung: 120°
Kartenpeilung:
120° – 10° = 110°
(Magnetische Peilung minus Deklination = Kartenpeilung)

Das heißt: Der Kompass zeigt 10° mehr an, als die Peilung auf Karte.

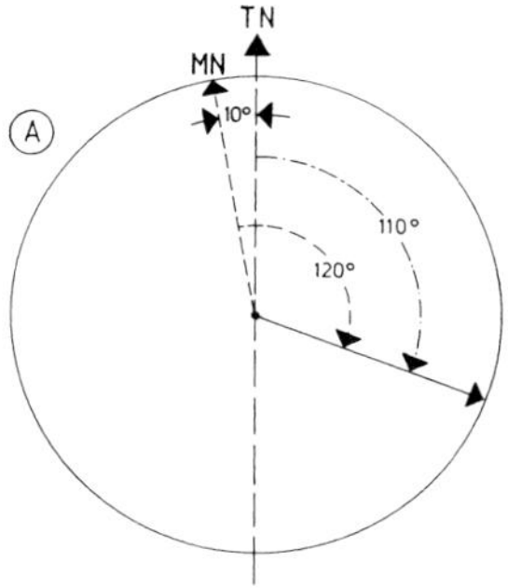

Beispiel B

2 Deklination OST

In diesem Fall liegt der magnetische Nordpol östlich vom geografischen Nordpol (TN). Auf der Karte somit rechts von der Nord-Süd-Linie.

Deklination: 10° OST (engl. EAST)
Magnetische Peilung: 100°
Magnetische Peilung
plus Deklination = Kartenpeilung: 100° + 10° = 110°

Das heißt: Der Kompass zeigt 10° weniger an als die Peilung auf der Karte.

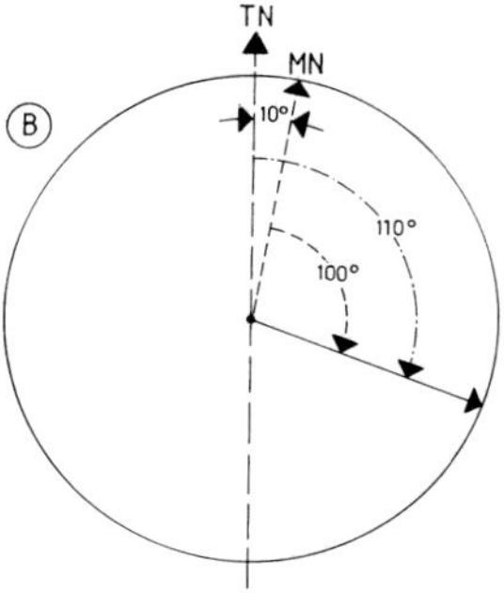

Merke:
Die Kompasspeilung ist bei
- Deklination West größer
- Deklination East kleiner

als die Kartenpeilung.

Merke:
Beachte, dass die Missweisung sich jährlich ändert!
Sie wird auf guten Karten angegeben. Auf der Karte steht zum Beispiel: »Die Nadelabweichung beträgt für dieses Kartenblatt im Jahre 1997 etwa 0,1° westlich; sie nimmt z.Zt. jährlich um etwa 0,08° ab.« D. h. im Jahr 2000 wäre die Deklination demnach 0,14° Ost.

Grobregel: Derzeit kann in Mitteleuropa und Nordafrika die Missweisung für einfache Navigationsaufgaben vernachlässigt werden. In anderen Regionen (z. B. Nordkanada) kann sie jedoch bis zu 30° betragen.

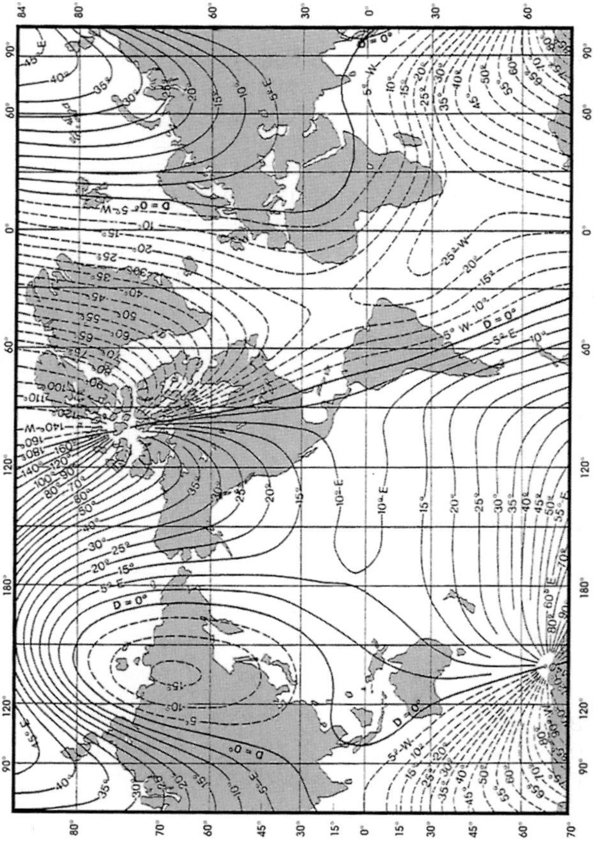

Isogonen-(Deklinations-)karte der Erde (Stand 1998)

- Gemessen wird der Winkel zwischen Nordrichtung und Ziel (= Azimuth, Kurs-, Marschrichtung, Marschzahl).
- Das zum Ziel zeigende Lineal und die verstellbare Kompassdose mit der Nordmarke und der Kreisteilung bilden den Winkelmesser. Dabei ist egal, ob die Kreisteilung 360°, 400 Gon o. a. beträgt, da man umrechnen kann.
- Am einfachsten ist es, wenn man den aus der Karte bestimmten Kurswinkel ohne Beachtung von Ziffern ins Gelände überträgt (wie es in der Praxis üblich ist!): Siehe dazu auch die »1-2-3-Methode«.
- Die Kursrichtung (= Verbindung Standort–Ziel) bestimmt die Anlegekante des Kompasses auf der Karte. Der Rot- bzw. Leuchtpfeil bzw. der Spiegel müssen dabei zum Ziel zeigen.
- Die Nordrichtung auf der Karte übernehmen dabei die Nordmarke bzw. die Nordlinien der Dose. Die Magnetnadel benötigt man bei der Kartenarbeit nicht, da der obere Kartenrand ja Norden ist.
- Im Gelände wird die Nordrichtung durch das Nordende der Kompassnadel bestimmt (Rot- bzw. Leuchtspitze).
- Die abgelesene Marschzahl (= Kartenwinkel) wird per Peilung zum nächsten sichtbaren, markanten Geländepunkt (Bergspitze, großer Baum, Mast usw.) ins Gelände übertragen.

Beispiel:
Die aus der Karte abgelesene Marschzahl ist 160, d. h. der Winkel zwischen Nord- und Marschrichtung beträgt 160°.

360° Kompass
Norden = 360°/0°
Osten = 90°
Süden = 180°
Westen = 270°

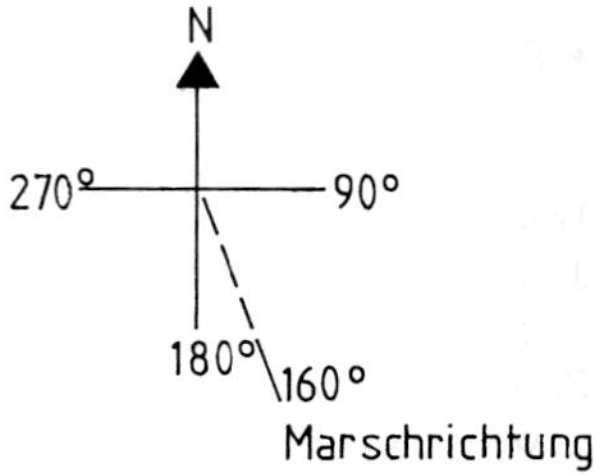

- Anhand zweier Peilungen kann der eigene Standort in die Karte übertragen werden.

Vorgehensweise:

1) Man sucht sich zwei markante Punkte im Gelände, die man in der Karte wiederfindet (Bergspitze, Turm o. ä.).
2) Beide Punkte werden mit dem Kompass angepeilt und die ermittelten Winkel (Marschzahlen) in die Karte übertragen.
3) Der Schnittpunkt der Winkelgeraden ist der eigene Standort.

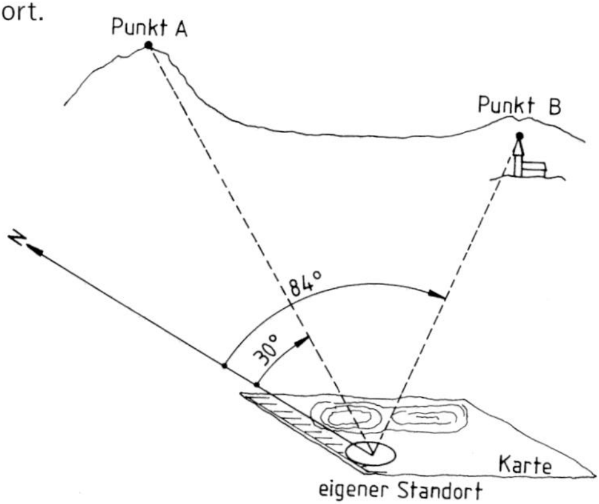

• Ein unbekannter Punkt kann im Gelände durch zwei Peilungen bestimmt und in die Karte übertragen werden.

Vorgehensweise:
1) Der gesuchte Punkt wird vom ersten Standort angepeilt und der Winkel in die Karte übertragen.
2) Man begibt sich zu einem zweiten bekannten Standort, peilt den gesuchten Punkt an und überträgt auch diesen Winkel in die Karte.
3) Der gesuchte Punkt liegt auf der Schnittstelle beider Winkelgeraden.

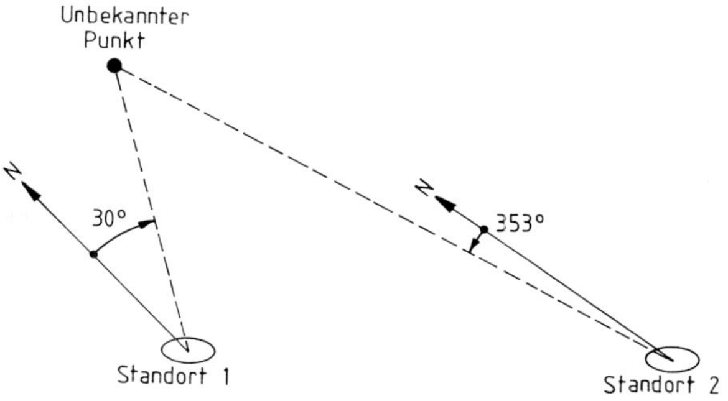

Umgehen von Hindernissen
Hindernisse sollten in uneinsichtigem Gelände mit der 60°- oder der 90°-Methode umgangen werden.
Bei der 90°-Methode müssen die Strecken A und C gleich lang sein.
Bei der 60°-Methode müssen die Strecken A und B gleich lang sein.

Die Streckenlänge muss sehr genau durch Zählung der möglichst gleich großen Schritte ermittelt werden.

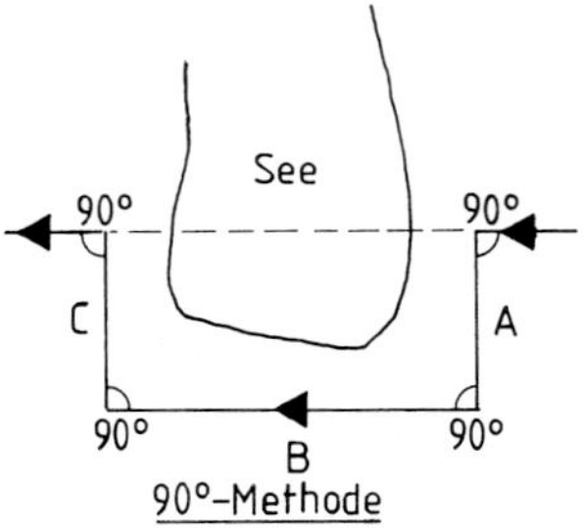

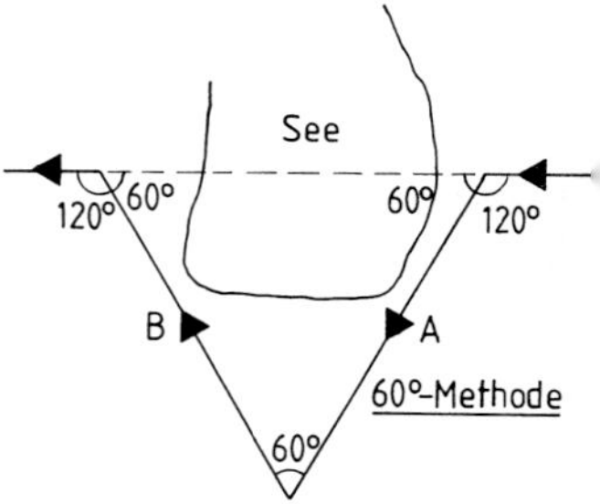

Falls durch bestimmte Geländeeigenschaften weder die 60°- noch die 90°-Methode anwendbar sind, sollte der Weg gekoppelt werden mit Hilfe einer Wegskizze. Dabei entsprechen 100 Schritt 1 cm auf der Skizze. Die Hauptrichtung wird dabei von der Karte übertragen.

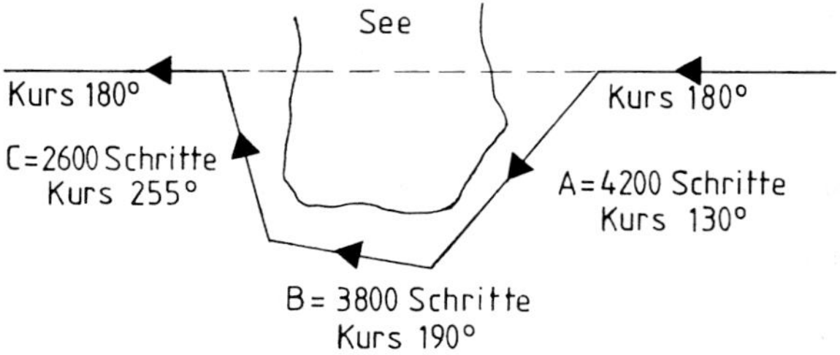

Merke: Vor Beginn einer Wanderung sollte man daher die eigene Schrittlänge unter verschiedenen Geländebedingungen ausmessen!

Die Breitenmessung

Um festzustellen, wie breit z. B. ein Fluss ist (z. B. um die Länge des benötigten Seils oder der Bäume für eine Überquerung auszurechnen), gibt es folgende einfache Methode:

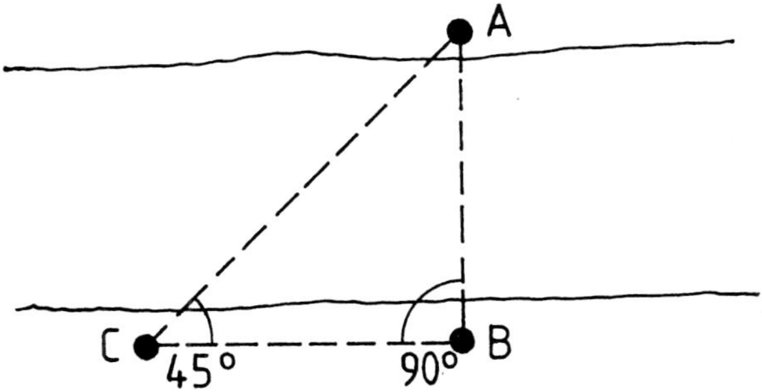

1) Punkt A suchen (Stock, Stein, Mensch).
2) Punkt B festlegen.
3) Punkt C suchen. Er liegt im rechten Winkel zur Strecke AB. Die Punkte A und B werden im 45°-Winkel gepeilt.
4) Die Länge der Strecke CB ist gleich der Strecke AB.

Die »1-2-3-METHODE«

Vorgehensweise:

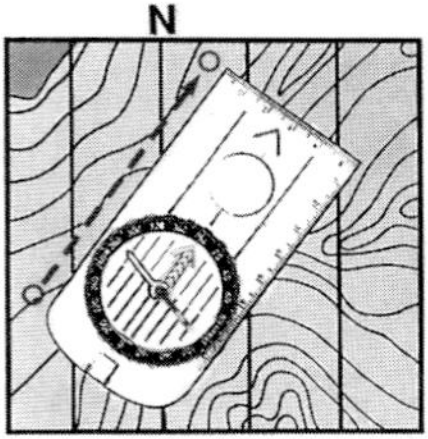

1) Kompass auf die Karte legen. Die (linke oder rechte) Anlegekante zeigt vom eigenen Standpunkt zum Ziel.

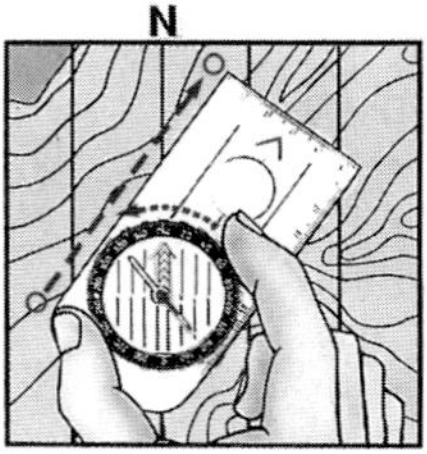

2) Die Kompassdose so drehen, dass das »N« auf der Skala auf der Karte in Richtung Norden zeigt. Hilfen: Die Nordmarke »N« parallel zu den Nordlinien bzw. zum Rahmen der Karte oder die Ost-West-Linie der Dose parallel zu Namenszügen von Orten oder Hütten legen.

3) Den Kompass in die Hand nehmen, den Körper drehen bis das Nordende der Nadel mit seiner Rot- oder Leuchtmarkierung mit der Nordmarke der Kompass-Skala übereinstimmt. Der Marschrichtungspfeil auf der Grundplatte bzw. der Spiegel zeigt jetzt genau in Marschrichtung. Einen Punkt im

Gelände in Marschrichtung anvisieren und dorthin gehen, ohne den Kompass anzusehen oder zu verstellen.

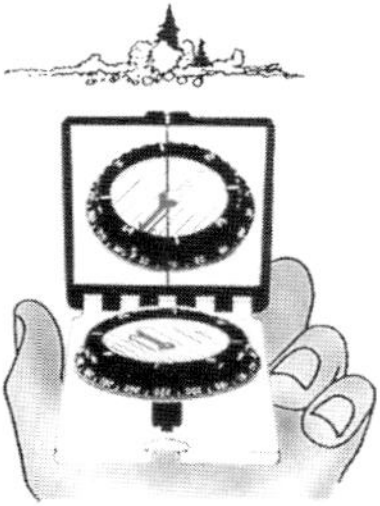

4) Punkt 3) so oft wiederholen bis das Ziel erreicht ist.

Der Planzeiger

- Der Planzeiger ist eine Zusatzfunktion des Kompasses.
- Er dient dazu, einen Punkt auf einer Karte für einen anderen Benutzer der gleichen Karte (z. B. Rettungsdienst) genau zu beschreiben (s. auch unter: »Geodätische Kartengitter«).
- Angegeben wird immer zuerst der Rechtswert, dann der Hochwert.
- Rechtswert ist der Abstand eines Punktes von einer senkrechten Gitterlinie nach rechts.
- Hochwert ist der Abstand von einer waagerechten Linie nach oben.
- Die Nummern der Linien können dem Kartenrahmen entnommen werden.

Merke: Mit dieser Zahlenangabe, der Höhe und Hinweisen zur Geländebeschaffenheit kann ein anderer Kartenbenutzer sofort den übermittelten Standort finden.

Auch für GPS-Berechnungen nutzt man einen Planzeiger, um Positionen in die Karte zu übertragen bzw. um die Koordinaten von Standort, Route und Ziel als Wegpunkte von der Karte in das Gerät einzugeben.

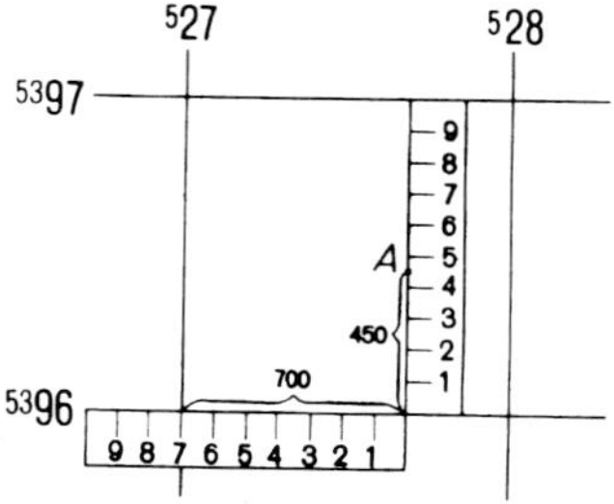

Planzeiger einer topographischen Karte

Beispiel für Punkt A in Metern:

E: 527000 + 700 = 527 700
N: 5396000 + 450 = 5396 450

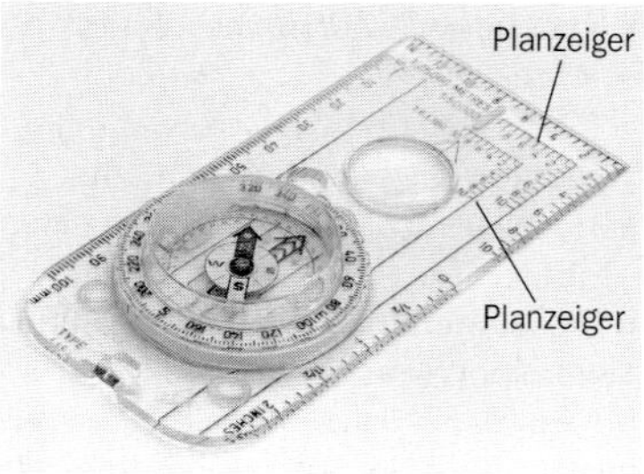

Planzeiger auf Kompass

Des Weiteren ist es sinnvoll, die Höhe und zusätzlich die Geländebeschaffenheit des Standortes zu vermerken. Die Rettungsmannschaft kann mit diesen Angaben den Ort leichter finden.

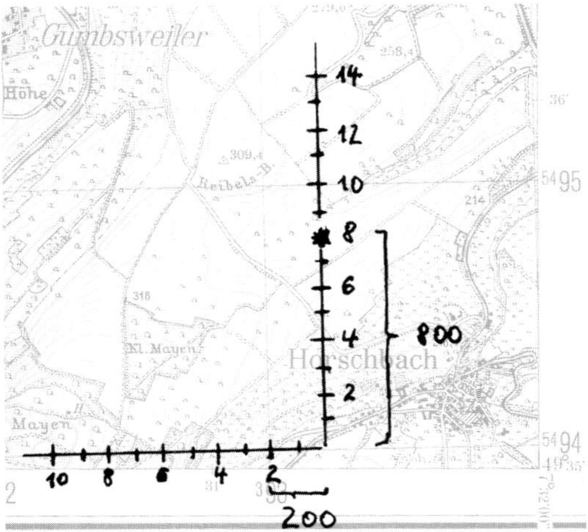

Beispiel für Punkt X:
Rechtswert: 393000 + 200 = 393200
Hochwert: 5494000 + 800 = 5494800

GPS-EMPFÄNGER

Das Global Positioning System erlaubt eine theoretische Positionsbestimmung mit einer Genauigkeit bis auf 20 bis 30 Meter. Auch nach einer möglichen Verfälschung der zivilen Signale durch den Satelliten-Betreiber (das amerikanische Verteidigungsministerium) beträgt die Abweichung maximal 150 Meter. Gröbere Fehler können beim Übertragen von Positionen in die Karte bzw. beim Entnehmen von Koordinaten aus der Karte auftreten.

Außerdem dürfen die Kartengrundlagen (map datums) des Rechenprogramms des GPS-Empfängers nicht von denen der Karte differieren. Der Welt-Standard WGS 84 des GPS-Gerätes kann auf andere »map datums« eingestellt werden, um »Übersetzungsfehler« zu vermeiden.

Merke: Wichtig ist, dass die Antenne freien Blick zum Himmel hat. Äste, Laub, Stoff oder auch Regen schränken den Empfang etwas ein, Stein, Blech oder Alufolie unterbrechen ihn.

Grundfunktionen

Mit GPS-Empfängern können Routen über bekannte oder der Karte entnommene Wegpunkte vorgeplant werden.
In weglosem Gelände ohne eindeutige Orientierungspunkte können Positionen oder zurückgelegte Strecken elektronisch gespeichert werden, so dass man anhand der Daten wieder zum Ausgangspunkt zurückfinden kann.
Es werden die geografischen Koordinaten und die (ungefähre) Höhe angezeigt; ab Fußgängertempo auch die exakte Geschwindigkeit über Grund oder wahlweise die Richtung, Abweichung oder voraussichtliche Ankunftszeit am Zielort; außerdem die exakte Zeit und je nach Gerät Sonnenauf- und Untergang sowie die Mondphase.

Merke: Nur wenn man befähigt ist, Positionen (Koordinaten oder Gitter) in die Karte zu übertragen bzw. sie aus der Karte zu übertragen, lässt sich mit GPS richtig navigieren.

Positionsbestimmung mit dem Gradnetz der Erde
Grundvoraussetzung einer Positionsbestimmung sind Koordinaten:

- Polarkoordinaten oder
- ein geografisches Netz in Längen- und Breitengraden bzw. geodätischen Gittern.

Polarkoordinaten: Dies sind Richtung und Entfernung, d. h. es wird der Kurswinkel zwischen der Nord- und der Zielrichtung sowie die Entfernung (Zählung von Schritten oder Kilometern) ab einem bekannten Standort bestimmt. Diese Koordinaten sind jedoch nur im kleinräumigen Bereich eines Kartenblattes von Nutzen.

Längen- und Breitengrade: Damit kann jeder Punkt auf der Erde und jede Entfernung exakt bestimmt und an andere weitergegeben werden. Die Längen- und Breitengrade bilden ein weltweit in der See-, Luft- und Landnavigation übliches geografisches Koordinatensystem (Netz) der Erde. Maßeinheit sind dabei Grad, 60 Minuten, 60 Sekunden und Minuten-Dezimalen. Alle guten Karten enthalten diese Angaben.

Zählung der Längen- und Breitengrade

- Je 90 Breitengrade (-kreise) ausgehend vom Äquator (= Breitengrad 0) nach Nord (N) und Süd (S) in Richtung der Pole. Von Pol zu Pol sind es insgesamt 180 Breitengrade. Der Nordpol liegt auf dem Breitengrad 90° N, der Südpol auf 90° S.
- Je 180 Längengrade (-kreise, Meridiane) ausgehend vom Nullmeridian – der durch Greenwich bei London läuft – nach Ost (E) und West (W). Sie schneiden den Äquator und die zum Äquator parallel laufenden Breitengrade rechtwinklig.

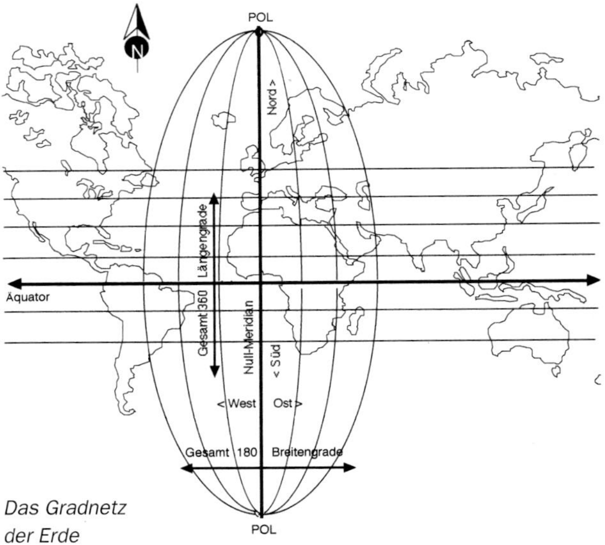

Das Gradnetz der Erde

Rund um die Erdkugel sind es insgesamt 360 Längengrade. Der Nullmeridian bestimmt auch die Weltzeit »UTC« (= Universal Time Coordinated).

Merkmale des geografischen Netzes

- Die Breitengrade verlaufen immer parallel.
- Jede Breitenminute ergibt eine Strecke von einer Seemeile.
- Die Längengrade schneiden nur den Äquator rechtwinklig. Zu den Polen wird der Abstand enger; am Pol treffen sie sich in einem Punkt.
- Eine Längenminute ist nur am Äquator eine Seemeile lang.

Koordinatenbestimmung aus der Karte

- Am Kartenrand sind die Breiten- und Längengrade aufgedruckt. Breitengrade sind dabei waagrecht, Längengrade senkrecht aufgedruckt. Nach der Gradzahl folgt die Minutenzahl, z.B. 9°40' steht für 9 Grad 40 Minuten.
- Bei topographischen Karten sind Breite (waagrecht) und Länge (senkrecht) in die Ecken des Kartenrahmens gedruckt. Am Rand sind die Minuten- und Sekundenzahlen angegeben, z. B. 49°35'15'' steht für 49. Breiten- bzw. Längengrad 35 Minuten 15 Sekunden, angezeichnet mit Feldern oder Strichen.
- Verbindet man diese Striche mit den auf dem Kartenblatt gegenüberliegenden, so erhält man das geografische Netz und kann innerhalb des Kartenblattes jede Position bestimmen.

Geodätische Kartengitter

- Es gibt verschiedene Kartengitter, z. B. das in Deutschland übliche Gauß-Krüger-Gitter, das militärische UTM-Gitter u. a.
- Die Bezeichnungen für das jeweilige Gitter werden am Rand angezeichnet oder komplett auf die Karte gedruckt.
- Zum Übertragen oder Melden einer Position mit Gitter-Koordinaten muss das jeweilige benutzte Gitter dem Empfänger der Meldung (z. B. Rettungsdienst) genannt oder im GPS-Gerät eingestellt werden.
- Jeder Punkt auf der Karte kann mit Hilfe dieses Gittersystems genau bestimmt werden (siehe auch bei »Planzeiger«).
- Die Gitterpunkte werden grundsätzlich von links nach rechts (oder Bezeichnung y oder O für Ost oder E für East) und von unten nach oben (oder Bezeichnung x oder N für Nord) gelesen.

HÖHENMESSER (BAROMETER)

Im alpinen Gelände kann ein Höhenmesser wichtiger sein als ein Kompass. Der Höhenmesser misst nicht die Höhe, sondern den Luftdruck. Er kann also auch zur Wetterbeobachtung eingesetzt werden (s. auch Kap. 1: Luftdruckmessung mit dem Taschenbarometer).
Da sich der Luftdruck schnell ändern kann, muss der Höhenmesser so oft wie möglich nachgestellt werden.

Dazu können dienen:
- alle Orte, an denen die Höhe ausgewiesen ist wie Passhöhe, Seilbahnstation, Berghütte
- alle mit einer Höhenangabe versehenen Punkte auf einer Karte wie Ortsnamen, Seen, Berggipfel
- Zählung der Höhenlinien an markanten Geländepunkten
- Wetterbericht (Flugwetterbericht, Auskunft an Flugplätzen).

Um eine einigermaßen genaue Höhenmessung zu erhalten, dürfen seit der letzten Einstellung nicht mehr als zwei Stunden vergangen, nicht mehr als 10 km waagrechte Strecke oder 200 Höhenmeter zurückgelegt worden und kein Wettersturz erfolgt sein.

4. Wassergewinnung und -aufbereitung

WASSERGEWINNUNG IN HEISSEN GEBIETEN

- Ein Loch ausheben: wenn möglich, mit Wasser- oder Feuchtigkeits-enthaltenden Gegenständen füllen (z. B. Äste, Gras usw.)
- Eine weitere Möglichkeit: Urin oder Kühlwasser des Fahrzeugs (auch wenn es mit Frostschutz vermischt ist) in die Grube geben.
- Das Nass entweder in Behältnisse füllen oder auf Gewebe-/Bekleidungsteile gießen, um ein Versickern zu vermeiden.

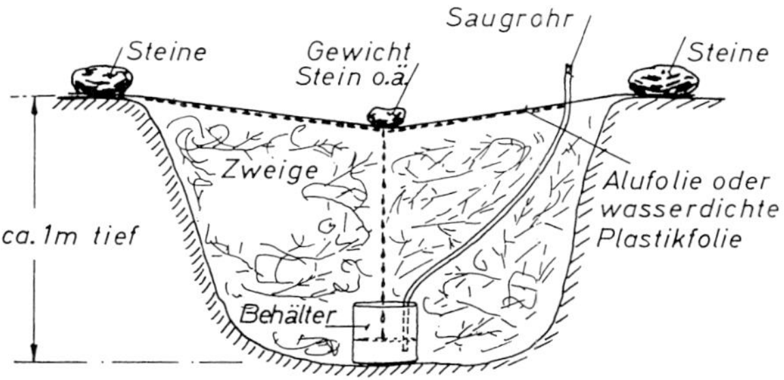

Merke: Um die Grube auszuheben, benötigt der Mensch mehr Flüssigkeit als er gewinnen kann!
Deshalb: alle Arbeiten in heißen Klimazonen nur nachts erledigen; tagsüber Schatten aufsuchen, wenig bewegen. Vorsicht vor Sonnenbrand und Hitzschlag!

SÜSSWASSERGEWINNUNG AUS SALZWASSER

- Mit Hilfe der Sonne

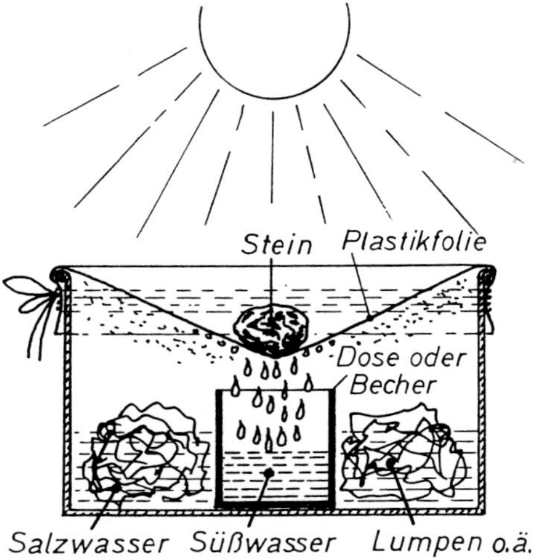

• Unter Zuhilfenahme eines Kochers

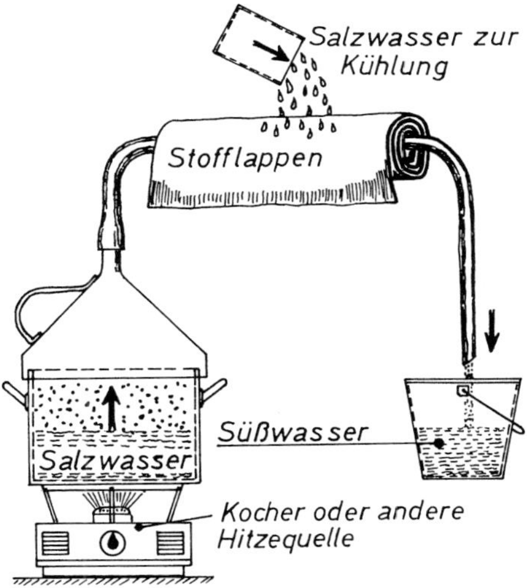

GROBFILTERUNG VON WASSER

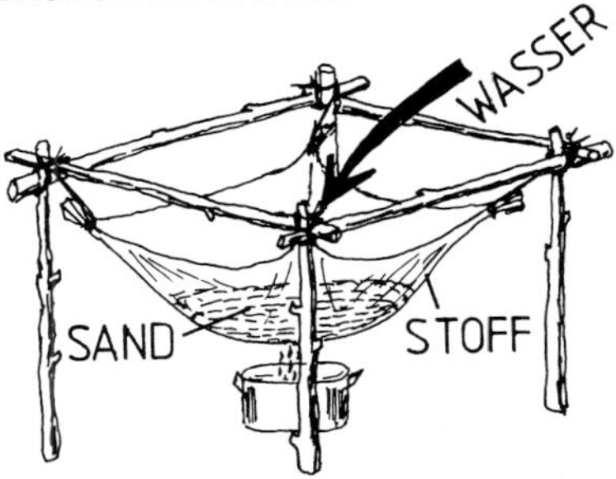

FEINFILTRIERUNG

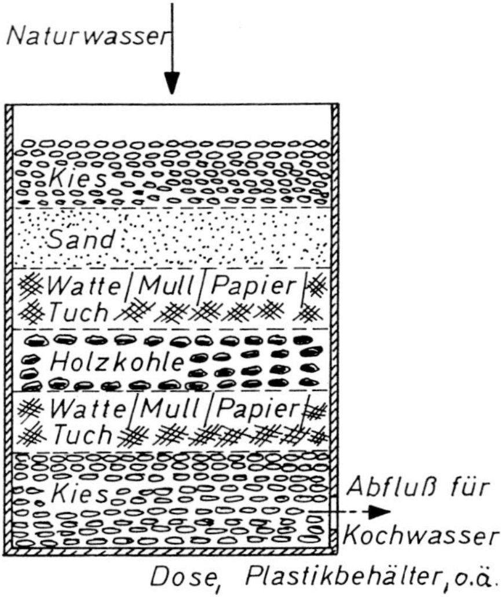

TIPPS ZUR WASSERREINIGUNG

1) Nach Grundwasser graben, vor weiterer Verwendung aber erst Schmutz absetzen lassen.
2) Grobfilterung
3) Feinfiltern mit Holzkohle vom Lagerfeuer (wirkt als sehr aktives Filterelement) oder Abkochen; Kochdauer dabei mindestens 10 Minuten.

Merke: In größeren Höhen kocht das Wasser früher; es erreicht daher nicht mehr die erforderlichen 100° Celsius beim ersten Sprudeln, da der Luftdruck geringer ist.

4) Desinfektion:

- Anwendung von Jod: 1 Tropfen Jod auf einen Liter Wasser; anschließend 1 Stunde warten oder:
- Kaliumpermanganat: gute desinfizierende Wirkung; die anschließende Blaufärbung des Wassers ist normal. Dosierung: 1 g auf einen Liter Wasser. Oder: Micropur- oder Certisil-Tabletten

5. Feuer

GRUNDLEGENDES

- Das Feuer nicht größer als dem Verwendungszweck entsprechend anlegen (Kochfeuer klein halten, Wärmefeuer je nach den Umständen größer anlegen).
- Den Boden rund um das Feuer im Abstand von mindestens 2 Metern von brennbaren Materialien säubern. Die Feuerstelle mit Steinen abgrenzen oder das Feuer in einer Erdgrube anlegen.
- Auf Funkenflug achten.
- Eventuellen Schnee auf Zweigen über dem Feuer vorher entfernen.
- Grasnarbe ausstechen, die Stücke beiseite legen. Nach dem Löschen des Feuers Grasboden wieder einsetzen.
- Kein Feuer unbeaufsichtigt lassen.
- Bei schlechten Witterungsbedingungen schon vorher brennbares Material (Harz, Birkenrinde, trockene Holzstückchen usw.) sammeln und auf Vorrat mittragen.
- Vor dem Anzünden eines Feuers ausreichende Mengen Holz zusammentragen, vorbereiten, spalten und je nach Gegebenheit von der Rinde befreien (bei feuchtem Holz ist die Rinde generell zu entfernen).
- Löschen des Feuers mit Wasser, Sand, Erde, Steinen oder Urin.

Merke: Je nach Untergrund (Walderde, Moor, Torf) kann das Feuer unterirdisch weiterbrennen und Waldbrände verursachen!

FEUERSTARTER

Als Feuerstarter können dienen: Birkenrinde, Verbandswatte, Kerzen, Esbit, Ölofenanzünder, von der Rinde befreites Reisig, trockene Rindenstücke, Vogelnester, Harz, wachs- oder harzgetränkte Holzstückchen, Pulver von Patronen, Wachspapier, mit Brennstoff getränkte Lappen, Signalmunition, Tampons (Watte vorher auseinander zupfen) usw.

ZUBEREITUNG VON BRENNHOLZ

- Holz wird immer in Faserrichtung gespalten.
- Als Werkzeuge dienen: Axt, Machete, Messer oder Hartholzkeile.

Vorgehen beim Spalten mit einer Machete
Mit einem starken Ast auf den vorderen Teil des Schneidewerkzeuges schlagen; Holz oder Stein unterlegen, sonst federt das zu spaltende Material zu stark.

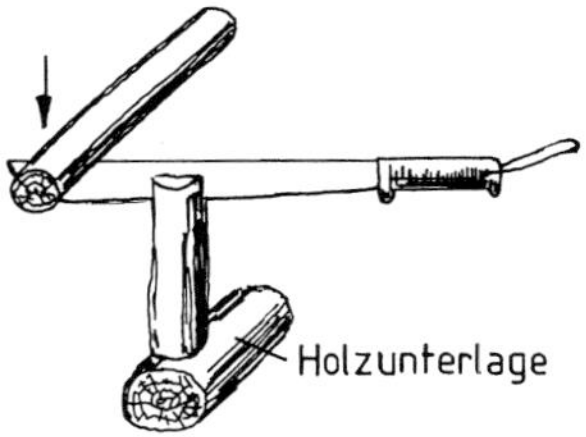

Merke: Macheten sollten immer mit Handfangriemen benutzt werden, da sie grundsätzlich ein sehr gefährliches Werkzeug sind.

Spalten mit einem Hartholzkeil

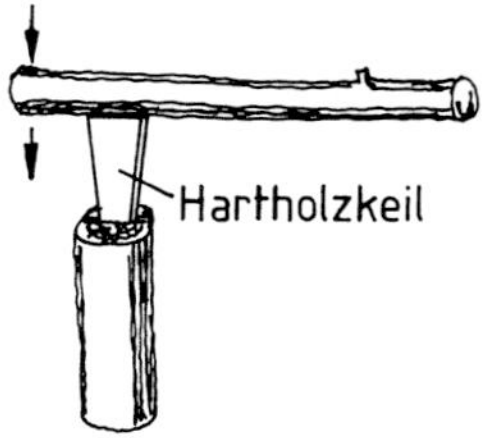

SCHÄRFEN VON MACHETEN

Grundregeln

- Je schlanker die Klinge der Machete geschliffen ist, desto größer ist die Gefahr des Ausbrechens oder des Entstehens von Scharten.
- Je stumpfer die Klinge geschliffen ist, desto mehr prellt die Machete beim Auftreffen auf Holz.
- Zwischen beiden o. g. Bedingungen muss ein Kompromiss gefunden werden: Deshalb einen balligen Grundschliff wählen, der noch genügend Schärfe zum Arbeiten am Holz zulässt.
- Der Grundschliff sollte bei Bedarf vor Antritt einer Tour von einem Profi erledigt werden, so dass während der Tour nur nachgeschliffen werden muss.
- Gute Macheten weisen beim Kauf bereits diesen Kompromiss zwischen beiden Klingenformen auf.
- Lieber häufiger nachschleifen als die Machete komplett stumpf werden zu lassen!

Nachschleifen

- Man benetzt einen Schleifstein mit Wasser, Öl oder Petroleum.
- Die Spitze der Machete wird auf ein Holzstück gelegt und mit der linken Hand am Heft gefasst.
- Dann fährt man mit dem Schleifstein parallel an der Schneidekante entlang vom Heft bis zur Spitze.
- Dabei ist wichtig, den balligen Grundschliff nicht zu ändern: Es darf daher nur im Abstand von 1–2 mm von der Schneidekante geschliffen werden.
- Nach mehrmaligen Schärfzügen wird die Klinge gewendet und die zweite Seite bearbeitet.

Merke: Beim Schleifen einer Machete müssen stabile Arbeitshandschuhe getragen werden, da die Gefahr von Verletzungen groß ist.

SCHÄRFEN DER AXT

Grundregeln

- Die Axt nie komplett stumpf werden lassen, sondern rechtzeitig nachschleifen.
- Der Grundschliff sollte vor Beginn der Tour von einem Profi angelegt werden.
- Für das Nachschärfen im Busch benötigt man einen groben Abziehstein oder eine feinzahnige Flachfeile.

Nachschärfen

- Den Abziehstein mit Wasser, Öl oder Petroleum anfeuchten.
- Mit kreisenden Bewegungen den Stein von Schneidespitze zu Schneidespitze im Bereich von ca. 2 mm an der Schneidekante entlang führen.

- Nach mehreren Schärfvorgängen die Axt wenden und die zweite Seite schleifen.
- Bei Verwendung einer Feile wird auf das Anfeuchten verzichtet. Es werden auch keine kreisenden Bewegungen ausgeführt, sondern die Feile wird parallel an der Schneidekante entlang geführt (ebenfalls nur 2 mm von der Schneidekante entfernt).
- Nach mehreren Schleifgängen die Axt wenden und die zweite Seite bearbeiten.
- Anschließend den Grad vorsichtig mit einem Schleifstein brechen.
- Beim Schleifen nie die Grundform der Schneide verändern! Ist die Schneide zu schlank, kann sie leicht Scharten bekommen oder ausbrechen; ist sie zu stumpf, so prellt sie.

Merke: Beim Schleifen robuste Arbeitshandschuhe tragen, um die Verletzungsgefahr zu verringern.

FEUER OHNE STREICHHÖLZER ANZÜNDEN

Möglichkeiten:

- Funken vom Feuerstein auf lockere Verbandswatte schlagen
- Scheint die Sonne, Vergrößerungsglas benutzen
- Signalmunition auf den Boden schießen, an der »Leuchtkugel« Zunder anstecken.
- Mittels Benzin und Batteriefunken (Plus- und Minuskabel zusammenführen) bei Auto und Boot.
- Zündkerze am Motor anschließen, auf Benzin funken lassen.

FEUERMACHEN MIT HILFE EINER FEUERINSEL

Eine »Feuerinsel« sichert sofortige Glut von unten und schützt das empfindliche Feuernest vor Feuchtigkeit.

- Ist ein kleines Feuer entstanden, weitere dünne Holzstücke nachlegen, so dass sich schnell genügend Glut bildet.
- Bei schlechten Bedingungen können weitere Harzbrocken auf die neuen Holzstückchen gelegt werden.
- Kein Reisig zusammenknüllen, sondern jedes Hölzchen einzeln auflegen!
- Einen Kompromiss finden zwischen einem lockeren, luftigen Feuer und einem Feuer, das zu ersticken droht! Wenn das Feuer brennt, immer in kleinen Schritten weiter auflegen, erst kleine Äste, später größere Holzscheite.
- Wenn schon Glut vorhanden ist und das Feuer trotzdem schlecht brennt, dem Feuer intensiv Luft zuführen (blasen, Blasebalg, mit dem Hut oder der Isomatte wedeln). Gespaltene Äste brennen besser als runde Holzstücke. Wenn das Feuer auszugehen droht, Harzbrocken von oben auf das Feuer legen oder Kerzenwachs in das Feuer tropfen lassen.
- Kleinere Feuer vor Regen, Schnee und vor evtl. von den Bäumen herabfallenden Schneebrocken schützen.
- Holzscheite am Lagerfeuerrand vortrocknen.
- Soll auf dem Feuer gekocht werden, warten bis genügend Glut vorhanden ist. Dann Holzscheite nicht mehr pyramidenförmig anordnen, sondern flach auflegen und parallel ausrichten, so dass eine gerade Fläche entsteht. Topf aber nicht direkt auf das Holz, sondern auf zwei in entsprechendem Abstand quer liegende Holzstücke stellen, um das Feuer nicht wieder zu ersticken.

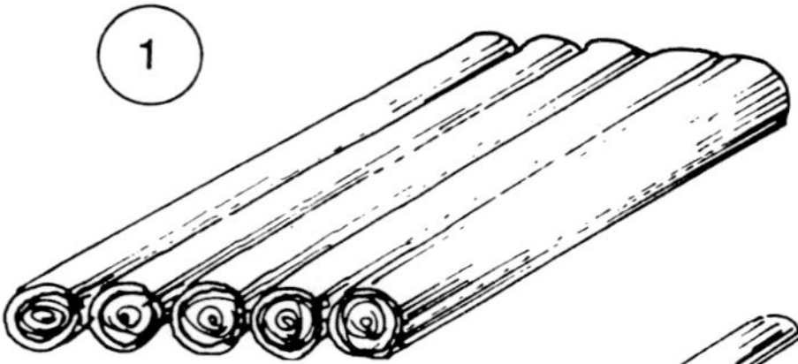

Unterlage aus trockenen Ästen
1,5–3 cm ø, 30–40 cm lang

Feuerstarter/
Zunder anstecken

Dünne Äste und gespaltene
Holzteilchen zur Pyramide
aufschichten

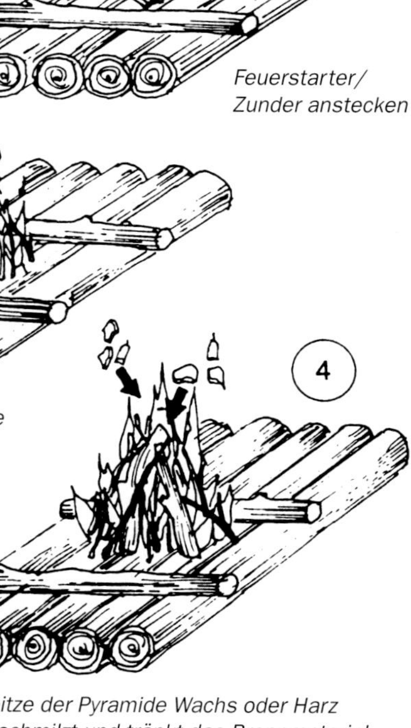

Auf die Spitze der Pyramide Wachs oder Harz
legen. Es schmilzt und tränkt das Brennmaterial

FEUERGRUBE ZUM SCHLAFEN

- Eine Grube ausheben, die der eigenen Körpergröße und -breite entspricht; Tiefe ca. 25–40 cm.
- Entfachen eines starken Feuers über der gesamten Fläche.
- Ein tiefes Glutbett (ca. 10 cm stark) schaffen.
- Glutbett mit Erde abdecken.
- Auf Windschutz achten.
- Bei Bedarf zwei zusätzliche Feuer rechts und links vom Schlafenden entfachen, aber: auf Funkenflug achten!

EINFACHER REFLEKTOR

Jeder Reflektor dient dazu, die abgegebene Wärme eines Feuers zurückzugeben, sie zu reflektieren. Alle Reflektoren können mit Ausrüstungsgegenständen wie Poncho, Zeltplane, Pferdedecke, Isomatte usw. angefertigt werden, oder man bedient sich Ästen, Bäumen, Felsen, Holzstämmen oder Ähnlichem.

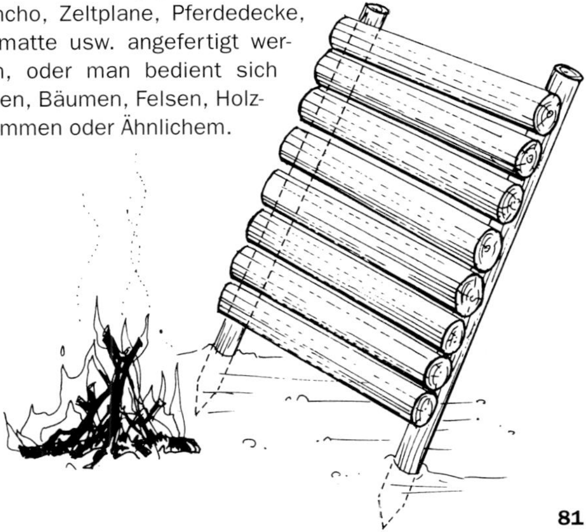

U-FÖRMIGER REFLEKTOR

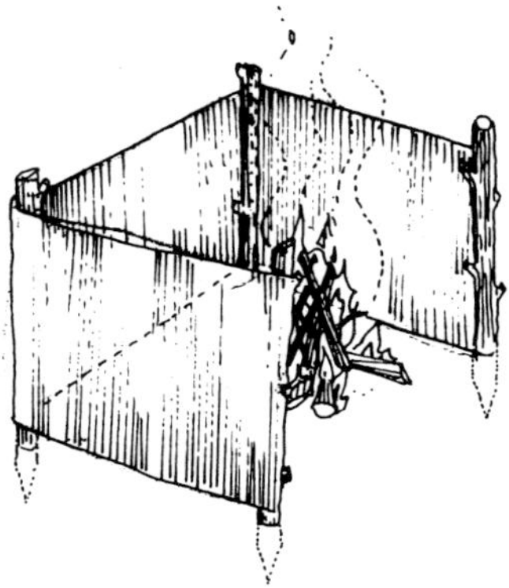

FEUERSTELLEN IN GESCHLOSSENEN UNTERKÜNFTEN

Bei allen Feuerstellen in geschlossenen (Not-)Unterkünften ist zu beachten:

- ausreichendes Glutbett schaffen
- trockenes Holz verwenden
- regelmäßig kleine, trockene Stücke nachlegen
- Holz am Feuer vortrocknen
- Rauchabzug schaffen (Zu- und Abluft)
- bei mehreren Personen: Feuerwachen einteilen
- falls notwendig, am Feuer Steine erhitzen (keine Flusssteine), um damit kalte Körperstellen zu wärmen
- sich eng aneinanderlegen, um sich gegenseitig zu wärmen
- Isolation gegen die Bodenkälte schaffen.

TROCKNEN VON KLEIDUNG

Werden Kleidung, Ausrüstung oder auch Schuhe nass, z.B. weil das Boot kentert oder man auf andere Weise ins Wasser fällt, kann je nach Witterung und örtlichen Bedingungen sofort eine lebensbedrohliche Situation eintreten. Es ist daher unter Umständen unumgänglich, sofort und möglichst schnell die nasse Ausrüstung zu trocknen.

Vorgehen:

1) Eine Plane in 1,50–2 m Höhe spannen.
2) Darunter Feuer entfachen (je nach Größe der Plane und Menge der Kleidungsstücke eines bis mehrere), so dass die Luft an der Planenunterseite erhitzt wird. Die Hitze darf dabei nur so stark werden, dass sie von der Hand als warm (nicht als heiß!) empfunden wird.
3) Ein Seil spannen und die nasse Kleidung direkt unter die Plane hängen.
4) Regelmäßig wenden, dabei immer wieder mit der Hand die Temperatur prüfen. Auf Funkenflug achten.

Mit dieser Methode wird selbst ein Schlafsack innerhalb von 4 bis 6 Stunden trocken!

Trocknen von Schuhen

1) Die (nassen) Socken anziehen und die Füße ans Feuer halten: Nicht zu dicht, da die Socken sich nur erwärmen und nicht verbrennen sollen! V. a. bei Kunstfasersocken aufpassen, da diese schmelzen, was zu schweren Verbrennungen führen kann.
2) Mit den erwärmten Socken in die Schuhe schlüpfen.
3) Vorgang mehrmals wiederholen.

Nach 1 bis 2 Stunden sind Schuhe und Socken in aller Regel trocken.

Alternative:
Kleine Steine im Feuer erhitzen und damit die Schuhe füllen.

Merke: Es bringt nichts, nur die Schuhe dicht ans Feuer zu stellen, da sie durch die große Hitze außen irreparabel geschädigt werden können, während sie innen immer noch feucht sind.

6. Unterkünfte

DIE ZWEIGHÜTTE

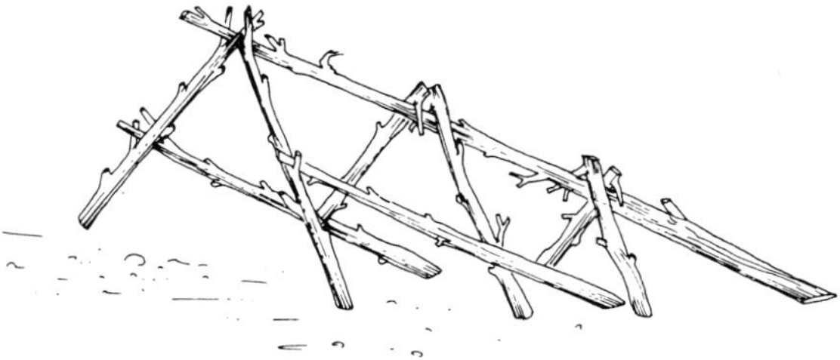

Als Hauptast kann auch ein liegender Baum, aber auch Draht oder ein Seil verwendet werden.

»IGLU«-HÜTTE

Die Hütte wird aus dünnen, biegsamen Zweigen zusammengebunden oder geflochten (Durchmesser je nach Personenzahl 3–4 m). Die Konstruktion kann mit Fellen, Zweigen, Planen oder Ponchos abgedeckt werden (Rauchablass im Dach nicht vergessen!)

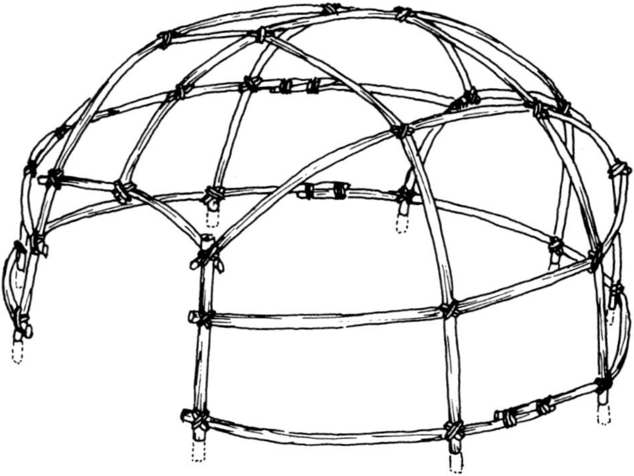

PONCHO-UNTERKUNFT

Die Plane oder der Poncho kann direkt an Bäumen oder Sträuchern befestigt werden, aber auch über ein Seil, einen Ast oder liegenden, dünnen Baum gespannt werden. Beim Poncho ist die Kapuze zu schließen (zubinden).

A) Schlechtes Wetter (Sturm, Regen usw.):
Abspannung kurz – Plane tief.

B) Normales Wetter oder leichter Regen:
Abspannung lang – Plane hoch.

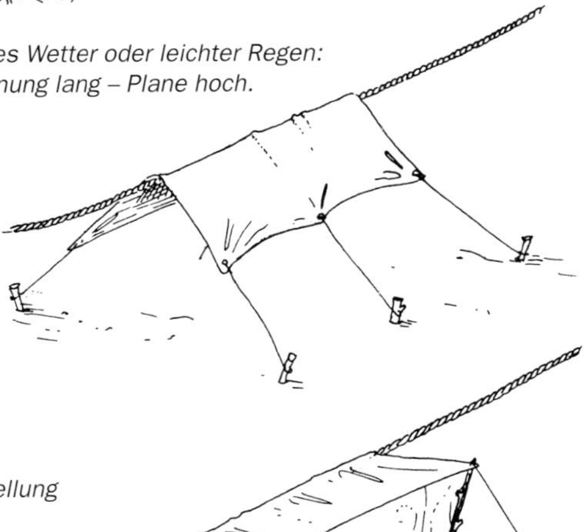

C) Kochstellung

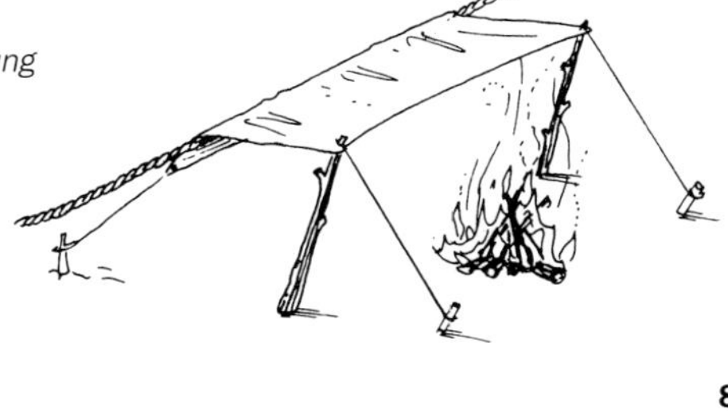

STANGENZELT

Die Größe eines Stangenzeltes ergibt sich:

- aus dem vorhandenen Material
- der Personenzahl.

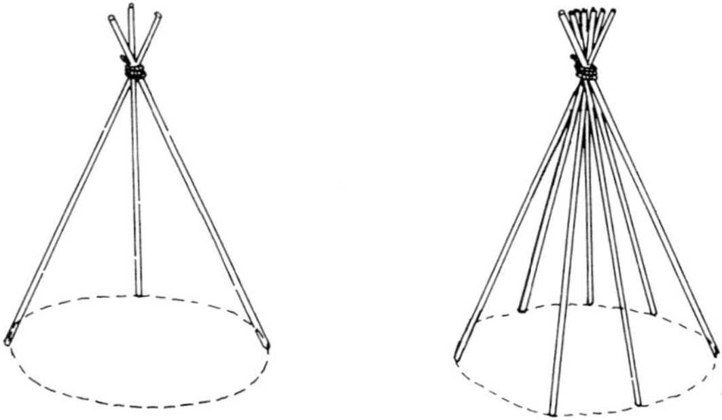

Merke: Kleines Innenvolumen = wärmer
Viel Innenvolumen = weniger Rauchentwicklung

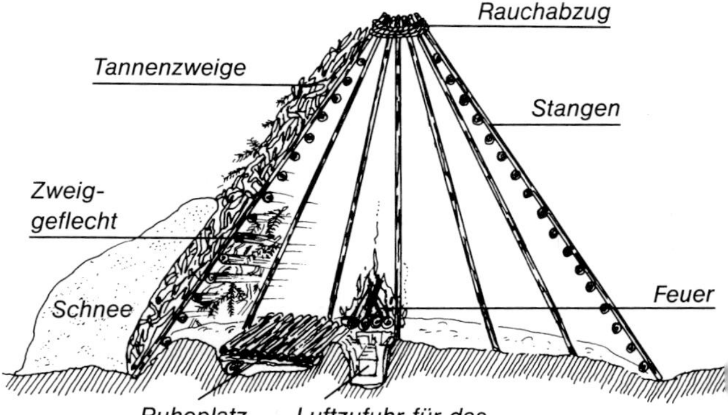

SCHNEEBEHAUSUNGEN

Die Art der Behausung ergibt sich aus:
- der Schneehöhe
- der Temperatur und
- der Schneebeschaffenheit.

Bei allen Schneehöhlen sollten die Sitz- oder Schlafplätze isoliert sein. Unbedingt eine Kälterinne anlegen! Durch kurze Erhitzung (Feuer oder Kocher) kann man die Höhle vereisen und damit stabiler machen. Später Erwärmung mit Kerze möglich. Auf Frischluftzufuhr achten!

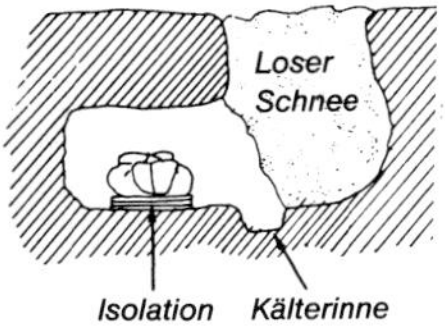

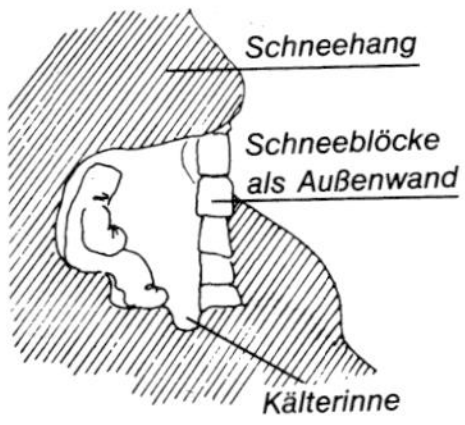

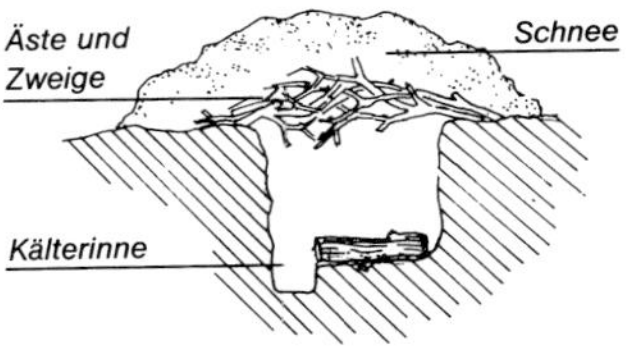

Bei großer Kälte und plötzlich einsetzendem Schneesturm (s. Chill-Faktor, Seite 29) *sofort* im Schnee verschwinden, wenn nicht in *kürzester* Zeit andere Schutzmöglichkeit vorhanden ist.

VERHALTEN IM NOTBIWAK

- Sich selbst zur Ruhe zwingen bzw. Ruhe und Gelassenheit in die Gruppe bringen.
- Nach Möglichkeit Liegemöglichkeit schaffen.
- Kann man nur sitzen, öfters die Stellung verändern, um die Durchblutung der Beine zu gewährleisten.
- Rechtzeitig mit »Zehenübungen« beginnen.
- Wenn keine Erfrierungsgefahr besteht, versuchen zu schlafen.
- Bei Erfrierungsgefahr auf alle Fälle wach bleiben und immer auf Körperisolation nach unten achten.
- Trockene Kleidung anziehen; ggf. die nasse Kleidung über die trockene ziehen, um sie durch die Körperwärme zu trocknen.
- Schuhe öffnen; bei größerer Kälte nur ausziehen, wenn die Möglichkeit besteht, am nächsten Morgen die ausgekühlten Schuhe zu erwärmen (Lagerfeuer, Kocher).
- Füße einwickeln, z. B. in den Rucksack stecken, gegeneinander reiben.
- Wenn möglich, heiße Getränke zubereiten und trinken.
- Beim Biwakieren im oder am Berg unter bestehender Absturzgefahr sich unbedingt sichern.
- Alle Ausrüstungsgegenstände sichern.
- Gewehre können bei großer Kälte »einfrieren«, wenn sie aus der relativ warmen Schneehöhle wieder mit nach draußen genommen werden.
- Die kälteste Zeit in der Nacht ist kurz vor Tagesanbruch.

7. Erste Hilfe

GRUNDREGELN

Die hier aufgeführten Tipps sind nur für Situationen gedacht, in denen kein Arzt oder Tierarzt erreichbar ist. Ist ein Arzt in der Nähe: unbedingt aufsuchen. Keine Experimente!

Grundregeln
1) **Ruhe bewahren** und überlegt handeln.

2) Ausführen der Maßnahmen nach ihrer Wichtigkeit:
- Die verletzte Person aus der unmittelbaren Gefahrenzone bergen.
- Atmung und Kreislauf kontrollieren.
- Schockzustände bekämpfen.
- Stark blutende Wunden versorgen

3) Hilfe herbeiholen (Signale, Abtransport, usw.).

4) Sich intensiv um den Verletzten kümmern.

Merke:
- Vernachlässigen Sie die eigene Sicherheit nicht. Es nützt dem Kranken oder Verletzten wenig, wenn der Helfer ausfällt!
- Auf Infektionsgefahr durch Blut oder Körpersekrete achten, d. h. Handschuhe und, wenn vorhanden, Schutzbrille tragen.
- Eine prophylaktische Impfung gegen Hepatits B empfiehlt sich in jedem Fall.

LEBENSBEDROHLICHE ZUSTÄNDE

Die Bergung Verunglückter mit dem Rautek-Griff

- Den Nacken des Liegenden mit beiden Händen untergreifen, dabei den Kopf mit den Unterarmen abstützen.
- Oberkörper mit Schwung aufrichten und in Sitzstellung bringen.
- Dicht an den Rücken des Verunglückten herantreten, um ein Wegsacken zu vermeiden.
- Einen Unterarm des Sitzenden vor dessen Bauch legen.
- Mit beiden Armen unter den Achseln hindurchgreifen und den Unterarm umfassen.
- Leicht in die Knie gehen und den Sitzenden auf die Oberschenkel ziehen.
- Mit gebeugten Knien rückwärts gehen und den Verletzten wegschleifen.
- Lagerung in stabiler Seitenlage.

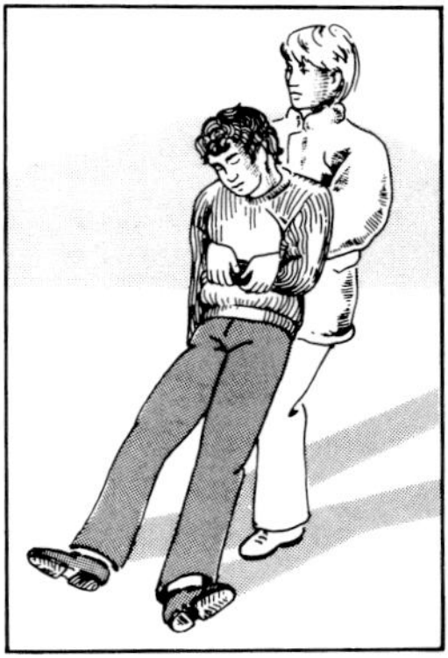

Bergen aus dem Kraftfahrzeug

- Den Verletzten in Sitzflächenhöhe von hinten umgreifen.
- Mit einer Hand die Kleidung an der fernen Hüfte ergreifen (Abb. a).
- Den Verletzten mit einer kräftigen Bewegung zu sich herumziehen bzw. -schieben.
- Sich aufrichten und einen Unterarm des Verletzten vor dessen Bauch legen.
- Mit beiden Armen unter den Achselhöhlen durchgreifen und mit beiden Händen den Unterarm des Verletzten packen.
- In die Knie gehen, sich wieder aufrichten und dabei den Sitzenden aus dem Fahrzeug ziehen (Abb. b).
- Vorsichtig auf den Boden gleiten lassen.
- Nach Kontrolle der Atemwege und der Atem- und Herz-Kreislauf-Funktion den Verletzten in die stabile Seitenlage bringen (siehe dort). Ausnahme: Verdacht auf Wirbelsäulenverletzung (siehe dort).

Abb. a)

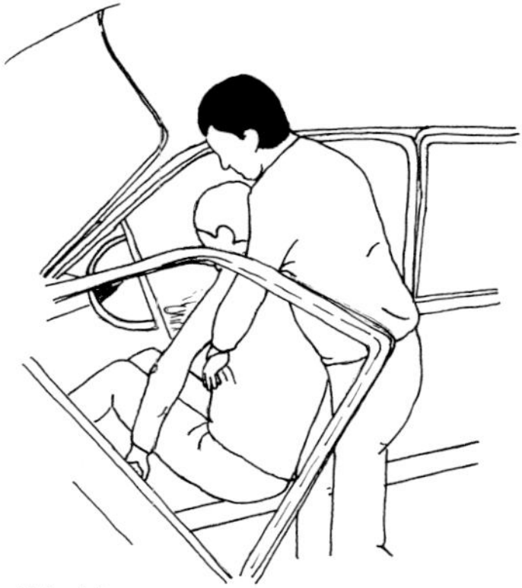

Abb. b)

- Falls die Bergung aus dem KFZ nicht möglich ist (z. B. weil der Verletzte eingeklemmt ist), müssen im Auto die Atmung und das Herz-Kreislauf-System kontrolliert und Erste-Hilfe-Maßnahmen eingeleitet werden.

Entfernen des Helms bei einem Verletzten

Dazu sind zwei Personen nötig: Die eine Person stabilisiert Kopf und Halswirbelsäule, indem sie mit beiden Händen den Kopf hinten abstützt. Die zweite Person entfernt vorsichtig mit beiden Händen den Helm (dabei jede Bewegung von Kopf und Halswirbelsäule vermeiden!).

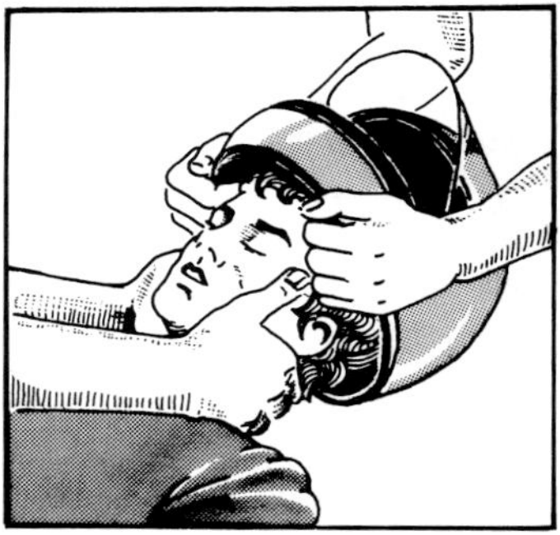

Anschließend die Atemwege und die Atem- und die Herz-Kreislauf-Funktion kontrollieren, und den Verletzten in die stabile Seitenlage bringen (Ausnahme: Verdacht auf Wirbelsäulenverletzung; siehe hinten).

Ertrinken

- Keine Zeit verlieren!
- Schnellstmögliche Bergung – auf eigene Sicherheit achten!
- Mechanische Reinigung von Mund, Rachen und Nase (Zahnprothesen entfernen!).
- Bei Atemstillstand sofort mit der Atemspende beginnen.
- Bei Kreislaufstillstand: Herzdruckmassage.
- Wenn Puls und Atmung vorhanden: stabile Seitenlage.
- Körper warm halten und vor weiterer Auskühlung schützen.

Atemstillstand

- Freimachen der Atemwege (Mund, Nase, Rachen; Prothesen entfernen); dabei auf Bissgefahr achten, d. h. Keil o. ä. seitlich zwischen die Zahnreihen stecken.
- Überstrecken des Kopfes nach hinten (Unterkiefer mitziehen).
- Mund-zu-Mund-Beatmung: Dabei Nase zuhalten.
- Mund-zu-Nase-Beatmung: Dabei Mund zuhalten.
- 10-mal schnell hintereinander einblasen, anschließend Beatmung dem eigenen Atemrhythmus anpassen. (ca. 15-mal pro Minute).

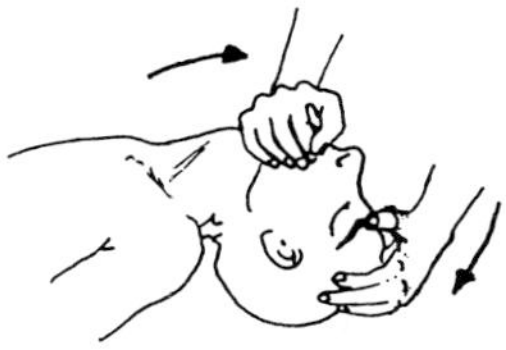

Herz-Kreislauf-Stillstand

- Pulskontrolle an der Halsschlagader: 3 Finger seitlich neben den Kehlkopf legen und anschließend in die seitliche Halsgrube rutschen.
- Ist beiderseits kein Puls zu fühlen: Lagerung des Bewusstlosen auf festen Untergrund und zunächst tief beatmen.
- Zunächst 1-malig den sog. »Präkordialschlag« ausführen: Mit der Faust aus 20–30 cm Höhe auf die Mitte des Brustbeines schlagen (nicht bei Säuglingen und Kleinkindern!). Durch den heftigen Schlag kann es zum spontanen Wiedereinsetzen des Herzschlages kommen.
  Diese Maßnahme ist jedoch nur erfolgreich, wenn der Herzstillstand erst sehr kurz bestanden hat.
- Bei Erfolglosigkeit mit der Herzdruckmassage beginnen.
- Aufsuchen des richtigen Druckpunktes:

1. Aufsuchen des Brustbein-Endes mit einem Finger

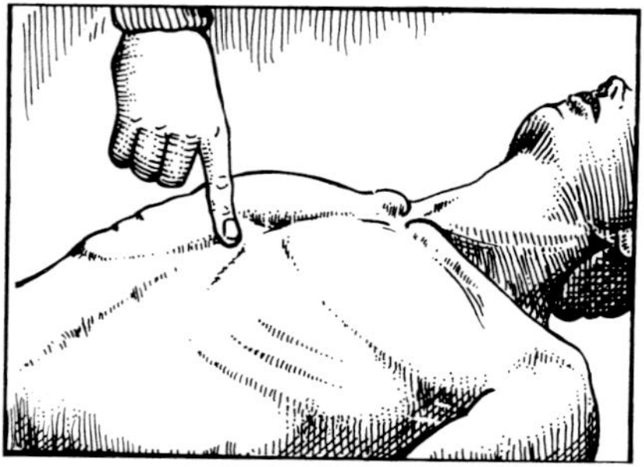

Abb. 1

2. Zwei Finger der anderen Hand in Richtung Hals daneben legen

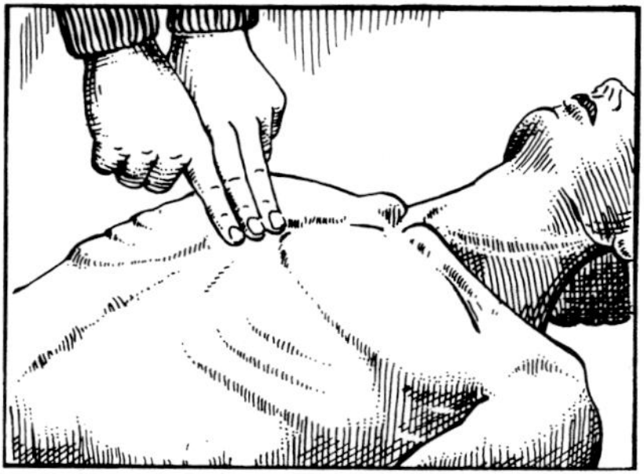

Abb. 2

3. Aufsetzen des Handballens direkt daneben in Richtung Hals

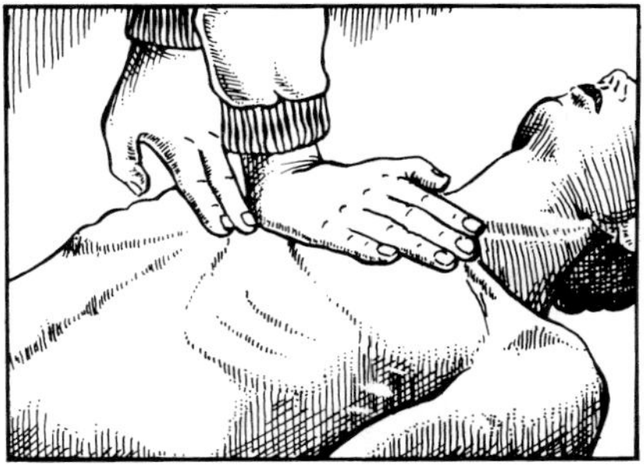

Abb. 3

4. Den zweiten Handballen auf Handrücken der ersten Hand aufsetzen

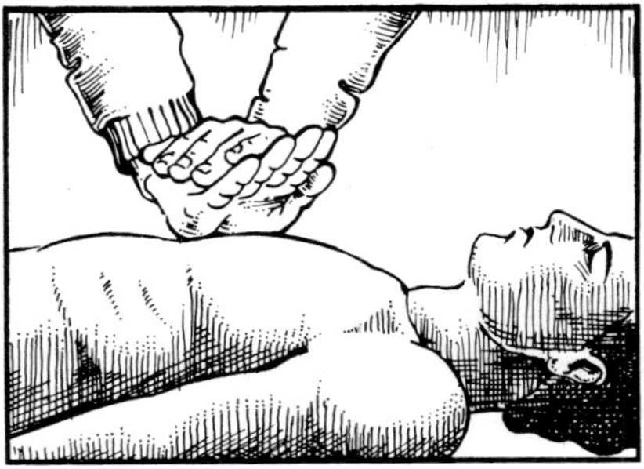

Abb. 4

5. Kraftvoll einmal pro Sekunde drücken, dazwischen immer wieder Atemspende.

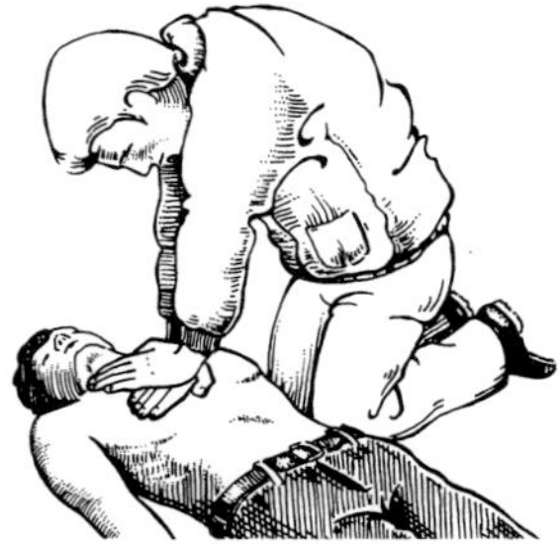

Abb. 5

- Ist nur 1 Helfer vorhanden: 2 Beatmungen nach 15 Herzstößen
- Sind 2 Helfer vorhanden (von denen einer beatmet und einer drückt): 1 Beatmung nach 5 Herzstößen

Nach erfolgreicher Hilfe Verletzten in stabile Seitenlage bringen und weiter intensiv beobachten; außerdem regelmäßig Puls und Atem kontrollieren.

Stabile Seitenlage

Die Seitenlage bewirkt durch die Überstreckung des Halses freie Atemwege. Flüssigkeiten, die sich im Mund sammeln, können abfließen, wodurch die Erstickungsgefahr abgewendet wird.

Vorgehen:

- An die Seite des Verletzten stellen.
- Den diesseitigen Arm des Verletzten soweit wie möglich gestreckt unter dessen Körper schieben.
- Das diesseitige Bein des Verletzten anwinkeln.

- Schulter und Hüftgegend der abgewandten Seite fassen und den Bewusstlosen behutsam zu sich herüberziehen (mit dem Bein abstützen).
- Den unter dem Körper liegenden Arm vorsichtig am Ellenbogen etwas nach hinten hervorziehen.
- Kopf des Bewusstlosen in den Nacken überstrecken und das Gesicht etwas erdwärts wenden.
- Hand des oben liegenden Armes flach unter die Wange schieben.

WUNDEN

Stark blutende Wunden

- Das blutende Körperteil hochhalten.
- Zuführende große Adern abdrücken (z. B. Innenseite des Oberarms; Leistenbeuge: beide Daumen auf die Mitte drücken).
- Wundränder zusammendrücken.
- Anlegen eines Druckverbandes direkt auf der Wunde.

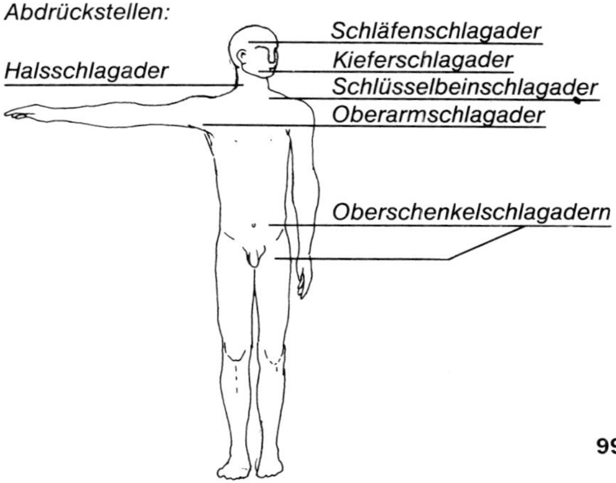

Merke: Mit jedem Pulsschlag geht Blut verloren.

Verbinden:

- Wundränder so gut wie möglich aneinanderfügen.
- Eine Wundauflage herstellen: Sie sollte möglichst sauber sein. Zur Not können ein sauberes Handtuch, Taschentuch oder andere Textilien oder sogar Toilettenpapier verwendet werden.
- Die Auflage mit einer Binde fixieren.
- Ein Druckpolster (Verbandspäckchen oder zusammengefalteter Stoff) darauf legen und fest anwickeln.
- Bei eventuellem Durchbluten ein zweites Polster anwickeln.

Abbinden:

- Nur bei extrem starker Blutung, wenn Druckverband nicht möglich oder ausreichend.
- Abgebunden wird generell nur am Oberarm oder Oberschenkel, nie direkt auf Gelenken!
- Breites Material verwenden.
- Das verwendete Material (Band/Gürtel/Schnur/Binde) mit einem Knebel anziehen, bis die Blutung zum Stillstand gekommen ist.
- Verletzten hoch lagern.

Merke: Alle 15 Minuten Knebel lockern, sonst droht das Absterben und somit die Amputation der Gliedmaße!

Schock
Definition: Zusammenbruch des gesamten Kreislaufsystems.

Ursachen:
- Blutmangel (innere oder äußere Blutungen).
- Die Blutzusammensetzung hat sich verändert (z. B. bei Durchfall oder Erbrechen – Salzverlust! –, aber auch durch Eiweißverlust nach Verbrennungen möglich).
- Die Herzleistung ist nicht ausreichend (Infarkt).
- Bakteriengifte (z. B. Eiterherd).
- Überempfindlichkeit (allergische Reaktionen).
- Seelische Reaktion (Angst, Schreck).

Anzeichen:
- Unruhe, Angst, Verwirrtheit.
- Schneller Puls (100 Schläge in der Minute und mehr).
- Bleiche Haut, kalter Schweiß an den Händen und auf der Stirn.
- Kühle Glieder.

Behandlung:
- Betreuung und Beruhigung des Patienten (bei Bedarf z. B. Valium 10 verabreichen).
- Schmerzlinderung: starkes Schmerzmittel.
- Den Kreislauf stabilisieren, Beine hoch lagern.
- Schutz vor Auskühlung des Verletzten; für Isolierung von unten sorgen; mit einer Rettungsdecke zudecken.
- Ist der Kranke voll ansprechbar, warme Getränke verabreichen. Keinen Alkohol einflößen!
- Puls kontrollieren und Patienten beobachten.
- Bei Schock durch Blutvergiftung Antibiotika (z. B. Keimax 400) geben.

- Bei schwerem allergischen Schock (v. a. Bienen- und Wespengifte) sind Adrenalin-Inhalationsspray und Cortisonpräparate nötig: Z. B. mit Adrenalin Primatene MIST oder Infecto Krupp Inhaler inhalieren (nur über eine Internationale Apotheke erhältlich) und zwei Flaschen Celestamine N 0.5 liquidum austrinken. Dies wirkt am schnellsten. Oder: Soludecortin 1000 oder Volon A solubile injizieren.
- Für Allergiker sind diese oder ähnliche Medikamente als Injektionsset fertig im Handel erhältlich.

Offene Wunden
- Vor jeder Behandlung einer Wunde die Hände waschen.
- Inspektion der Wunde.
- Bei starker Verunreinigung die Wunde mit abgekochter Salzlösung (1 Teelöffel Salz auf 1 Liter Wasser) ausspülen. Schmutzteile mit einer Spritze herausspülen.
- Um die Wunde herum die Haut desinfizieren, dabei kein Desinfektionsmittel in die Wunde bringen.
- Ist die Wunde nicht älter als 6 Stunden:
  a) die Wundränder säubern; zerstörtes oder gequetschtes Gewebe entfernen
  b) Wundränder aneinanderfügen und befestigen (nähen, klammern oder pflastern).
- Ältere Wunden mit einem desinfizierenden Salbenverband (Betaisodona o. ä.) behandeln.
- Ruhigstellen des verletzten Körperteils
- Regelmäßiger Verbandswechsel (alle 2–3 Tage) und Wundkontrolle.
- Wenn sich von der Wunde ein roter Streifen in Richtung Herz zu ziehen beginnt: Sofort Antibiotika (z. B. Keimax 400) einnehmen, ebenso bei Fieber.

Brandwunden

Brandwunden sind in Verbrennungen ersten, zweiten und dritten Grades einzuteilen:

1. Grad: Schmerzhafte Hautrötung
2. Grad: Blasenbildung der Haut; bei geplatzten Blasen tritt Sekretabsonderung auf; der Verletzte hat Schmerzen.
3. Grad: Alle Haut- und ebenso tiefere Gewebeschichten sind zerstört.

Ab etwa 15 % verbrannter Körperfläche besteht Schockgefahr (zum Vergleich: Die menschliche Handfläche macht etwa 1 % der Körperfläche aus).

Behandlung:

- Vorsichtiges Entfernen der Kleidung.
- Verklebte Teile belassen.
- Verbrannte Hautbezirke 10 bis 15 Minuten in kaltes, möglichst fließendes Wasser halten. *Aber beachte:* Bei größeren Wunden nicht zu lange oder nur mit lauwarmem Wasser kühlen! Es kann sonst zur Unterkühlung kommen.
- Offene Brandwunden weder berühren, noch den Mund in die Nähe der Wunde bringen und dabei sprechen (durch den Atem besteht Infektionsgefahr!).
- Niemals Salben, Öle, Puder oder Sonstiges auf Brandwunden bringen.
- Die Wunde steril halten. Saubere Tücher, möglichst Metalline o. ä. auf die Wunde geben (s. »Medikamente«). Wenn nötig, vorher Spülung mit Betaisodona-Lösung.
- Keine Blasen öffnen.
- Vorsichtige Lagerung und Transport des Verletzten.
- Gegebenenfalls Schmerz- und Beruhigungsmittel verabreichen.

- Dem Verletzten Flüssigkeit zuführen (alle 15 Minuten etwa eine Tasse); hierbei empfiehlt sich die Mischung aus: 1 TL Salz,1 TL Zucker,1 TL Natron auf einen Liter Wasser.
- Eine Infektion von Brandwunden erkennt man am schlechten Geruch der Wunde, Ausfließen von Eiter, der Verletzte hat Fieber. 3-mal täglich lauwarmes Salzwasser (1 TL Salz auf 1 Liter Wasser) auflegen. Wasser und Tücher vorher abkochen, totes Gewebe steril entfernen, Antibiotika einnehmen.
- Bei großen Brandwunden generell Antibiotika zur Verhinderung einer Infektion eingeben.

Wunde Stellen (»Wolf«)

- Vorsorgen: Gefährdete Stellen vor Belastung mit Hirschtalg oder Ballistol einreiben.
- Die wunde Stelle, wenn möglich, nicht mehr belasten oder zumindest polstern.
- Steril abdecken, Wundsalbe (z. B. Bepanthen).
- Bei Infektionen Wundsalbe mit Antibiotika (z. B. Nebacetin-Salbe).

Bisswunden

Bei Bisswunden entstehen Weichteil- oder Knochenverletzungen. Gleichzeitig besteht die Gefahr von Verunreinigungen, Eindringen von Giften oder Krankheitserregern.

Behandlung:

- die Wunde ausgiebig reinigen (Wasser & Seife).
- Desinfektion (z. B. Wasserstoffsuperoxid, Salzwasser)
- Behandlung mit Betaisodona o. ä., anschließend Salbenverband
- Gabe von Antibiotika

- Ruhigstellung des Patienten und regelmäßige Kontrolle.

Eine Wundstarrkrampfimpfung (Tetanus) kann lebensrettend sein.

Impfschema (nach der Verletzung):
- sofort 1 Ampulle Gegengift (Tetagam) sowie 1 Ampulle Impfserum (Tetanol)
- nach 30 Tagen 1 Ampulle Tetanol
- nach einem Jahr 1 Ampulle Tetanol.

Dieser Schutz ist für ca. 10 Jahre ausreichend.

Merke: Der beste Schutz ist die vorbeugende Impfung.

BRÜCHE, VERRENKUNGEN, VERSTAUCHUNGEN

Offene Brüche

Die Haut und das Gewebe im Bruchbereich sind verletzt. Es besteht die Gefahr einer Infektion durch die Verbindung der Knochenbruchstelle mit der äußeren Umgebung. Immer sofort möglichst steril abdecken!
Falls der Knochen noch vorsteht, unbedingt einrenken (siehe unter: »Geschlossene Brüche«), um den Knochen wieder unter seinen Weichteilmantel zu bringen.
Weitere Behandlung wie bei geschlossenen Brüchen.

Geschlossene Brüche

Diese sind mit Schmerzen und Bewegungseinschränkungen verbunden. Eine abnorme Lage und/oder Bewegung des entsprechenden Gliedes gehen einher mit Schwellungen und Prellmarken.

Behandlung:

- Ruhigstellen des Bruches.
- Puls und Gefühl im Bereich des körperfernen Gliedabschnittes prüfen.
- Anschließend nach guter Polsterung schienen.
- Schmerzmittel und eventuell z. B. Valium eingeben.
- Möglichst umgehenden Transport in ein Krankenhaus, da nur eine Röntgenaufnahme eine exakte Behandlung ermöglicht.

Ist keine Hilfe (Arzt) vorhanden, kann der Versuch gemacht werden, den Bruch einzurichten. Ist die Schockgefahr beseitigt, wird unter Zug und Gegenzug – langsam und schonend – der Bruch eingerichtet; je früher, desto besser:

1) Den Verletzten festhalten (auch das jeweilige Körperteil), so dass dieser bei Belastung (Zug) nicht nachgibt.
2) Dem zu Behandelnden die Situation erklären, beruhigend zureden und die nächsten Schritte deutlich machen.
3) Das gebrochene Körperteil unter langsamen, stetigen Zug bringen.
4) Der gebrochene Fuß, Schenkel oder Arm wird unter größter Vorsicht in die Normalposition gebracht.
5) Gute Polsterung des verletzten Teils; das Glied schienen und mit einem Verband oder Tüchern ruhig stellen.
6) Nach dem Ruhigstellen der benachbarten Gelenke wird überprüft, ob die Gliedmaße gefühllos oder weiß wird; Pulsschlag überprüfen, gegebenenfalls den Verband öffnen und/oder lockern.
7) Immer eine mögliche Schockgefahr beachten, da bei Brüchen ein großer innerer Blutverlust möglich ist.
8) Schonender Transport und entsprechende Lagerung des Verletzten ist wichtig.

Merke: Beim Einrenken von Brüchen äußerst behutsam vorgehen, da sonst Nervenschädigungen drohen.

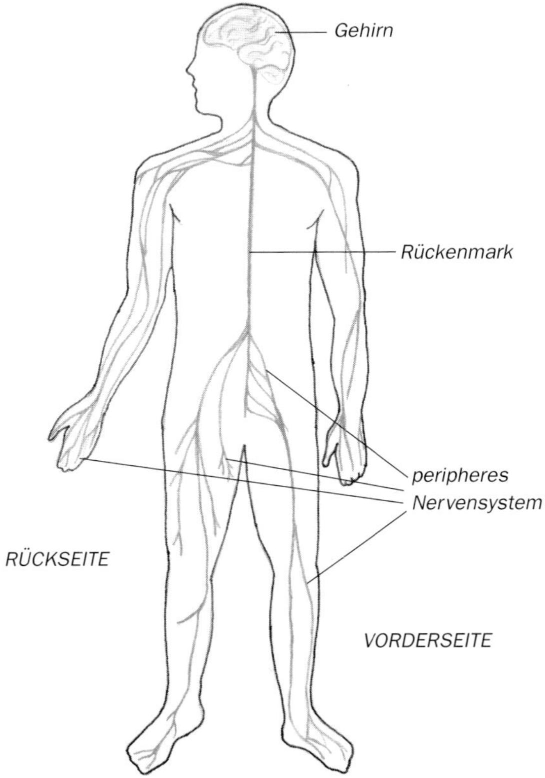

Erkennen und Behandeln von:

Schlüsselbeinbruch

Dieser ist meist von außen sichtbar (man vergleiche mit der gesunden Seite); bei Druck auf die gebrochene Stelle tritt das sog. »Klaviertastenphänomen« auf.

Behandlung:

- »Rucksackverband« (Schlinge um beide Schultern stramm und gut gepolstert unter den Achselhöhlen durchführen; anschließend zwischen den Schulterblättern verknoten).
- Ein regelmäßiges Nachziehen zum Erhalt der Spannung ist notwendig.

Wirbelsäulenfraktur

Ist erkennbar an:

- Schmerzen im entsprechenden Wirbelbereich
- Bewegungen sind schwierig und/oder schmerzhaft
- Gefühlsstörungen in Armen und Beinen
- Stuhl oder Urin geht ohne Kontrolle ab.

Behandlung: (schon bei Verdacht!)

- Die Lage des Verletzten möglichst nicht verändern.
- Den Transport (Rückenlagerung) nur mit mehreren Helfern durchführen.
- Lagerung des Verletzten auf fester Unterlage; eine Seitenlage *nur* bei Blutungen im Nasen-/Rachen- und Mundbereich sowie bei starkem Erbrechen.
- Dem Verunglückten keine Kissen unter den Kopf legen und nicht aufsitzen lassen.

Rippenbrüche
Gekennzeichnet von lokalem Schmerz und Prellmarke; flache Atmung durch meist starke atemabhängige Schmerzen.

Behandlung:
- Schonhaltung und entsprechende Lagerung
- örtliche, schmerzlindernde Maßnahmen (kalte Umschläge, Salben)
- auch bei Schmerzen versuchen, tief durchzuatmen (Gefahr von Lungenentzündung: **Behandlung siehe dort**)
- eventuell Schmerzmittel (Valoron, Tramal), evtl. Valium
- zum Schlafen auf die *verletzte* Seite legen.

Beckenbruch
Erkennbar an Druckschmerz, Prellmarken oder Bluterguss; die Bewegung ist schmerzhaft eingeschränkt. Auf blutigen Urin achten. Möglichkeit eines Harnröhren- oder Blasenrisses – dann überhaupt kein Urin.

Behandlung:
- Schonende Lagerung des Verletzten.
- Beide Beine – mit einer ausreichenden Polsterung dazwischen – zusammenbinden.
- Knie unterpolstern, damit Bauchmuskulatur entspannt ist.
- Den Verletzten überwachen, da durch mögliche innere Blutungen Schockgefahr besteht.

Verrenkung, Auskugelung
Entstehen durch Krafteinwirkung auf ein Gelenk mit Trennung des Gelenks, einer Dehnung oder einem Riss der Kapsel bzw. der Gelenkbänder.

Erkennbar an:
- der unnormalen Lage des Körperteils
- einer sehr starken, schmerzbedingten Bewegungseinschränkung oder -unfähigkeit
- Schwellung und Druckschmerz.

Behandlung:
- Den Verunglückten beruhigen; evtl. Eingabe von Schmerzmitteln.
- Einrenken unter den gleichen Bedingungen wie bei Brüchen (unter Umständen sehr schwierig).

Behandlungsbeispiel anhand der Schulter:
- Den Verletzten auf den Rücken legen.
- Sich selbst an die verletzte Seite des zu Behandelnden legen und den Fuß in die Achselhöhle des Verletzten drücken.
- Handgelenk mit beiden Händen fassen und unter langsamem Zug sowie gleichzeitiger Innendrehung des Arms ziehen, bis das Schultergelenk fühlbar einschnappt.

Merke: Eingerenkte Körperteile sind ebenso wie Brüche ruhig zu stellen. Die Ruhigstellung erfolgt hier aber nur kurzfristig, da sonst die Gefahr einer Einsteifung droht.

Verstauchungen

Verstauchungen (Distorsionen) entstehen durch Krafteinwirkungen auf ein Gelenk oder auf Gelenkteile.
Erkennbar an:
- Schwellungen
- Druckschmerzhafter Bewegungseinschränkung
- Bluterguss

Behandlung:
- Anlegen einer festen Binde
- Ruhigstellung des betroffenen Gliedes
- Hochlagerung
- Kühlen der Verstauchung, um ein Abschwellen zu erreichen

AKUTE SCHMERZZUSTÄNDE

Lungenentzündung
Anzeichen:
- stechende Schmerzen bei der Atmung
- sofort eintretendes hohes Fieber
- Schüttelfrost
- Gefühl des Krankseins
- oberflächliche Atmung
- kaum spürbarer und schneller Puls.

Behandlung:
- Bettruhe
- Antibiotika verabreichen (z. B. Keimax 400)
- Inhalation
- Ergreifen von fiebersenkenden Maßnahmen (Wadenwickel, Verabreichung von Aspirin)
- Viel Flüssigkeit zu sich nehmen.

Bauchschmerzen (Oberbauch)
Anzeichen:
- dumpfe Krämpfe, bis kolikartige Schmerzen unterhalb des Brustbeins
- Übelkeit und Erbrechen (evtl. dunkles Blut, kaffeesatzartig).

Der Bauch ist dabei nicht hart, sondern weich. Wichtige Hinweise kann auch die frühere Krankengeschichte geben (z. B.

schon länger bestehende Magenbeschwerden). Bei diesen Anzeichen ist mit einer Magenschleimhautentzündung oder einem Zwölffingerdarmgeschwür zu rechnen.

Behandlung:
- Im Anfangsstadium nichts zu Essen geben, später nur leichte Kost verabreichen.
- keinen Alkohol oder Nikotin
- Verabreichung von Buscopan plus o. ä. als Zäpfchen
- Den Patienten ruhen lassen und weiter beobachten.

Rechter Oberbauch
- heftige, wellenförmige, krampfartige Schmerzen
- Ausstrahlung bis in den Schulterbereich
- Übelkeit, Brechreiz
- Fett kann weder gerochen, noch gegessen werden.

Anzeichen für eine *Gallenkolik*.

Behandlung:
- wie starke Magenbeschwerden
- Feuchtwarme Umschläge anlegen.

Rechte und linke Bauchseite
- wellenförmige, krampfartige Schmerzen in der Leistengegend; in den Unterbauch ausstrahlend.
- sehr plötzliches Einsetzen o. g. Symptome
- Unruhe bis zum Erbrechen
- häufiges Wasserlassen mit Brennen
- unter Umständen rötlicher Urin

Deuten auf eine *Nieren-* oder *Harnleiterkolik* oder auf einen *Harnweginfekt* hin.

Behandlung:
- Verabreichung von Buscopan plus o. ä.
- Viel lauwarme Flüssigkeit zuführen.
- Feuchtwarme Umschläge machen.
- bei Koliken: Bewegung.

Rechter Unterbauch
- starker Druckschmerz
- Übelkeit und Erbrechen
- gespannte Bauchdecke
- Bewegung im rechten Hüftgelenk manchmal schmerzhaft
- meistens Fieber

Spricht für eine *Blinddarmentzündung.*

Behandlung:
- Kalte Umschläge, Eis auf den rechten Unterbauch legen.
- Dem Kranken nichts zu Essen geben.
- Antibiotikum einnehmen.
- Bei einem längeren Transport zur Klinik evtl. Schmerzmittel verabreichen.

Unterbauch Mitte (über der Blase)
- Schmerzen
- häufiges Wasserlassen, dabei Brennen in der Harnröhre
- relativ kleine Urinmengen

Sprechen für eine Harnweg- oder Blasenentzündung.

Behandlung:
- Abgabe von Buscopan plus o. ä.
- Verabreichung von Antibiotika (z. B. Bactrim forte)
- Den Unterbauch wärmen.

Gesamtbauchbereich

- Der gesamte Bauch oder Teile davon sind stark druckschmerzhaft
- Die Bauchdecke ist bretthart gespannt
- Stuhl- und Windverhalten
- Erbrechen
- Die Zunge ist trocken und borkig, das Gesicht grau
- Der Patient wirkt stark krank, evtl. Schock

Diese Anzeichen deuten auf eine *Komplikation eines der vorher genannten Organe oder des Darmes (z. B. Magendurchbruch, Blinddarmdurchbruch, Darmverschluss, usw.)* hin.
Es besteht höchste Lebensgefahr! Daher umgehend Klinik aufsuchen!
Bis dahin:

- Ess- und Trinkverbot
- feuchtwarme Umschläge
- krampflösende Schmerzmittel verabreichen, z. B. Buscopan plus.
- Antibiotikum hochdosiert, z. B. Keimax 400
- gegebenenfalls Schockbekämpfung.

VERLETZUNGEN IM KOPFBEREICH

Gehirnerschütterung und Schädelbruch

- Symptome treten sofort nach dem Unfall auf
- äußere Verletzungsanzeichen, z. B. Nasenbluten
- Erinnerungslücken, Benommenheit, evtl. Bewusstlosigkeit (unter 15 Minuten)
- Erbrechen
- Schwindel
- Kopfschmerzen

Diese Symptome sprechen für eine *Gehirnerschütterung*.

Behandlung:
- Seitenlage auf die unverletzte Seite bei Bewusstlosigkeit, ansonsten Oberkörper erhöht lagern. Ruhe!
- bei vorhandenen Wunden: sterile Abdeckung
- ständige Atem- und Pulskontrolle
- evtl. Beruhigungsmittel (z. B. Valium 10), Schmerzmittel oder z. B. Paspertin gegen Erbrechen.

Kommt es zu einer Verschlechterung des Zustandes (oft nach anfänglicher Besserung) oder kommen folgende Symptome hinzu, besteht die Gefahr eines *Schädel-* oder *Schädelbasisbruches* und/oder *Hirnblutung*. Es besteht Lebensgefahr!

Anzeichen:
- dauerhaftes Erbrechen
- anhaltende (über 15 Minuten) oder wieder eintretende Bewusstlosigkeit
- zunehmende Kopfschmerzen
- zunehmende Verwirrtheit und Unruhe
- dauerhafte Pupilleneng- oder -weitstellung oder verschieden große Pupillen
- Blutung aus Nase (evtl. nur wasserhelle Flüssigkeit), Mund, Ohr oder offene, tiefe Kopfwunde
- Lähmungen oder Krämpfe
- Pulsverlangsamung, extreme -beschleunigung oder Unregelmäßigkeiten

Behandlung:
Erstversorgung wie bei der Gehirnerschütterung, aber:
- So schnell wie möglich in ärztliche Behandlung begeben; wenn möglich, Abtransport im Rettungswagen.

Augen

- rotes, schmerzendes Auge
- Fremdkörpergefühl
- Vorgeschichte: Sand-, Metall- oder Holzspäne oder Schnee (Schneeblindheit) deuten auf *Bindehautentzündung, Schneeblindheit* oder *Fremdkörper im Auge*.

Behandlung:

- Inspektion mit sauberen Fingern
- Fremdkörpersuche und Entfernung
- Verabreichung von Augensalbe (ohne Cortison)
- Augenklappe oder Tuch zum Schutz vor weiteren schädlichen Einwirkungen (z. B. Schneebrille oder selbstgebauter Schutz).

Nase

Nasenbluten.

Behandlung:

- Sitzende Position einnehmen
- Kalte Kompressen auf Stirn und Nacken legen
- Nasenflügel andrücken
- Nasenlöcher mit Gaze ausstopfen (keine blutstillende Gaze verwenden!)

Ohr

- ein- oder beidseitige Ohrenschmerzen
- Schwerhörigkeit
- oft Allgemeininfektion

Anzeichen für eine *akute Mittelohrentzündung*

Behandlung:

- warme Umschläge

- Verabreichung von Nasentropfen (z. B. Otriven); *keine* Ohrentropfen geben!
- Je nach Zustand: Antibiotikum und/oder Schmerzmittel (Aspirin) geben
- Inhalieren mit heißer Kochsalzlösung (1 Teelöffel pro Liter Wasser).

Stirn und/oder Nase
- Schmerzen oder Druckgefühl
- Bei schnellem Schütteln oder Beugen des Kopfes Druckgefühl

Anzeichen für *Kiefer- oder Stirnhöhlenentzündung.*

Behandlung:
- viel trinken
- inhalieren (Kamille)
- Antibiotikum.

Hals
- Plötzlich auftretende Beschwerden mit Fieber und Halsweh
- Schluckbeschwerden
- geröteter Hals
- Krankheitsgefühl
- Gliederschmerzen

zeigen eine *eiterige Angina* an, die mit
- Antibiotika und Aspirin sowie
- Bettruhe und heißen Halswickeln

behandelt wird.
Akute Kehlkopfentzündung beginnt mit:
- Schluckbeschwerden
- Heiserkeit bis Atemnot
- Gerötetem Hals, meist Allgemeininfekt.

Behandlung:
- Stimmruhe
- Rauchverbot
- Einnahme von Antibiotika
- Inhalation mit Heilölen
- Gurgeln mit Salzwasser

BISSE UND STICHE GIFTIGER TIERE

Giftschlangen

Mit Ausnahme der Polarregionen, Madagaskars und einiger Inseln der Karibik und des Pazifiks sind Giftschlangen über die ganze Erde verbreitet. Eine Begegnung mit ihnen geschieht meist überraschend, selten zeigen sie ihre Gegenwart etwa durch Zischen oder Rasseln (Klapperschlangen) an. Einige wichtige Vorsichtsmaßnahmen sind daher in Gebieten, in denen Giftschlangen häufig sind, unbedingt zu beachten:

1) Sich informieren, mit welchen Schlangen, auch ungiftigen, zu rechnen ist; sich deren wichtigste Merkmale (Zeichnung etc.) einprägen.
2) Schützende Kleidung tragen (feste Schuhe, lange Hosen).
3) Stets darauf achten, wo man hingreift, hintritt, worauf man sich setzt.
4) Nicht in Erdhöhlen und unter Steine greifen.
5) Feuerholz nicht nach Eintritt der Dunkelheit sammeln.
6) Nicht in der Nähe von Holz- oder Steinhaufen, in Höhleneingängen oder Sumpfgelände schlafen, möglichst in überschaubarem Gelände kampieren.
7) Tiere nicht reizen, Abstand halten.
8) Auch scheinbar tote Schlangen mit Vorsicht behandeln, wenn überhaupt, dann nur mit langem Stock hantieren.

Jeder Schlangenbiss ist ein ernster Notfall! Der Betroffene ist auf dem schnellsten Wege in ärztliche Behandlung zu bringen. Die Giftwirkung hängt im wesentlichen ab:

1) von der Art der Giftschlange und deren Gifteigenschaften
2) von der Menge des eingebrachten Giftes.

Anzeichen nach einem Biss durch Kobras, Mambas, Kraits, manchen Klapperschlangen und den meisten australischen Giftschlangen (neurotoxische Wirkung):

- leichte, selten schmerzhafte Schwellung um die Bissstelle
- Erbrechen
- Blässe
- Schweißausbruch
- Lähmung der Gesichts- und Augenmuskeln (starrer Blick)
- Schluckbeschwerden
- Atembeschwerden
- Bewusstseinseintrübung und Bewusstlosigkeit
- Krämpfe
- Atemlähmung

Anzeichen nach einem Biss durch Vipern, Klapperschlangen, Grubenottern (Wirkung auf Blutgefäße und Blutgerinnung):

- rasche, massive, schmerzhafte Schwellung um die Bissstelle, die sich weiter über den ganzen Körperteil ausbreitet
- rötlich-bläuliche Verfärbung um die Bissstelle
- Erbrechen
- Blässe
- Schweißausbruch
- Schock
- Zahnfleisch-, Nasenbluten, Sickerblutung aus der Bisswunde sind Anzeichen einer gestörten Blutgerinnung, Gefahr des Verblutens

- Bewusstseinseintrübung und Bewusstlosigkeit
- Kreislaufversagen

Diese Anzeichen einer Vergiftung variieren stark in ihrer Ausprägung und sind keineswegs, was vor allem die Reihenfolge angeht, für jedes Gift dieser zwei Schlangengruppen typisch. Es können z. B. bei einem Kobrabiss Lähmungserscheinungen fehlen, dafür Hautveränderungen um die Bissstelle auftreten; bei einem Vipernbiss kann es z. B. auch nur zu starken Gewebeschäden um die Bissstelle kommen, ohne dass die Blutgerinnung beeinträchtigt wird und umgekehrt. Nicht selten treten überhaupt keine Symptome auf, wenn die Schlange zwar zugebissen, nicht jedoch Gift injiziert hat.

Erste Hilfe:
- Gebissene Person beruhigen, Panik vermeiden.
- Betroffenes Körperteil ruhigstellen, u. U. schienen, mit elastischer Binde fest umwickeln, Abbinden selten empfehlenswert, da nur kurzzeitig möglich (nicht länger als 20–30 Minuten), wenn rasche ärztliche Hilfe erreichbar.
- Versuchen, die Schlange zu erkennen und zu beschreiben.
- Gebissene Person auf schnellstem Wege ärztlicher Hilfe zuführen.
- Schockreaktionen möglich (s. Schockbehandlung).
- Mund-zu-Mund-Beatmung, wenn Atemlähmung eintritt.

Antiseren (Gegengifte), spezifisch für die betreffende Schlangenart, dürfen nur durch einen Arzt (ausschließlich intravenös) angewandt werden, wobei alle Vorkehrungen für eine Schockreaktion getroffen sein müssen. Das Mitführen von Antiseren ist in der Regel nicht empfehlenswert, da deren fachgerechte Lagerung und Transport (kühl) oft nicht gewährleistet sind.

Hilfe bei der Beschaffung des richtigen Serums bzw. bei der Behandlung von Giftschlangenbissen leistet die Medizinische Klinik Rechts der Isar der Technischen Hochschule München, Toxikologische Abteilung, Ismaninger Str. 22, D-81675 München, Tel.: 089-19240.

Was auf jeden Fall beachtet werden muss:

1) Betroffenen Körperteil (Arm oder Bein) nicht abbinden, keine Staubinde anlegen, denn diese wäre nach maximal 10–15 min zu lösen, da sonst schwere Gewebeschäden eintreten und u. U. die Amputation die Folge wäre! Abbinden ist außerdem bereits nach wenigen Minuten sehr schmerzhaft.
2) Nicht in die Bissstelle einschneiden oder diese gar ausschneiden (bei manchen Viperngiften besteht die Gefahr des Verblutens, da durch das Gift die Blutgerinnung aufgehoben sein kann. Dieser Zustand kann bis zu 14 Tagen anhalten).

   Aussaugen oder Auspressen hilft nicht viel.
3) Keine »Mittelchen« einreiben oder injizieren.
4) Bisswunde nicht intensiv waschen.
5) Bissstelle nicht mit Eis kühlen.
6) Bissstelle nicht erwärmen.
7) Keinen Alkohol oder starken Kaffee trinken, nichts essen.
8) Cortisonpräparate oder Antibiotika sind überflüssig.

Skorpione

Skorpionstiche sind oft schmerzhaft. Allergische Reaktionen sind möglich. Es sind jedoch nur wenige Skorpione (z. B. in Nordafrika und Mexiko) wirklich gefährlich. Einen groben Hinweis auf die Giftigkeit eines Skorpions gibt die Form der Scheren: Skorpione mit schlanken Scheren sind in der Regel mit einem starken Gift bewehrt, Skorpione mit großen, plumpen Scheren sind in der Regel harmlos.

Vergiftungen, die über eine lokale Reaktion (Schmerz, Schwellung, Rötung) an der Bissstelle hinausgehen, sind nur bei Arten aus den genannten Regionen zu erwarten. Hier kann es zu folgenden Symptomen kommen:
- Herz-Kreislauf-Beschwerden
- plötzliche Blässe
- Schweißausbruch
- Atembeschwerden
- In schweren Fällen (besonders bei Kindern) fällt der Patient nach einigen Stunden in ein Koma mit tiefer Bewusstlosigkeit.

Behandlung:
- Bei den meisten Arten keine besonderen Maßnahmen notwendig.
- Bei Auftreten von Allgemeinsymptomen (in der Regel innerhalb von sechs Stunden nach dem Stich) nicht wertvolle Zeit verstreichen lassen, sondern sofort versuchen, in ärztliche Behandlung zu gelangen, da es zu lebensbedrohlichen Zuständen kommen kann (überwiegend bei Kindern und alten Menschen)! Eigene Hilfsmaßnahmen wie Eingabe von Schmerzmitteln oder Schockbekämpfung sind in diesem Fall erfolglos!

Vorbeugen:
- Lagerplatz säubern: Skorpione leben meist unter Steinen und Holz.
- Kleider und Schuhe vor dem Anziehen ausschütteln.
- Festes Schuhwerk tragen.

- Skorpione sind nachtaktiv, daher nachts nie barfuß laufen. Die Wegstrecke mit der Taschenlampe ausleuchten.

Erste Hilfe:
- Stichstelle in heißes Wasser eintauchen oder heißes Wachs aufträufeln zur Inaktivierung des Giftes. Behandlung mehrfach wiederholen. Bei Kreislaufproblemen Arzt aufsuchen.

Spinnen
Spinnen werden oft überschätzt. Große Vogelspinnen sind z. B. durchweg harmlos. Die einzige, weltweit vorkommende Spinne, deren Biss sehr schmerzhafte Folgen hat, ist die Schwarze Witwe, doch ist dieser Biss keineswegs lebensgefährlich.

Achtung: Die meisten Spinnen, die z. B. in Südamerika Vergiftungen verursachen, werden im häuslichen Bereich angetroffen! Die Schwarze Witwe sitzt gerne unter den Toilettendeckeln von sanitären Anlagen im Freien.

Vorbeugen: wie bei Skorpionen.

Behandlung: In der Regel keine Maßnahmen notwendig. Bei Schmerzen evtl. Schmerzmittel einnehmen, betroffene Stelle kühlen.

Schutz vor Gifttieren
Das Risiko eines Gifttierunfalls wird vielfach überschätzt, andere Risiken (wie z. B. Malaria, Bilharziose usw.) eher unterschätzt. Einige Regeln sollten jedoch in den Tropen und Subtropen auf alle Fälle beherzigt werden:

- Vor der Reise sich informieren, mit welchen Gifttieren man im jeweiligen Land zu rechnen hat.
- Beim Wandern in unübersichtlichem Gelände schützende Kleidung und festes Schuhwerk tragen.
- Stets darauf achten, wohin man tritt und worauf man sich setzt. Nicht alle Giftschlangen fliehen, sondern vertrauen ihrer Tarnung.
- Nicht in Erdhöhlen und unter Steine greifen (Schlangen oder Skorpione!).
- Nicht in der Nähe von Holz- und Steinhaufen, in Höhleneingängen oder im Sumpfgelände das Lager aufschlagen.
- Feuerholz nicht nach Einritt der Dunkelheit sammeln. Vorsicht beim Aufheben größerer Äste (Schlangen, Spinnen, Skorpione!).
- Viele Gifttiere sind nachtaktiv. Daher das Lager nachts nie barfuss verlassen. Den Weg mit der Taschenlampe ausleuchten.
- In Skorpiongebieten Moskitonetz verwenden.
- Kleider und Schuhe vor dem Anziehen ausschütteln und inspizieren.
- Trifft man auf ein Gifttier, Abstand halten, Tier nicht reizen.
- Auch vermeintlich tote Schlangen mit Vorsicht behandeln, wenn überhaupt, dann nur mit langem Stock berühren.
- Gifttiere nicht zu fangen versuchen.

Merke: Nichts anfassen was man nicht kennt. Dies gilt auch für Pflanzen!

Umfassende Information zum Thema bietet das Buch »Gifttiere« von Prof. Dr. Dietrich Mebs.

Insektenstiche (Wespen, Bienen)

- Meist sehr schmerzhaft, lebensgefährlich bei Personen, die allergisch auf derartige Stiche (Bienen-/Wespengift-Allergie) reagieren. In diesem Fall sollten entsprechende Medikamente mitgeführt werden (Antihistaminika, Calcium-Tabletten, Cortisonpräparate). Ansonsten kühle Umschläge.
- Bei vielen Stichen (mehr als 100!) besteht durch die große Giftmenge auch bei nicht allergischen Menschen Lebensgefahr; daher keine wertvolle Zeit verstreichen lassen, sondern versuchen, so schnell wie möglich ärztliche Hilfe zu finden.
- Wenn es zu Allgemeinsymptomen kommt und kein Arzt erreichbar ist, symptomatische Behandlung (Adrenalin, Cortison in hoher Dosierung, Antihistaminika, Calcium; Schockbehandlung siehe vorne).

Verletzungen durch Giftfische oder andere Meerestiere

Es gibt mehr als 1000 Meerestiere, die Träger von Giftstoffen sind, die jedoch zum größten Teil noch nicht chemisch identifiziert wurden. Da maritime Gifte jedoch meistens Eiweißkörper sind, empfiehlt es sich auf jeden Fall, die Kontaktstelle in möglichst heißes Wasser zu tauchen, um das Gift zu zerstören. Körperteile, die nicht eingetaucht werden können, sollte man mit heißen Umschlägen (bis zu 90 min lang) versorgen.

Reizungen durch Feuerquallen dürfen nicht mit Wasser behandelt werden, da es hier zu einer Verschlimmerung der Symptome kommt. Besser die Stelle mit Puder, Mehl oder trockenem Sand bestreuen und nach kurzer Einwirkung abschaben. Anschließend eine entzündungshemmende Salbe auftragen.

Vorbeugen:

- Beim Waten im Wasser oder Laufen über Riffe knöchelhohe Schuhe tragen.
- Hinweise von Einheimischen beachten; Vorsicht beim Baden an menschenleeren Stränden (Quallen sind im Wasser oft unsichtbar).
- Nicht nachts baden: vermehrtes Auftreten von Seeigeln!

Vorbeugung für Taucher und Schnorchler:

- Nicht direkt über dem Sandboden schwimmen: eingegrabene Stechrochen!
- Beim Eintauchen in Höhlen, Tieren Fluchtmöglichkeit offen lassen.
- Nicht in Löcher oder Höhlen hineingreifen.
- Keine Streichelversuche, Tiere nicht reizen.
- Keine Anfütterungen.
- Bei Nachttauchgängen Bodenkontakt vermeiden.
- Nichts anfassen, was man nicht kennt.

Zeckenbisserkrankungen

Zecken-Borreliose

Vorkommen: Mittel-, Ost-, Nordeuropa, Nordamerika, Australien

Krankheitssymptome treten nach Tagen bis Monaten auf.

4 Krankheitsstadien:

1) rötliche Hautveränderung, die wandert. Gleichzeitig häufig Mattigkeit, Fieber, Schüttelfröste, Kopfschmerzen, Nackensteifigkeit
2) neurologische Störungen

3) rheumatische Beschwerden, v. a. im Knie- und Sprunggelenk
4) entzündliche Veränderungen der Haut (Pergamenthaut) und fortschreitende neurologische Störungen

Behandlung:
- Keimax 400 oder Penicillin in hoher Dosis 10–20 Tage lang.
- Nicht nur wegen der Spätfolgen so bald wie möglich Arzt aufsuchen.

Frühsommer-Meningo-Enzephalitis (FSME)
Vorkommen:
Donau-Seitentäler, Bayern, Baden-Württemberg, selten in Hessen, Rheinland-Pfalz, Kärnten, Ungarn, Jugoslawien u. a. Gebiete

Symptome:
Ca. 1 Woche nach dem Biss Fieber mit grippalen Erscheinungen. Nach 1–2 Wochen nach kurzer Pause erneuter Fieberanstieg und Störungen des Zentralen Nervensystems.

Behandlung:
Es gibt keine ursächliche Behandlung, daher sollte man sich vor dem Aufenthalt in betroffenen Gebieten prophylaktisch impfen lassen. Außerdem sollte man sich vor Zeckenbissen durch geeignete Kleidung schützen. Nach dem Aufenthalt im Freien Inspektion des Körpers. Ist man gebissen worden: Zecke vorsichtig aus der Haut drehen, ohne sie vorher zu ersticken (also kein Öl oder ähnliches auf die Zecke geben).

TROPENERKRANKUNGEN

Eine Besprechung der zahlreichen Tropenerkrankungen würde den Rahmen dieses Buches sprengen.
Äußerst wichtig ist jedoch eine gute Reisevorbereitung. Man sollte sich *rechtzeitig* (ca. 8 Wochen vor Reiseantritt!) bei einem reise- und tropenmedizinisch erfahrenen Arzt über vorbeugende Impfungen bzw. die richtige Malariaprophylaxe beraten lassen oder eines der reise- oder tropenmedizinischen Beratungszentren in Deutschland kontaktieren, z. B.:

• Deutsches Grünes Kreuz	0 64 21-29 30
• Centrum für Reisemedizin	01 90-88 38 83
• Tropenmedizinisches Beratungszentrum	040-3 98 88 90

Diese oder ähnliche Beratungszentren erstellen gegen ein relativ geringes Entgelt einen individuellen Vorsorgeplan.
Außerdem gibt die Firma SmithKline Beecham über den Springer-Verlag einen ausführlichen und immer wieder aktualisierten »Ärztlichen Ratgeber für Auslandsaufenthalte« von Dr. Eckhard Müller-Sacks heraus, der im Buchhandel bestellt werden kann.
Bei Last-Minute-Reisen kann man sich an die reisemedizinischen Beratungszentren der Flughäfen wenden, um wenigstens eine Minimalvorsorge zu treffen.

Während der Reise sollte man bestimmte *Vorsichtsmaßnahmen* einhalten:

- Nur sauberes Wasser trinken (Desinfektion mit Wasserdesinfektions-Tabletten), Vorsicht bei Leitungswasser!
- Körperhygiene
- ausreichende Kleidung zum Schutz gegen Insekten- und sonstige Tierbisse und -stiche.

- In den Tropen nie in flachen, stehenden Gewässern baden.
- Vorsicht bei der Auswahl von Nahrungsmitteln.

Treten nach der Reise Krankheitserscheinungen auf, den Arzt auch auf weiter zurückliegende Fernreisen hinweisen. Im Zweifelsfall zusätzlich eines der Beratungszentren oder eine tropenmedizinische Abteilung eines (Universitäts-) Krankenhauses kontaktieren. Eines der in Deutschland führenden Zentren ist z. B. das Bernhard-Nocht-Institut für Tropenmedizin in Hamburg, Tel.: 040-428180.

HITZSCHLAG

Es besteht *akute Lebensgefahr*, da die körpereigene Temperaturregelung ausfällt; die Hitze kann nicht abgegeben werden. Erkennbar an:

- Kopfschmerz, Schwindel, Übelkeit
- Bewusstseinsstörung
- nach anfänglicher Hautrötung fahlgraues Aussehen
- flache Atmung
- Puls und Temperatur steigen an.

Behandlung:

- Beruhigung des Kranken
- Kleidung entfernen
- Den Betroffenen in den Schatten transportieren
- Anfeuchten der Haut
- Kalte Umschläge machen
- Luft zufächern
- Flüssigkeit zuführen.

SONNENSTICH

Durch intensive Sonneneinstrahlung auf den Kopf entsteht eine Reizung der Hirnhäute und eine Hirnschwellung.
Erkennbar an:

- Kopfschmerzen; Nackenschmerzen bis Nackensteife
- Übelkeit
- heißem, hochrotem Kopf
- Bewusstseinsstörung bis zur Bewusstlosigkeit
- kein Fieber (!)

Behandlung:

- Anfeuchten der Haut
- Ist der Patient bei Bewusstsein, Verabreichung von kalten Getränken
- ansonsten Vorgehen wie bei »Hitzschlag«.

FLÜSSIGKEITSMANGEL (DURSTGEFÜHL)

Im Normalzustand ist die Flüssigkeitsaufnahme und -abgabe durch Regulierung im Durstzentrum des Gehirns im Gleichgewicht. Als Faustregel kann eine Flüssigkeitsaufnahme von ca. 2,5 l über Getränke und/oder Nahrung angenommen werden (unter normalen Temperaturen und bei nur leichter Betätigung).
Die Flüssigkeitsabgabe erfolgt durch Schwitzen, Kot- und Urinausscheidung sowie über die Atmung. In Extremsituationen kann der Verlust bis zu 15 l pro Tag betragen.

Verhalten in heißen Ländern
Für ausreichende Flüssigkeitszufuhr sorgen; Wasserverlust vermeiden durch:

- Aufenthalt im Schatten
- Kühlung
- Anfeuchten der Bekleidung
- Vermeiden von starkem Schwitzen
- Kopfbedeckung.

Zum Ausgleich des Salzverlustes durch Schwitzen Fleischbrühe aus Brühwürfeln o. ä. trinken.
Falls das Wasser nicht schmeckt, mit Früchten, Fruchtsäften oder Brausepulver »verbessern«. So trinkt man mehr (»Selbstüberlistung«). Während der heißen Tagestemperaturen sollte man ruhen, in der Nacht arbeiten oder marschieren.
Die ausgeschiedene Urinmenge sollte etwa 1 Liter pro Tag betragen; die Farbe hellgelb sein.

Anzeichen von Flüssigkeitsmangel
- starker Durst
- Schwindel
- Kopfschmerz
- Halluzinationen
- Juckreiz
- faltige Hautbereiche
- dunkler, trüber Urin

Im Notfall auch schmutziges, evtl. kontaminiertes Wasser reinigen, um es trinkbar zu machen (s. »Wasseraufbereitung«).

DURCHFALL

Behandlung:
- Mindestens 24 Stunden nichts essen.
- Viel trinken: Salz- und Zuckerzufuhr (Maggiwürfelbrühe, ge zuckerte Lösungen, z. B. Elotrans).

- Bei sehr starkem Flüssigkeitsverlust 1 Teelöffel Salz, 2 Teelöffel Zucker und 1/2 Teelöffel Natron in 1 Liter Wasser lösen und trinken.
- Ab dem 2. Tag Schonkost: Hafer- oder Reisschleim.
- Ab dem 4. Tag langsame Umstellung auf normales Essen.
- Medikamente, die den Darm ruhig stellen, nur einnehmen, wenn unbedingt nötig (z. B. Imodium), da die Ausscheidung von Keimen oder Giften verzögert wird.
- Falls nach o. g. Maßnahmen kein Erfolg eintritt, Antibiotika oder Chemotherapeutika, z. B. Sulfonamide einnehmen.

UNTERKÜHLUNG

Bei Unterkühlung kommt es zu einem Abfall der Körpertemperatur bis weit unter 35° C. Es gibt drei Stadien:

- 1. Grad = *Erregungsstadium* (37–34° C): Frieren und Muskelzittern, Kräfteschwund in Armen und Beinen, Koordinations-, Erinnerungs- und Sprechstörungen, Desorientierung und leichte Verwirrtheit, starke Unruhe und Schmerzen am ganzen Körper.
- 2. Grad = *Erschöpfungsstadium* (34–24° C): Krämpfe, Gefühllosigkeit und zunehmende Muskelstarre, Apathie, Schläfrigkeit und Bewusstseinsstörungen, Verlangsamung von Puls und Atmung.
- 3. Grad = *Lähmungsstadium* (unter 24° C): kaum noch Puls und Atmung, Bewusstlosigkeit, erloschene Reflexe, Scheintod.

Behandlung:

- Jede unnötige Bewegung vermeiden: Beim Warten auf Hilfe Embryohaltung einnehmen.
- Falls man nach einem Kentern, Schiffbruch oder Ähnlichem im Wasser auf Hilfe warten muss, ebenfalls Bewegungen vermeiden; wenn möglich Embryohaltung einnehmen.
- Beim Abtransport einer unterkühlten Person äußerst schonend vorgehen, um die Restwärme im Körperkern zu erhalten. Beine und Arme nicht unnötig bewegen. Nur Liegendtransport!
- Die Person weder massieren noch mit Schnee abreiben.
- *Langsames* Erwärmen: Kleider zunächst nicht ausziehen sondern – wenn vorhanden – warmes (nicht heißes!) Wasser über den Rumpf (nicht über Arme und Beine, sonst kann es zum Aufwärmschock kommen!) gießen. Evtl. zusätzlich warme, feuchte Tücher auf Brustkorb, um den Nacken sowie in Leistengegend und Achselhöhle legen. Warmen Wasserdampf einatmen lassen.
- Besteht keine Möglichkeit der Warmwasserzubereitung wird der Unterkühlte zwischen zwei Menschen gelegt und von diesen langsam erwärmt. Den Kopf zusätzlich mit Pudelmütze, Decke o. ä. warm halten.
- Bei Ohnmacht ständige Pulskontrolle, damit bei Kreislaufzusammenbruch sofort mit der Wiederbelebung begonnen werden kann.
- Ab 34° C Körpertemperatur den Unterkühlten im gut beheizten Raum (Zelt z. B. mit Hilfe des Kochers aufwärmen) ausziehen und, wenn er voll ansprechbar ist, reichlich warme, gesüßte Getränke verabreichen. Keine alkoholischen Getränke oder Schmerzmittel eingeben!
- Der Unterkühlte ist außer Gefahr, wenn das Muskelzittern wieder einsetzt.

ERFRIERUNGEN

Als Erfrierung wird die örtliche Kälteeinwirkung auf verschiedene Körperteile bezeichnet. Besondere Gefahr besteht für:

- Nase
- Ohren
- Finger
- Zehen.

Erfrierungen 1. Grades: Blässe, Schwellung
Erfrierungen 2. Grades: blaurote Haut, Blasenbildung
Erfrierungen 3. Grades: Gewebezerstörung
Erfrierungen 4. Grades: Vereisung

Im Frühstadium einer Erfrierung stellt man zunehmende Blässe, Bewegungshemmungen, starke Schmerzen und Gefühlsstörungen fest.
Im Spätstadium lassen die Schmerzen nach bis hin zur Schmerzfreiheit.

Behandlung:

- Anlegen eines keimfreien Verbandes mit viel Polsterung, um den gestörten Blutkreislauf nicht zusätzlich zu behindern.
- Keine Blasen öffnen!
- Erfrorene Körperteile niemals massieren oder passiv bewegen.
- Einzelne erfrorene Körperteile (z. B. Zehen) versuchen, aktiv zu bewegen.
- Den Unterkühlten nicht mit Eis oder Schnee abreiben.
- Die Person langsam erwärmen.

VERGIFTUNGEN

Vergiftungen des Organismus erfolgen entweder

- innerlich (durch Aufnahme verdorbenen Essens, Medikamente, giftiger Flüssigkeiten, Pflanzen oder Früchte)
- äußerlich (Berührung, Wunden, Kontakt mit giftigen Flüssigkeiten)
- durch die Inhalation giftiger Gase oder ätzender Dämpfe
- durch den Kontakt mit Tieren (Bisse, Berührungen, Verspeisen).

Symptome einer Vergiftung können sein:

- Übelkeit, Erbrechen, Durchfall, Magen- und Darmschmerzen
- stark beschleunigter oder verlangsamter Pulsschlag
- Halluzinationen, Erregungs- oder Angstzustände, Euphorie, Aggressivität
- Schweißausbrüche, Blauwerden, Blutungen, Schwellungen oder Rötung der Haut
- Bewusstseinstrübungen, Schwindelgefühle bis zur Ohnmacht
- starke Kopfschmerzen
- Atemstörungen bis hin zum Atemstillstand
- Krämpfe und Lähmungen

Behandlung:

- Etwaige weitere Giftzufuhr sofort stoppen; verschmutzte, evtl. vergiftete Kleidung sofort ausziehen und betroffene Körperteile mit Wasser und Seife reinigen.
- Den Vergifteten aus der Gefahrenzone bergen, Giftart feststellen.
- Keine »Hausmittelchen« wie Milch oder Schnaps eingeben, da diese die Giftwirkung u. U. verstärken können.

- Wenn sicher ist, dass keine schäumenden Substanzen eingenommen wurden, reichlich Flüssigkeit zuführen (z. B. abgekochtes Wasser, Tee).
- Erbrechen nur herbeiführen, wenn der Betroffene voll ansprechbar ist, keine Schluckstörungen hat und sicher ist, dass es sich nicht um ein reizendes, ätzendes oder schaumbildendes Gift handelt, da die Schäden sonst verstärkt werden können! Erbrechen ist überhaupt nur in Ausnahmefällen sinnvoll, und zwar dann, wenn die Giftaufnahme unmittelbar zuvor stattgefunden hat!
- Erbrechen kann durch das Trinken lauwarmen Salzwassers (ca. 3–5 Esslöffel Salz auf 0,5 l Wasser) herbeigeführt werden.
- Kohletabletten können u. U. das Gift binden.
- Bei Atemnot den Patienten in eine halbsitzende Lage bringen (nur, wenn er bei Bewusstsein ist!), bei Atemstillstand Atemspende (Vorsicht: Giftrückstände können im oder am Mund des Vergifteten vorhanden sein!).
- Vergifteten ständig beobachten, nicht ohne Aufsicht lassen.
- Über den Notruf 112 möglichst schnell einen Arzt hinzuziehen, da viele Gifte erst nach Minuten, Stunden oder sogar Tagen ihre volle Wirkung entfalten. Ansonsten gibt es über Deutschland verstreut die Giftnotrufzentralen. Man ist derzeit daran, diesen Zentralen eine einheitliche Telefonnummer zu geben.

Merke: *Giftnotruf* = Vorwahl-19240
Diese Telefonnummer ist bereits gültig für München, Berlin, Mainz, Freiburg, Göttingen, Homburg u. a.
Bei Auslandsreisen sollte man immer mehrere Giftnotrufnummern bei sich führen, um notfalls selbst dort anrufen zu können!

HÖHENKRANKHEIT

Die Höhenkrankheit (Bergkrankheit) entsteht durch mangelnde Anpassung des Körpers an die jeweilige Meereshöhe. Ebenso wirkt sich der verminderte Sauerstoff-Druck auf den Betroffenen aus, was deutlich ab etwa 3000 Meter Höhe zu spüren ist. Meist kommt eine zu schnelle Überwindung von Höhenunterschieden hinzu.
Krankheitsmechanismus: Durch den Sauerstoffmangel kommt es zu einer Erhöhung der Atemgeschwindigkeit, was wiederum eine vermehrte Abatmung von Kohlendioxyd zur Folge hat. Um dem daraus entstehenden Säureverlust im Blut entgegenzuwirken, werden die Hirngefäße eng gestellt; es kommt zur Höhenkrankheit.

Erkennbar ist die Höhenkrankheit an:
- innerer Unruhe
- Müdigkeit
- Herzklopfen
- Schwindelgefühl
- Ohrensausen
- herabgesetzter Leistungsfähigkeit
- blasser, grauer Gesichtsfarbe
- kurzen, tiefen Atemzügen
- bläulicher Verfärbung von Lippen und Haut

Behandlung:
- rasten
- den Kranken beruhigen
- möglichst bald den Abstieg beginnen, dabei auf den Kranken achten, da dessen Leistungsfähigkeit zum Teil sehr eingeschränkt sein kann.

Merke: Medikamente helfen nicht!

Akklimatisationszeiten (Durchschnittswerte):
5000 Meter: 1 Woche
6000 Meter: 2 Wochen
7000 Meter: 3 Wochen
8000 Meter: 4 Wochen
Gute körperliche Fitness ist Voraussetzung!

Weiterhin ist in großen Höhen zu beachten:
- ausreichender Lichtschutz (hoher UV-Anteil der Sonnenstrahlen) für Augen und unbedeckte Körperstellen
- Flüssigkeitshaushalt des Körpers bedenken, da über die Atmung ein großer Wasserverlust (bis zu 6 Liter pro Tag) entstehen kann.

Vorbeugende Maßnahmen:
- Obere Luftwege (Nase, Mund und Rachen) wärmen und befeuchten; vor Flüssigkeitsverlust schützen durch Einfetten der Nasenschleimhäute und Nasenlöcher.
- Wassermangelzeichen beachten:
  a) Urinfarbe (dunkelgelb/braun)
  b) Menge des täglich abgegebenen Urins schätzen lernen (ca. 3/4 bis 1 Liter)
- Nahrungsmittel: viel Kohlehydrate, wenig Fett und Eiweiß
- Viel Trinken, wenn möglich Mineralstoffe hinzusetzen
- Keinen Schnee essen
- Unbedeckte Körperpartien mit Sonnenschutzmittel einreiben (Lichtschutzfaktor beachten) oder diese Stellen bedecken.

- Eine Brille tragen oder – falls nicht vorhanden – selbst anfertigen (s. Seite 309).
- Lippen schützen.

ZAHNERKRANKUNGEN

Während längerer Reisen sollte die bestmögliche Mundhygiene durchgeführt werden, v. a. wenn häufig süße Energieriegel oder Nahrungskonzentrate verzehrt werden. Diese sind stark zuckerhaltig und begünstigen bakterielles Wachstum in der Mundhöhle, was relativ schnell zu Karies und schmerzhaften Zahnfleischentzündungen führen kann.

Vorbeugen: Wenn Zähneputzen nicht möglich ist, Mundhöhle nach dem Verzehr stark zuckerhaltiger Nahrung mit Wasser oder ungesüßtem Tee spülen.

Behandlung: Gründliche Entfernung der Zahnbeläge durch Putzen sowie Mundspülungen mit warmem Salzwasser.

Entzündungen

Entzündungen der Zahnnerven:

- Erkennbar an klopfenden, bohrenden Schmerzen im Bereich eines oder mehrerer Zähne.
- Schmerz bei Kältekontakt (Eis, kaltes Wasser).

Behandlung:

- äußerlich kühle, feuchte Umschläge
- Zerkauen von Gewürznelken im Bereich des Zahnes

Abszesse

a) kleiner Abszess

- Zahn ist klopfempfindlich, reagiert nicht mehr auf Kälte, starker Schmerz

Behandlung: mindestens 5 Tage Antibiotikum

b) großer Abszess

- starke Schwellung im Wurzelbereich eine Zahnes
- deutliches Nachlassen der Schmerzen

Behandlung: Öffnen für Eiterabfluss mit steriler, grober Kanüle (nie am Gaumen!).

Defekte Füllungen

- Das Loch mit einer Holz- oder Metallspitze reinigen.
- Desinfizieren.
- Auffüllen des Loches mit Cavit.
- Aushärten lassen.

Durch Schlag abgebrochener Zahn

- Lose Zahnteile entfernen.
- Abdecken mit Cavit oder Wachs.

Zähne ziehen

Zähne werden:

- nur im äußersten Notfall und
- nie im akuten Schmerz- oder Entzündungsstadium gezogen!

Instrumentenminimalausstattung:
1 Molarenzange (Molar = Mahlzahn)
1 Praemolarenzange (Praemolar = kl. Backenzahn); damit können auch Eck- und Schneidezähne gezogen werden.

Behandlung:
- Zahnzange unter Kontakt der Zangenbranchen am Zahn entlang so weit wie möglich unters Zahnfleisch schieben.
- Mehrmals zu beiden Seiten (d. h. nach außen und innen) hebeln, bis Zahnlockerung deutlich spürbar.
- Herausziehen.

Nachbehandlung:
- Wunde nicht spülen!
- 1/2 Std. mit Druck auf ein fest zusammengerolltes sauberes Papiertaschentuch beißen.
- Bei Nachblutungen o. g. Maßnahme solange wiederholen, bis die Blutung steht.
- keine körperliche Anstrengung mindestens 1 Tag lang

Merke: Rechtzeitiger Zahnarztbesuch vor der Reise, dabei den Zahnarzt über das Reisevorhaben informieren.

WILDNISAPOTHEKE

Die nachfolgend aufgeführte Wildnisapotheke erhebt keinen Anspruch auf Vollständigkeit, sondern stellt lediglich eine von zahlreichen Möglichkeiten dar. Selbstverständlich kann sie je nach Unternehmen, Art, Dauer und Umfang der Tour ergänzt bzw. verkleinert werden.

Die Medikamente sollten am besten in einer gut schließenden Leichtmetalldose aufbewahrt werden: schützt vor Bruch, Feuchtigkeit und Insekten.

Verbandsmaterial

❑ Klebepflaster, braun	1 Rolle (5 x 2,5)
❑ Chirurgisches Wundpflaster (Steri-Strip/Butterfly)	nach Bedarf
❑ sterile Verbandspäckchen	2 Stück
❑ sterile Brandwundenverbandspäckchen	2 Stück
❑ sterile Kompressen	2 Stück (8 x 10)
❑ Mullbinden	2 Stück (4 x 8)
❑ Elastische Binden	1 Stück (5 x 8)
❑ Peha-Haftbinde	1 Stück (4 x 8)
❑ Wundauflagen (Fucidine o. ä.)	nach Bedarf
❑ Brandwunden-Verband (Metalline)	1 Stück (60 x 80)
❑ Dreieckstuch	1 Stück
❑ Wasserfestes Heftpflaster	nach Bedarf
❑ Augenklappe	1 Stück
❑ Desinfektionsmittel	1 Tupfampulle

Instrumente

❑ Splitterpinzette	1 Stück (6,5 cm)
❑ Chirurgische Pinzette	1 Stück
❑ Schere	1 Stück
❑ Einweg-Spritzen (2/5/10 ml)	nach Bedarf
❑ Injektionsnadeln (versch. Dicke)	10 Stück
❑ Infusionsbesteck	2 Stück
❑ Sicherheitsnadeln	1 Sortiment
❑ Skalpell-Klingen (verschiedene)	3 Stück

- ❑ lange, sterile Punktionskanülen — 1 Stück
- ❑ Fieberthermometer — 1 Stück (stabile Ausführung)

Bei Reisen in sehr kalte Gebiete:

- ❑ Neugeborenen-Thermometer — 1 Stück

Es sind hier nur Beispiele für gängige Hilfsmittel aufgeführt, die auch gegen gleich wirkende Produkte anderer Firmen getauscht werden können. Einmalspritzen und Infusionsbesteck sollten auch zum Arztbesuch in fernen Ländern mitgebracht werden, um sicher zu gehen, mit sterilen Instrumenten behandelt zu werden.

Merke: Zum eigenen Schutz bei Erste-Hilfe-Maßnahmen Einmalhandschuhe und Masken für Mund-zu-Mund-Beatmung mitführen und verwenden. Ganz Vorsichtige tragen sogar eine Schutzbrille!

Medikamente

Es sind hier nur Beispiele für gängige Medikamente aufgeführt, die auch gegen gleich wirkende Produkte anderer Firmen ausgetauscht werden können.

❑ Allergie:
- Gel mit Antihistaminikum (z. B. Soventol-Gel)
- Creme mit Cortison (z. B. Soventol H-Creme)

generalisierte allergische Reaktionen:
- Antihistaminikum-Tbl. (z. B. Tavegil-Tbl.)
- Cortison-Tbl. (z. B. Decortin 50 mg-Tbl.)

❑ Allergischer Schock:
- Soludecortin 1000 oder Volon A solubile Celestamine 0.5 liquidum

	Adrenalin Primatene MIST oder Infecto Krupp Inhaler zur Inhalation (nur über die internationale Apotheke zu beziehen) Bei Allergie gegen Bienen- und Wespengift unbedingt mitnehmen!
❑ Augenerkrankungen:	• antibiotische Augensalbe (z. B. Refobacin) • antibiotikafreie Augentropfen (z. B. Yxin)
❑ Bauchschmerzen und Kolik:	• krampflösendes Schmerzmittel (z. B. Buscopan plus)
❑ Durchfall:	• z. B. Imodium-Kapseln
❑ Fieber:	• Acetylsalicylsäure (z. B. Aspirin), Paracetamol
❑ starker Flüssigkeitsverlust:	• Elektrolyte (z. B. Elotrans Fresenius für Erwachsene)
❑ grippaler Infekt:	• Acetylsalicylsäure (z. B. Aspirin), Halslutschtbl.
❑ Hautpilz:	• z. B. Canesten-Creme
❑ Husten und Schnupfen:	• z. B. Codipront-Kapseln • Nasentropfen (z. B. Otriven)
❑ bakterielle Infektionen:	• Antibiotika oder Sulfonamide (z. B. Megacillin, Keimax 400 oder Bactrim forte)
❑ Insektenschutzmittel:	• Körperlösung (z. B. Autan)
❑ Insektenstiche:	• Stifte zum Auftragen (z. B. Azaron-Stift)
❑ Magenverstimmung, Sodbrennen:	• säurebindende Lutschtbl. (z. B. Gelusil Lac-Tbl.)
❑ Ohrenschmerzen:	• z. B. Otalgan-Tropfen
❑ Prellungen, Verstauchungen, Blutergüsse:	• z. B. Voltaren Emulgel
❑ Schmerzen, einfache:	• Acetylsalicylsäure (z. B. Aspirin), Paracetamol

mittlere:	• z. B. Gelonida-, Voltaren-Tbl.
starke:	• z. B. Tramal-Tropfen*, Valoron-Kapseln*
❑ Seekrankheit:	• Scopoderm-Pflaster
❑ Sonnenbrand:	• siehe *Allergie*
❑ Übelkeit:	• z. B. Vomex A-Zäpfchen
❑ Wunden:	• desinfizierende Salben (z. B. Braunovidon-, Betaisodona-Salbe)
❑ Zahndefekte, herausfallende Plomben:	• Cavit

Die Medikamente sollten mit dem Arzt ausgesucht werden, zumal die mit * gekennzeichneten Medikamente dem Betäubungsmittelgesetz unterliegen und mehrere Medikamente verschreibungspflichtig sind. Besprechen Sie die möglichen Dosierungen und vermerken Sie diese auf dem Beipackzettel.

Merke: Je stärker ein Medikament wirkt, desto höher sind im Allgemeinen auch seine Nebenwirkungen. Nutzen und Risiko sollten bei der Auswahl und vor der Einnahme daher genau abgewogen werden (insbesondere bei Antibiotika und Cortisonen).

IMPFUNGEN

Rechtzeitig vor Reiseantritt vornehmen lassen (8 Wochen). Bei Reisen in tropische Länder evtl. vorher einen Facharzt für Tropenmedizin befragen, welche Impfungen Pflicht bzw. empfehlenswert für das entsprechende Land sind. Kontaktadressen siehe im Kapitel »Tropenerkrankungen«.
Eine Impfung gegen Tetanus und Hepatitis empfiehlt sich in jedem Fall!

8. Fallenbau

ALLGEMEINES

Gleich vorneweg: Schlingenstellen ist verboten und wird streng bestraft. Fallen dürfen nur von ausgebildeten Jägern mit Begehungsrecht für das entsprechende Gebiet gestellt werden. Die nachfolgend gezeigten Beispiele dürfen nur bei akuter Lebensgefahr angewendet werden!

Fallen und Schlingen müssen täglich kontrolliert werden; jede Tierquälerei über das der Situation zuträgliche Maß hinaus muss vermieden werden.

Die Fallen werden dort gestellt, wo sich Wild aufhält, wo es Nahrung sucht und zur Tränke zieht. Bei Schnee und weichem Boden kann man die Gewohnheiten und Wechsel der Tiere erkennen.

Voraussetzung zum Fangen von Wildtieren ist, dass man Gelände und Eigenheiten des Wildes im entsprechenden Gebiet beobachtet und aufgrund der gesammelten Erkenntnisse die geeignetste Methode wählt.

Ideal sind Stellen, wo das Wild durch eine natürliche Engstelle zieht. Man kann solche »Zwangswechsel« auch selbst bauen (mit Holz, Stämmen, Büschen, Ästen, Steinen, usw.).

Tipp: Wild kann man anfüttern!

EICHHÖRNCHENFALLE (AUS DRAHTSCHLINGEN)

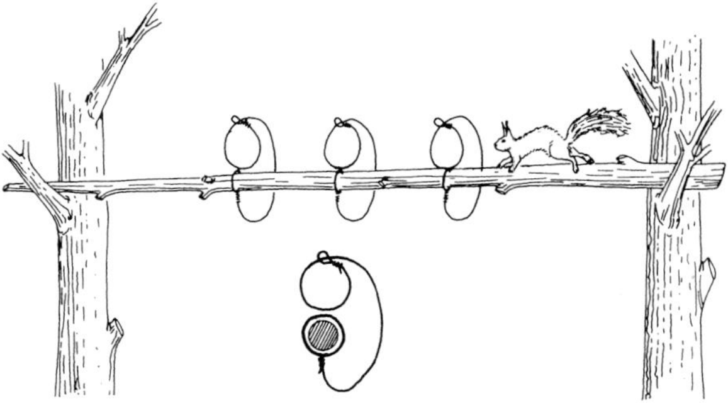

VERSCHIEDENE SCHLINGENFALLEN

Bei der Auslösung der Schlingenfalle wird das gefangene Tier in die Höhe gerissen.
Vorteile:

- schnellerer Eintritt des Todes
- geringere Möglichkeit des Entkommens
- größere Sicherheit vor Raubtieren

Nachteile:

- Man muss das ungefähre Gewicht des zu erwartenden Tieres und die Schnellkraft des Baumes abschätzen können.
- Im Winter kann der gespannte Baum festfrieren.

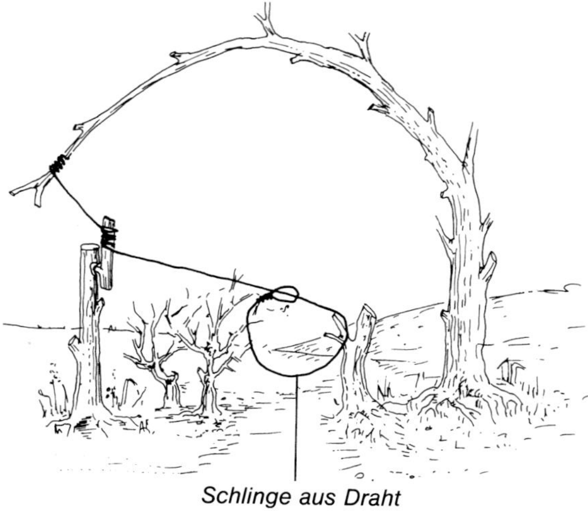

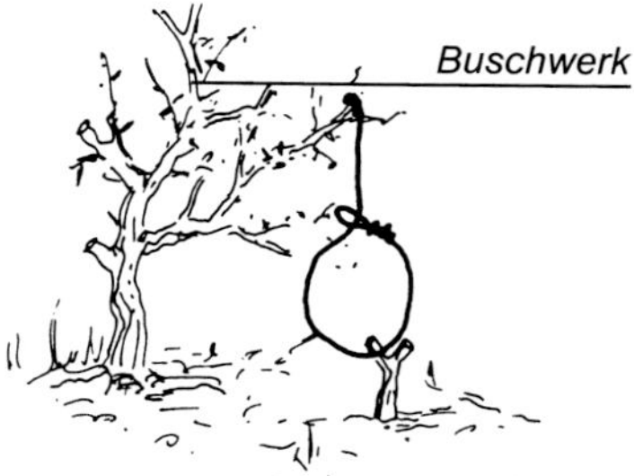

Kaninchenfalle

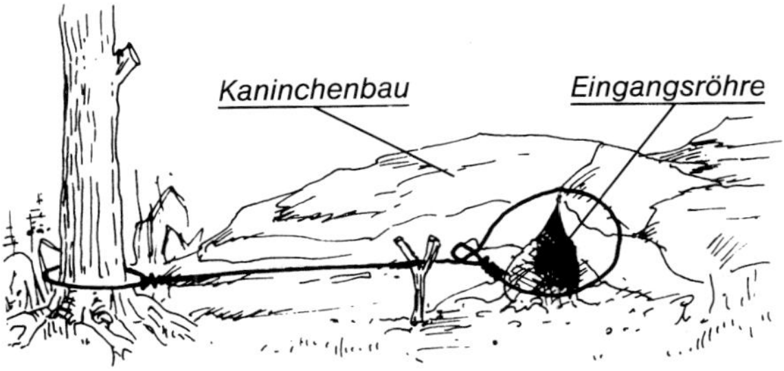

FALLENKASTEN (FÜR VÖGEL)

Die Größe des Fallenkastens richtet sich nach der zu erwartenden Vogelart. Die abgebildete Falle ist auch gut für eine »Fernbedienung« per Seil- oder Drahtzug geeignet.

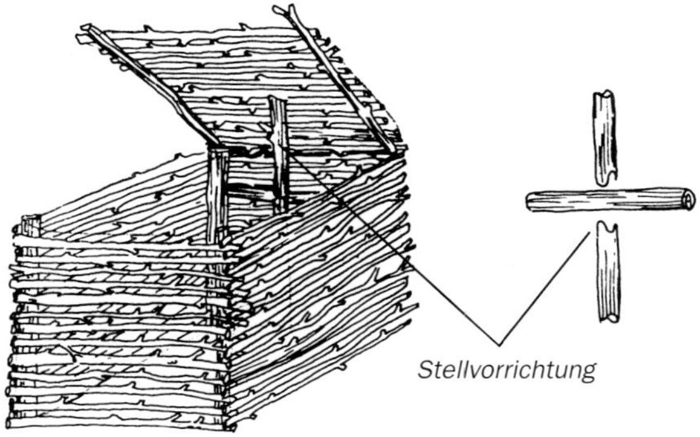

SCHLAGFALLE

Diese Fallen sind mit entsprechendem Köder für Raubwild (Säugetier- oder Fischteile, Eier u. ä.) oder aber auch für friedliche Kleintiere wie Geflügel oder kleines Haarwild (Anfütterung mit arteigenem Futter wie Maiskolben, Äpfel usw.) geeignet.
Der Köder wird dabei auf dem Tretholz befestigt.
Um friedliche Kleintiere zu fangen, kann die Falle auch per Fernbedienung (Draht, Schnur) ausgelöst werden.

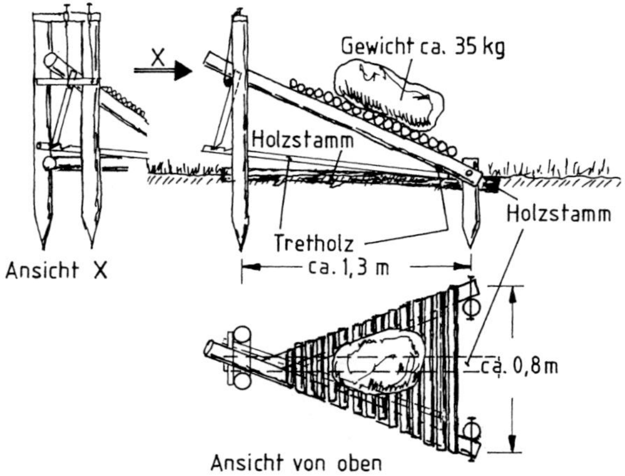

Merke: Wild (v. a. Raubwild) reagiert sehr empfindlich auf menschliche Gerüche, daher beim Aufbau und Beschicken der Falle versuchen, keine Duftmarken zu hinterlassen.

FISCHFALLE

Die Fischfalle wird in Stromrichtung angelegt; wichtig ist, die Stamm- oder Steinlücken abzudichten. Wasser muss jedoch noch durchfließen können, da sonst der Wasserdruck zu hoch wird. Um den Fang zu beschleunigen, kann man in Strömungsrichtung auf die Falle zulaufen und so die Fische hineintreiben.

9. Vorbereitung der erbeuteten Tiere

FISCHE

Siehe Kapitel 11: »Versorgung mit Fisch«.

HASE, KANINCHEN

Das Tier an den Hinterläufen hochnehmen und mit der Handkante oder einem Knüppel kräftig ins Genick schlagen.

GEFLÜGEL

Je nach Größe des erbeuteten Tieres entweder den Hals umdrehen, mit Beil oder Machete den Kopf abschlagen oder mit einem Knüppel, Spaten o. ä. auf den Kopf schlagen.
Je nach Größe des Tieres und der Bodenbeschaffenheit kann es vorteilhaft sein, den Kopf des Tieres auf eine feste Unterlage zu legen.

GRÖSSERES WILD (ROTWILD, REHWILD USW.)

Bei Fluchtunfähigkeit:

- Wenn eine Schusswaffe vorhanden ist, unbedingt Fangschuss zum Töten bevorzugen. Dabei:

- entweder von hinten auf die Halswirbelsäule am Übergang Wirbelsäule-Kopfbereich zielen (siehe Abbildung)

- oder seitlich am Brustkorb hinter den Vorderläufen in den Herz-Lungen-Bereich schießen. (Diese zweite Möglichkeit sollte unbedingt bevorzugt werden, da der Schuss in den Nacken unsicher und – aufgrund der Abwehrbewegungen des Wildes – auch gefährlich ist.)
- Sehr fester Schlag mit starkem Knüppel, Eisenstange, Wagenheber o. ä. hinter die Ohren.
- Abfangen (Erstechen) mit dem Messer. Sehr gefährlich wegen Verletzungsgefahr durch Geweih oder Läufe.
  Vorgehen:
  - Das *stabile* Messer wird hinter der Schulter von schräg oben in den Brustkorb in Richtung Herz gestoßen.
  - Durch mehrmaliges schnelles Zurückziehen und Vorstoßen bei *gleichzeitigem* leichten Drehen des Messers tritt der Tod durch die Verletzung des Herzens sowie durch das Eindringen von Luft in den Brustraum (Lunge kollabiert) sofort ein.

- Man sollte schnell und beherzt zur Sache gehen, um dem Tier unnötige Leiden zu ersparen.
- Je größer das zu tötende Tier ist, desto größer ist die Verletzungsgefahr für den Menschen durch Geweih und schlagende Läufe. Daher versuchen beim Abfangen den Kopf mit einer Hand oder dem Fuß vom Rücken her auf den Boden zu drücken. Dies ist allerdings nur bei kleinerem Wild möglich!

HAARWILD

Fleischfressendes Haarwild ist nur bedingt genießbar. Vorsicht auch bei Fleisch- und Allesfressern, z. B. Sau oder Bär wegen Trichinengefahr.
Dieses Fleisch darf nur gut gekocht, *niemals* roh verzehrt werden!

AUSNEHMEN UND ABBALGEN

Geflügel

Rupfen der Federn (falls möglich, das Tier vor dem Rupfen kurz in heißes Wasser tauchen – die Federn lösen sich dann leichter). Manchmal gelingt es auch, die gesamte Haut mit den Federn abzuziehen; Federreste brennt man am Feuer ab. Ist der Kopf des Tieres noch vorhanden, schneidet man ihn ebenso wie die Ständer (Beine) ab. Zum Ausnehmen legt man das Tier auf den Rücken. Mit dem Messer schneidet man das Tier vom After bis zum Brustbein auf (Vorsicht walten lassen, um die Därme nicht zu verletzen).
Anschließend werden die Innereien herausgelöst; an der Leber sitzt die Galle (Ausnahme Taube), die vorsichtig entfernt werden muss. Alle Innereien vom Geflügel sind essbar.

Haarwild

Das tote Tier auf den Rücken drehen. Mit dem Messer vom Waidloch (After) mit einem durchlaufenden Schnitt über den Bauchbereich, Brustkorb, Hals bis zum Kopfansatz tief aufschneiden. Dabei ist die Messerklinge zwischen den gespreizten Fingern der anderen Hand zu führen, um ein Verletzen der Innereien zu vermeiden (die beiden Finger liegen unter der Bauchwand).

Die nun freiliegende Speise- und Luftröhre wird am Kopf unterhalb der Kinnladen abgeschnitten (Vorsicht, aus der Speiseröhre kann Speisebrei austreten – verknoten). Dann vorsichtig den Magen und den Darm aus dem Tier nehmen. Drossel und Schlund (Luft- und Speiseröhre) dann herausziehen. Herz und Lunge hängen mit daran. Der Magen kann gereinigt verwendet werden; Leber, Lunge, Herz und Nieren sind gekocht oder gebraten zu verwerten. Das Zwerchfell – die Haut zwischen dem Magen-Darm- und dem Herz-Lungenbereich – wird entfernt.

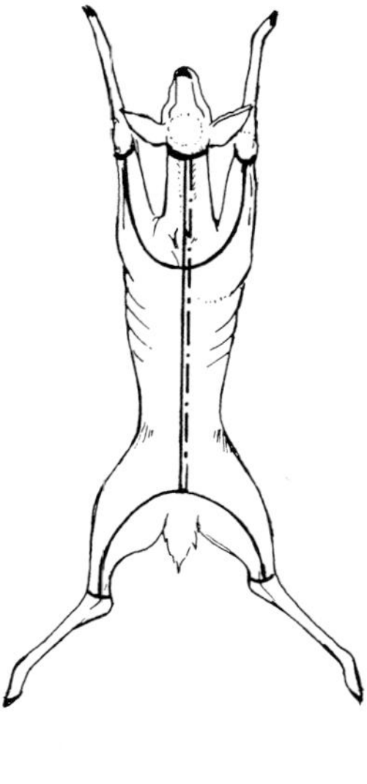

Schnitte zum Ausnehmen

———— = Abbalgen

–·–·–·–·– = Ausnehmen

Das Schloss – die Verbindung der Beckenknochen – wird mit dem Messer aufgeschnitten. Bei größeren Tieren benötigt man Beil, Machete oder Säge. Die beiden Hauptadern an der Innenseite der Oberschenkel sollten geöffnet werden. Den Wildkörper am Träger (Hals) aufhängen und ausbluten lassen. Ein zwischen die gespreizten Hinterläufe geklemmter Stock sorgt für eine gute Durchlüftung des Tierkörpers. Ist der Körper innen verunreinigt, mit Wasser ausspülen.

Vorsicht:
Säugetiere und Vögel (außer Tauben, Pferden und Cerviden = Reh-/Rotwild) haben an der Leber die Gallenblase, die vorsichtig entfernt werden muss, da sie – einmal ausgelaufen – das Fleisch geschmacklich nahezu ungenießbar macht.
Wild sollte sofort nach dem Tod ausgenommen und an einem kühlen, schattigen Ort fliegensicher aufbewahrt werden. Beim Abbalgen schneidet man Kopf und Läufe ab. Die Decke (Fell) wird von Fleisch- und Fettresten gesäubert und danach entweder gut eingesalzen kühl aufbewahrt oder auf einen Rahmen gespannt und getrocknet.

MESSER SCHLEIFEN

Beim Messerschleifen wird die Schneide des Messers fest mit dem vorhandenen, konstruktionsbedingten Schleifwinkel (ca. 20–30°) auf den nassen Schleifstein gedrückt (je nach Ausführung Spezialöl, Petroleum oder Wasser benutzen). Unter Beibehaltung dieses Winkels zieht man das Messer schräg gegen die Schneide auf sich zu; jeweils zwei Züge mit nach links und zwei Züge mit nach rechts geneigtem Klingenrücken ausführen.

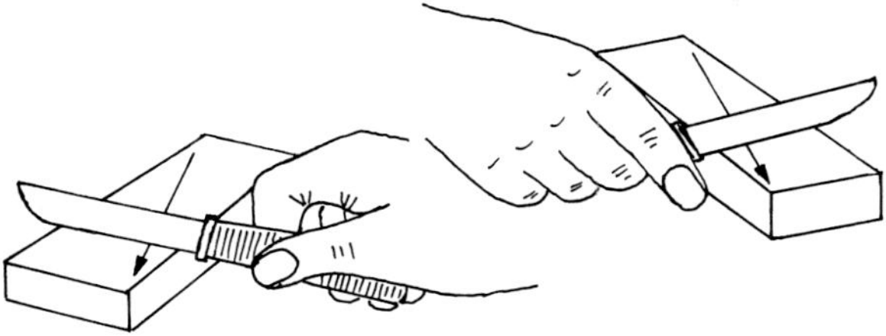

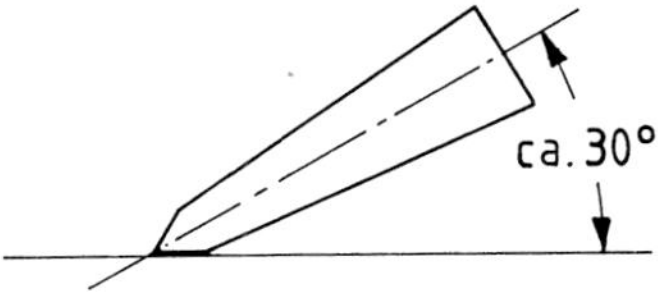

10. Nahrungskonservierung

HALTBARMACHEN VON FISCH

Siehe Kapitel 11: »Versorgung mit Fisch«.

MÖGLICHKEITEN DER FLEISCHKONSERVIERUNG

- In dünne Scheiben schneiden und stark salzen; anschließend das Fleisch kühl aufbewahren.
- Das Fleisch in schmale Streifen (ca. 1 cm) schneiden und in der Nähe von Feuer trocknen; in geeigneten Gebieten ist auch eine reine Lufttrocknung möglich.
- Räuchern.

HERSTELLUNG VON »PEMMIKAN«

Getrocknete Fleischstreifen zerstampfen, mit Fett und – falls vorhanden – mit Gemüseteilen ergänzen; sehr nahrhaft und kalorienreich. Pemmikan ist wochenlang haltbar.

11. Versorgung mit Fisch

ALLGEMEINES

Fisch ist ein ideales Nahrungsmittel für das Leben »draußen«. Er ist in fast allen Gegenden der Welt zu fangen. Er sichert die körpereigene Versorgung mit wertvollem Eiweiß, Mineralien und den lebenswichtigen Vitaminen.

AUSRÜSTUNG

Minimalausrüstung für den Rucksack:

- Haken: rostfreie Öhrhaken in verschiedenen Größen mitnehmen (Größe 1, 4, 8 und 12).
- Schnur: 0,30 mm und 0,50 mm
- Angelblei: in den Gewichten 10, 50 und 80 g.
- Angelrute: Muss nicht mitgenommen werden, sondern kann aus Bambusrohr oder vergleichbarem, leichten Material vor Ort gefertigt werden.

Wer im Rucksack mehr Platz hat, kann sich eine *Allround-Ausrüstung* zulegen:

- Teleskoprute mit kurzer Teilung in 3 m Länge mit einem Wurfgewicht zwischen 40 und 100 g.
- Stationärrolle für 200 m 0,40 mm starker Schnur, kugelgelagert, salzwasserfest, aus robustem, aber leichten Karbon

• 500 m Ersatzschnur
• Korkschwimmer
• Stahlvorfächer

Notfallangel

1) Aus einer Sicherheitsnadel mit Zange über heißer Flamme einen Haken biegen, Spitze nachschärfen
2) Wenn keine ausreichend lange Schnur vorhanden ist aus einzelnen Fäden eines Kunststoffseiles eine Angelschnur zusammenknoten (mit Hilfe eines »Blutknoten«, siehe Abbildung).

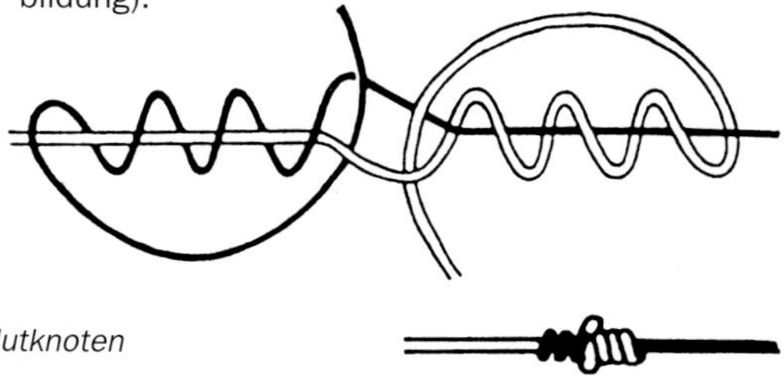

Blutknoten

3) Angelrute aus leichtem Material (Bambus, Schilfrohr) herstellen.
4) Lochsteine als Beschwerung auf die Schnur ziehen oder zerklüftete Steinchen (z. B. Lava) einbinden (z. B. mit einem Gummiband).
5) Schwimmer aus Federkiel schnitzen.

Köder

Z. B. Würmer, Schnecken, Muscheln, kleine Fische, Brot, Beine von Taschenkrebsen, Fischfetzen (möglichst frisch), Insekten.

Beispiel einer Notfall-Angel

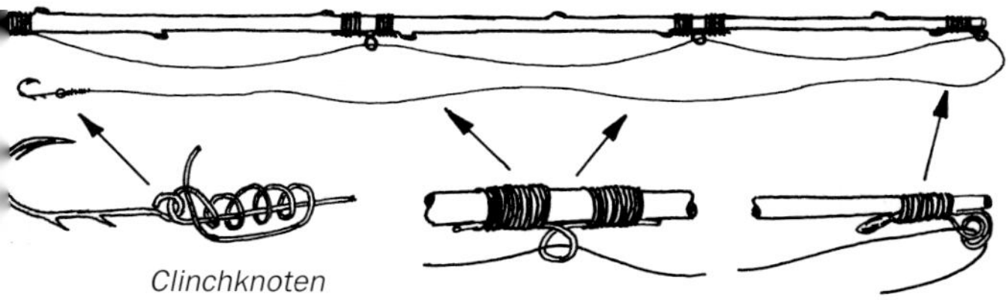

REVIERE

Salzwasser

- Felsküsten mit tiefem Wasser sind besser als flache Sandstrände.
- Nicht direkt an den Felsen fischen: kleine, unverwertbare Riff-Fische sammeln sich hier.
- Auflaufendes Wasser (Flut) bringt die besten Erfolge.
- Anfüttern: Zerstampfte fetthaltige Fische (Heringe, Sardinen, Makrelen) mit Sand vermischen. Hin und wieder eine Handvoll dieser Masse an den Angelplatz werfen.

Merke: Viele Meeresfische (auch kleine) haben sehr scharfe Zähne. Daher den Haken besser an ein Stahlvorfach (= Draht) binden.

Süßwasser

- In Flüssen und Bächen tiefe, langsam strömende Stellen hinter Wasserfällen, Kurven und Stromschnellen beangeln.
- Wasseroberfläche beobachten: Wo kommen Fische zur Nahrungsaufnahme hoch. Eventuell Insekten an gefetteter, schwimmender Schnur über diese Plätze treiben lassen.
- Versunkene Bäume oder Sträucher sowie Felsen sind beliebte Fischstandplätze.

Merke: Beim Wattangeln auf die Strömungsstärke achten!

ANGELTECHNIKEN

Grundangel

Grundangeln ist die einfachste, aber eine sehr effektive Technik, um weltweit in allen Gewässern Fische zu erbeuten.

Vorgehen:

1) Haken mittels eines Clinchknotens (siehe Abb.) an ein 50 cm langes Vorfach (= Draht) binden.
2) Ans andere Ende des Vorfaches einen Schlaufenknoten binden (siehe Abb.) und die Schlaufe in einen Karabinerwirbel einhängen.
3) Auf die Hauptschnur ein Durchlaufblei ziehen und sie mit einem Clinchknoten an das andere Ende des Wirbels binden.
4) Fertig ist die Montage der Grundangel! (siehe Abb.)

Clinchknoten: Zur Verbindung der Angelschnur mit Haken oder Wirbel

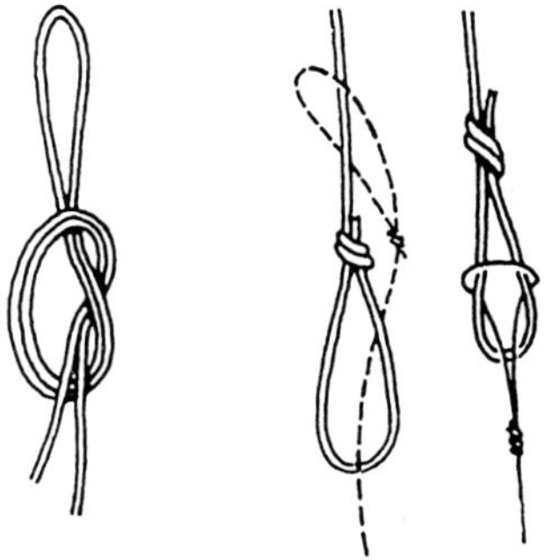

Schlaufenknoten zur Verbindung von Schnur und Vorfach

Grundangel

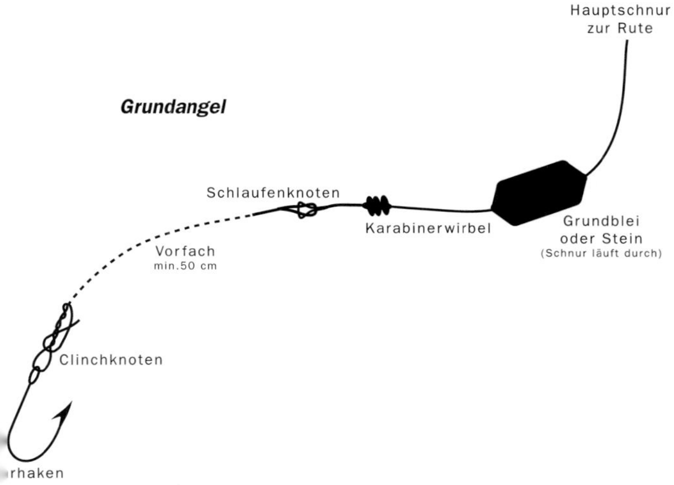

Baumangel

1) Einen Karabinerwirbel an eine starke Schnur (mindestens 0,50 mm Durchmesser) knoten.
2) Ein Stahlvorfach mit dem daran befestigten Haken in den Karabiner einhängen.
3) Einen Köderfisch an den Haken stecken.
4) Die Schnur an einen übers Wasser hängenden Baum knoten. Nur soviel Schnur freigeben, dass der Köderfisch nicht mehr als 1 m unter der Wasseroberfläche hängt.
5) Wenn der Ast stark wippt, hat ein Fisch gebissen und die Schnur kann eingeholt werden.

Schleppangel

Wer mit Kanu, Schlauchboot oder Kajak unterwegs ist, kann eine einfache Schleppangel verwenden.

Vorgehen:

1) Hauptschnur (0,50 mm), Karabinerwirbel und Stahlvorfach wie oben montieren.
2) Am Vorfach einen Kunstköder befestigen (Blinker oder Wobbler).
3) Die Schnur hinten am Boot sicher befestigen und den Köder in ca. 30 m Entfernung hinterher schleppen.

Ist nur bei größeren Wassertiefen (z. B. in Seen) zu verwenden, sonst hängt der Köder am Grund fest und geht verloren. Von Zeit zu Zeit die Schnur kontrollieren, ob schon ein Fisch gebissen hat. Auch den Köder ab und zu kontrollieren, da sich Kraut an ihm verfangen kann.

VERSORGUNG DES FANGES

Waidgerechtes Töten

- Den Fisch durch einen kräftigen Knüppelschlag auf den Kopf betäuben (siehe Abb.).
- Diesen dann durch einen Herzstich mit dem Messer töten (siehe Abb.).
- Hat der Fisch größere, harte Schuppen, mit dem Messerrücken entschuppen.
- Anschließend die Bauchhöhle vom Kopf her bis zum After mit einem scharfen Messer auftrennen. Dabei die Klinge möglichst flach führen, damit die Eingeweide nicht verletzt werden.
- Innereien vorsichtig ohne Verletzung entfernen.

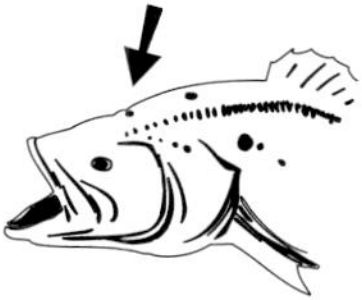

Schlagbereich zum Betäuben des Fisches: zwischen dem hinteren Augenrand und Ende des Kiemendeckels

Herz: Hier muss mit einem spitzen Messer der Herzstich gesetzt werden (am Ende der Kiemen und zwischen den Brustflossen)

Filetieren von Fisch

Bei größeren Fischen ist die Filetierung vor der Zubereitung sinnvoll.

Vorgehen:

- Fisch seitlich auf eine Platte legen.
- Mit einer dünnen, scharfen Messerklinge hinter dem Kopf von der Mitte zur Seite durch stechen, so dass die Klinge waagrecht auf der Mittelgräte aufliegt.
- Langsam schneidend die Klinge bis zum Schwanz ziehen (siehe Abb.).
- Den Fisch umdrehen und in gleicher Weise – nur dieses Mal vom Schwanz zum Kopf hin – die andere Seite filetieren (siehe Abb.).
- Die Filets von den Bauchgräten mit kräftigem, gleichmäßigen Zug abtrennen.

Für diese Vorgehensweise muss der Fisch bei ein wenig Übung nicht einmal ausgenommen werden.

Filetieren von Fischstücken:

- Beiderseits der Rückengräte einschneiden.
- Mit dem Messer an der Gräte entlang fahren: das Fleisch wird so von den Bauchgräten gelöst (siehe Abb.).

Enthäuten von Filets oder Filetstücken:

- Die ausgelösten Filets oder Filetstücke mit der Haut nach unten auf eine gerade Unterlage legen.
- Die Haut mit einem scharfen Messer (kein Wellenschliff!) leicht schräg vorsichtig sägend-schiebend entfernen (siehe Abb.).

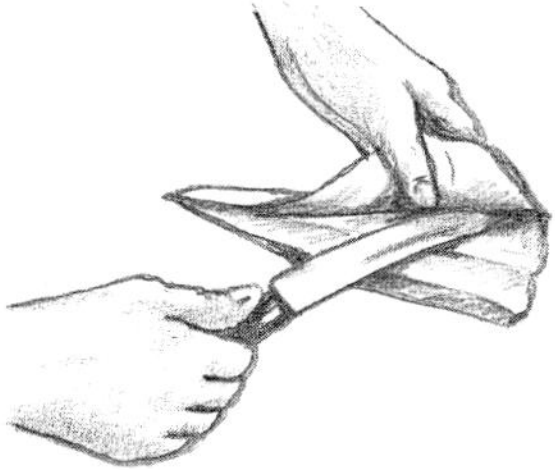

Filetieren von Rundfisch: a)

Filetieren von Rundfisch: b)

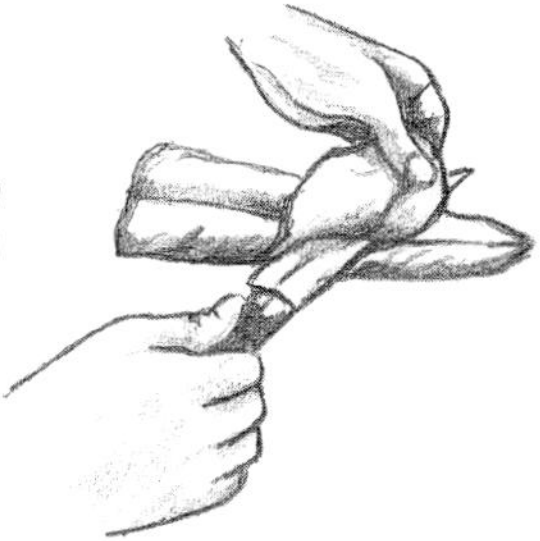

Herstellen von Fischstücken

Enthäuten von Filets oder Filetstücken

Während des Filetierens oder Ausnehmens Bauchlappen der Fische auf Parasiten wie Nematoden (Fadenwürmer) untersuchen und befallene Partien herausschneiden. Nur starkes Erhitzen tötet Nematoden – die Konservierung in Salz überleben sie!

HALTBARMACHUNG

Stockfisch

Kann wochenlang trocken aufbewahrt und transportiert werden.

Herstellung:

- Filets in einen engmaschigen Trockenkäfig aus Drahtgeflecht hängen und gänzlich austrocknen lassen.
- Oder ganze Filets mehrere Stunden wässern und anschließend grillen oder braten.

Stockfisch ist sehr nahrhaft und sättigend. Als Notration einzelne Stücke abbrechen und langsam weich kauen. Getrockneter Fisch soll eine hellgelbe bis weißliche Färbung haben. Getrocknete Filets mit rötlichen Flecken auf keinen Fall verzehren.

Beizen

1) Größere Filets mit einer Mischung aus 40 % Salz und 60 % Zucker sehr dick bestreuen.
2) Beide Hälften aufeinanderpressen und mit Tüchern oder Folie fest umwickeln.
3) In einen undurchlässigen Sack (Tüte) geben.

4) Ein ca. 50 cm tiefes Erdloch graben, Tüte waagrecht hineinlegen und zuschaufeln.
5) Einen schweren Stein als Schutz vor wilden Tieren und als Markierung darauf legen.
6) Nach 2–3 Tagen (je nach Filetdicke) Tüte entnehmen, Filets auswickeln und überschüssige Beize abwischen (nicht abwaschen!).

Ein köstlicher Brotbelag, der mehr als eine Woche haltbar ist!

Würze
Kleine Fische werden im Ganzen getrocknet und anschließend fein zermahlen. Es entsteht eine nahrhafte Würze für Suppen, die trocken gelagert über mehrere Monate haltbar ist.

GIFTIGE FISCHE

- V. a. bei Meeresfischen auf gefährliche Rücken-, After- und Kiemendornen achten. Beim Anlanden Handschuhe tragen oder dickes Tuch verwenden.
- Niemals barfuß durch Korallenriffs gehen, sondern immer knöchelhohe Schuhe tragen.
- Grelle Fischfarben (hauptsächlich in tropischen Gewässern) können Warnsignale für Körpergifte der Fische sein (meistens Nervengifte!).
- Innereien wie Rogen oder Milch von unbekannten Fischen auf jeden Fall meiden.
- Aalblut ist für den Menschen giftig und muss daher auf mindestens 70° C erhitzt werden.

VERLETZUNGEN DURCH ANGELHAKEN

Die Entfernung des Angelhakens aus dem eigenen Finger ist aufgrund des Widerhakens nicht ganz einfach. Der Haken darf *nicht* zurückgezogen werden (sehr schmerzhaft, außerdem würde der glatte Stichkanal aufreißen), sondern muss weiter durch das Gewebe gedrückt werden bis der Widerhaken aus der Haut ragt. Anschließend den Widerhaken abknipsen und den Rest zurückziehen.
Achtung: Darauf achten, dass kein Knochen verletzt wird!
Es empfiehlt sich, den Finger oder die Hand vor dem Entfernen 10 Minuten in möglichst kaltes Wasser zu tauchen, um den Schmerz beim Durchbohren zu lindern.

12. Brot selbst gemacht

VON DEN ZUTATEN BIS ZUR TEIGHERSTELLUNG

Zutaten:
Mehl, Trockenhefe oder Backpulver, Holzmehl zum Strecken des Mehls, Wasser.
Zur Geschmacksverbesserung und falls vorhanden:
Wahlweise Salz, Zucker, Zwiebeln, Speck, Mohn, Kümmel, Rosinen, Reis, Haferflocken, Schokolade, alle Arten von Beeren, Fleischstückchen, Wurst usw.

Teigherstellung:
Mehl mit Wasser mischen; Hefe oder Backpulver hinzugeben (10–20 g pro 500 g Teig). Holzmehl oder andere Zutaten nach Wunsch gut kneten. Der Teig muss gut formbar sein, soll aber nicht mehr kleben. Kleine, flache Wecken formen.

Herstellung von Holzmehl:
Will man Holzmehl herstellen, durchsticht man eine Blechdose oder ein flaches Stück Blech mehrmals mit einem Nagel oder Dorn und benützt es als Reibe-Ersatz. Trockenes Holz verwenden.
Mit einem länger brennenden Feuer ein gutes Glutbett schaffen; möglichst nicht auf offener Flamme, sondern auf dem Glutbett backen.

BACKEN IN DER ALUFOLIE

Die Wecken in Alufolie wickeln, in die Glut legen und zusätzlich mit Glut bedecken.

DIE »STEIN«-METHODE

Steinplatten in das Feuer legen und erhitzen; das Restmehl auf die herausgenommenen Steine streuen (es darf nicht verbrennen). Die Wecken auf die heißen Platten legen und mit einem Topf abdecken. Glut über den Topf geben. Backzeit etwa 40 Minuten.

DAS GANZE IM TOPF...

Die Wecken in einen geschlossenen Topf oder ins Essgeschirr legen (das Behältnis vorher mit Mehl ausstreuen); die Wecken dürfen den Topfrand oder -deckel nicht berühren. Die Glut wegräumen und den Topf auf die Erde stellen, wo sich vorher das Feuer befand. Glut um den Topf schichten und auf den Deckel geben. Backzeit etwa 40 bis 50 Minuten.

...UND IN DER PFANNE

Den Pfannenboden mit Mehl bestreuen, die Wecken darauf geben. Wieder darauf achten, dass der Pfannenrand nicht berührt wird; die Pfanne in die Glut stellen. Der Vorgang muss immer beaufsichtigt werden. Sobald das Mehl leicht zu rauchen beginnt, die Wecken wenden. Das Wenden ersetzt die Oberhitze bei den anderen genannten Methoden. Ein Brot ist fertig, wenn es eine braune Kruste hat, beim Beklopfen hohl klingt und beim Einstechen kein Teig mehr am Messer oder Holzspieß hängen bleibt.

13. Aufbewahren von Nahrung

SCHUTZ DER LEBENSMITTEL

Die Lebensmittel je nach Gebiet vor Fliegen, Mäusen, Eichhörnchen, Ameisen, Affen und Vögeln, aber auch vor Raubwild (z. B. Bären) schützen.

Möglichkeiten:
- Mückennetze
- Töpfe oder andere Behältnisse
- in den Rauch hängen
- bei Bärengefahr mindestens 3,50 Meter hoch frei zwischen zwei Bäume hängen.

ABFALLBESEITIGUNG

In raubtiergefährdeten Gegenden die Zubereitung von geschlachteten Tieren weit weg vom eigentlichen Lager vornehmen. Ebenso Speisereste und Abfälle weiter weg deponieren bzw. verbrennen oder vergraben.

14. Wildwachsende Pflanzen

Eine Ernährung auf der Basis wildwachsender Pflanzen (Früchte, Pilze etc.) ist nur dann ratsam, wenn profunde botanische Kenntnisse gegeben sind und eine Verwechslung mit ungenießbaren oder giftigen Pflanzen sicher ausscheidet. Geschmacksproben (bitter, süß, salzig oder sauer) sind meist wenig hilfreich, selten sind Giftpflanzen – Giftpilze oft gar nicht – im Geschmack auffällig. Vor allem in tropischen Gebieten wechseln Früchte mitunter ihre Geschmacksqualitäten, sind mitunter wohlschmeckend, in einer anderen Region dagegen ungenießbar. Bestenfalls holt man sich einen verdorbenen Magen.

15. Kochstellen- und Ofenbau

EINIGE BEISPIELE

Falls man kein Metallgefäß zur Verfügung hat, lässt sich aus Birkenrinde, Alu-Folie oder wasserdichtem Stoff ein Behältnis anfertigen. Erhitzte kleine Steine in das mit Wasser gefüllte Gefäß geben; schon nach kurzer Zeit hat man heißes Wasser.

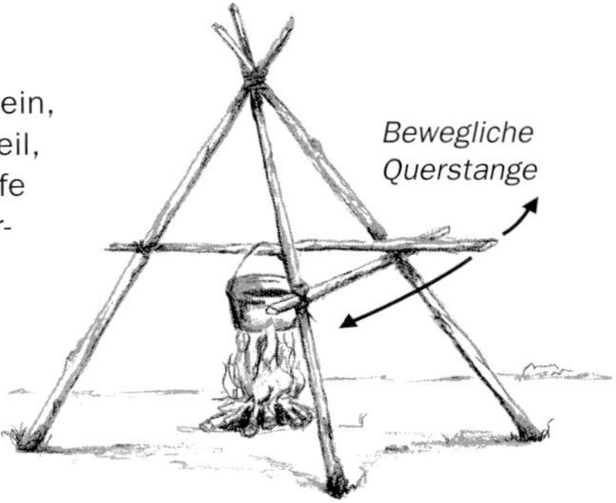

Baut man ein Dreibein, hat man den Vorteil, dass der Topf mit Hilfe der beweglichen Querstange nach Bedarf in das Feuer hinein bzw, an dessen Rand geschwenkt werden kann.

Das Flächenkochfeuer

Beim Flächenkochfeuer muss der Topf nicht aufgehängt werden, da es eine gerade Stellfläche bietet.

Einfachöfen

Einfachöfen lassen sich aus Konservendosen, einem Essgeschirr, Blecheimern oder kleineren Ölfässern fertigen. Ihr Vorteil:

- Bedingt auch im Zelt oder in der Notunterkunft einsetzbar
- Es werden wesentlich geringere Holzmengen als bei einem Lagerfeuer benötigt
- Gut zum Transport von Feuer oder Glut zu verwenden.

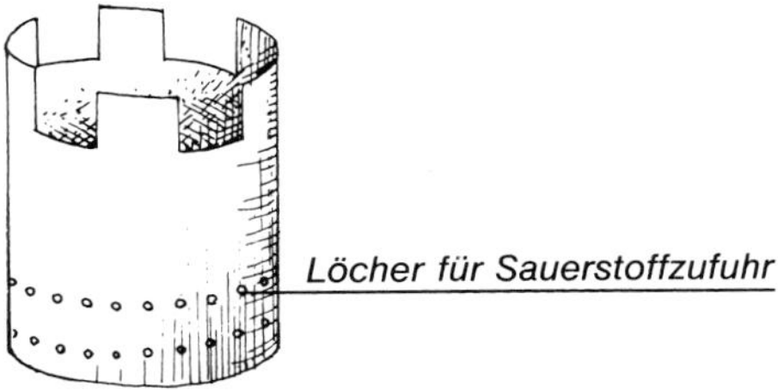

Ein Backofen aus Steinplatten

Seitenansicht im Schnitt

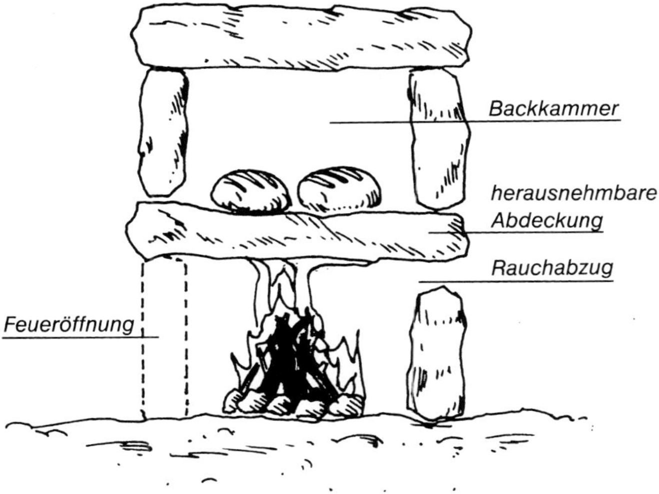

Der Räucherofen

Zu fertigen aus Steinplatten, Lehm, aber auch aus Blechteilen.

Seitenansicht im Schnitt

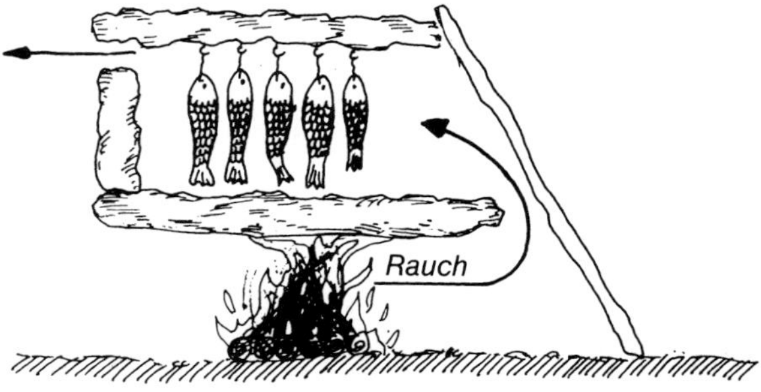

Räucher- oder Trockengestell

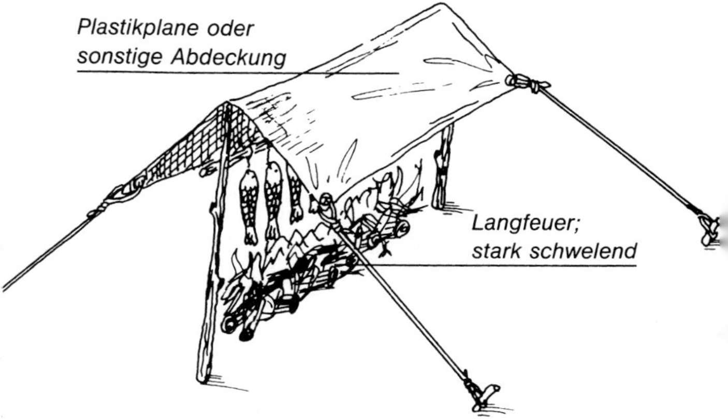

16. Seile und Knoten

MASTWURF

Der Mastwurf wird verwendet, um ein Seil, auf das anschließend Zug ausgeübt werden soll, an freistehenden Gegenständen wie Bäumen, Stangen, Felsen o. ä. zu befestigen.

SEILVERBINDUNG ODER KREUZKNOTEN

Der Kreuzknoten dient zum Verbinden zweier gleich dicker Seile.

Merke: Die beiden kurzen Enden müssen auf einer Seite liegen!

ACHTERKNOTEN

Der Achterknoten eignet sich gut für Steigschlingen, als Seilschlaufe oder als Seilverbindung. Der Knoten ist auch nach Belastung wieder zu lösen.

KLEMMKNOTEN

Mit dem Klemmknoten ist es möglich, an einem vorhandenen straffen Seil eine Seilverbindung zu schaffen. Er ist ein idealer Knoten für die Selbstbergung, den Flaschenzugbau oder zur Sicherung am Fixseil. Je nach Seilart, -stärke und Seilstärkenverhältnis verwendet man 2–4 Umschlingungen. Der Klemmknoten funktioniert auch an Drahtseilen und Metallstangen.

Bestes Seilstärkenverhältnis: 2:1 bis 5:4.

Beispiel: Fixseil: ø 10 mm; Hilfsseil: ø 4–8 mm

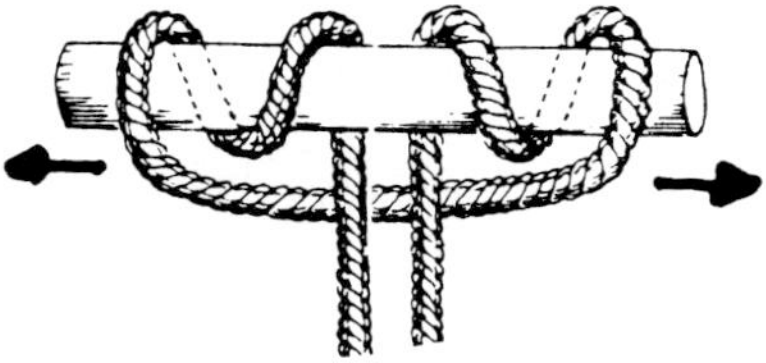

PALSTEK

Der Palstek ist ein Knoten zur Herstellung einer sich nicht zusammenziehenden Seilschlinge. Er ist nach Entlastung wieder gut lösbar.

17. Hindernis Fluss

GESICHERTE FLUSSÜBERQUERUNG

- Immer die Schuhe anlassen (Verletzungsgefahr!).
- Falls Rucksack auf dem Rücken, alle Gurte lockern; Hüftgurt offen lassen, Rucksack im Gefahrenfall abwerfen.
- Den Rucksack gesondert sichern (Verbindungsseil zum Ufer).
- Blickrichtung immer zur Strömung (geringster Wasserwiderstand).
- Bei sehr kaltem Wasser, falls vorhanden, eine schnelltrocknende Regenhose und -jacke auf der nackten Haut tragen.
- Ein Stock als »drittes Bein« ist sehr hilfreich.
- Bei schwierigen Überquerungen angeseilt gehen
- Fluss bei niedrigstem Wasserstand überqueren.
- Meist ist das Wasser bei Gebirgsbächen am Morgen niedriger, da die Sonne im Laufe des Tages den Schnee schmilzt.
- Zum Sichern möglichst dünne Seile benutzen, da der Wasserwiderstand eines Seiles beachtlich ist.

Merke: Bei reißenden Flüssen ab einer gewissen Breite muss man meist auf ein Sicherungsseil verzichten, da der Mensch den Wasserdruck auf das Seil (!) nicht mehr halten kann.

Vorgehensweise bei einer Flussüberquerung mit drei Personen

1. Stufe: A überquert den Fluss. B und C sichern

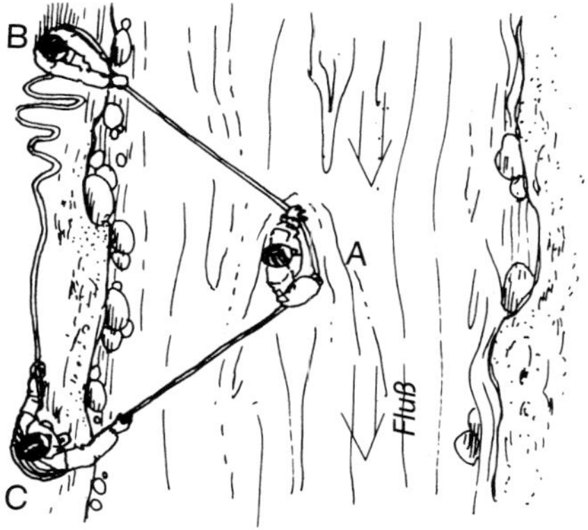

2. Stufe: C überquert den Fluss. A und B sichern von beiden Ufern aus.

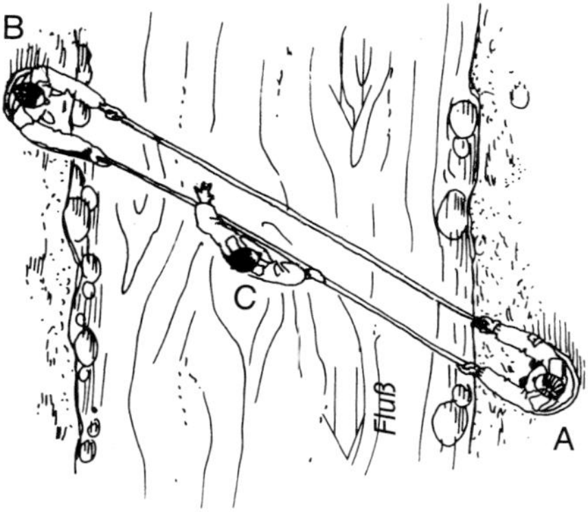

3. Stufe: B überquert als letzter den Fluss.
A und C sichern.

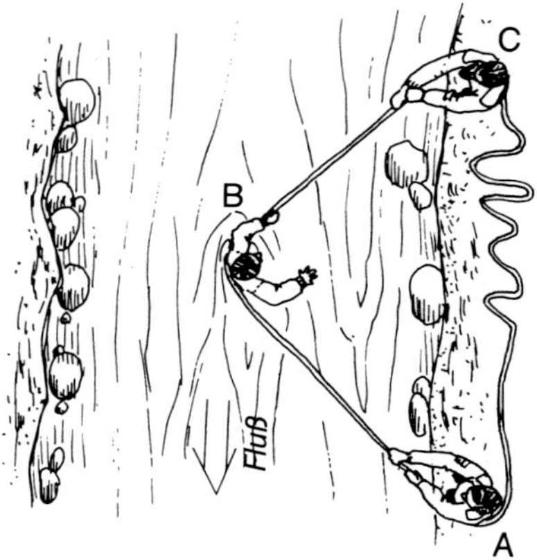

Einzelüberquerung mit Selbstsicherung an festem Gegenstand im Gelände

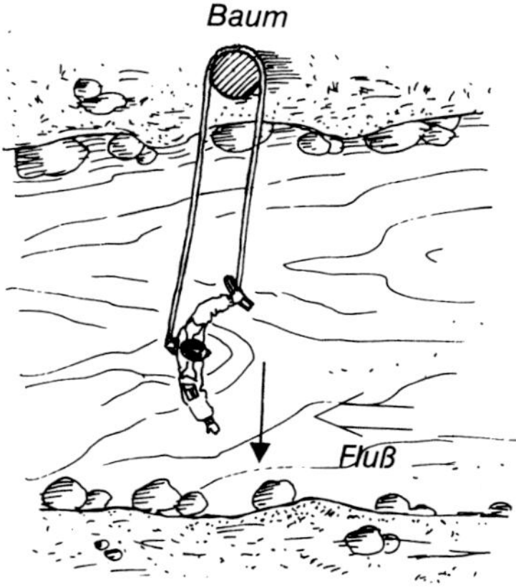

BERECHNUNG DER SEILKRÄFTE

Um einen sicheren Transport von Material oder Personen über Flüsse, Schluchten o. ä. zu gewährleisten, muss man sich vorher im Groben über die auftretenden Seilkräfte im Klaren sein.

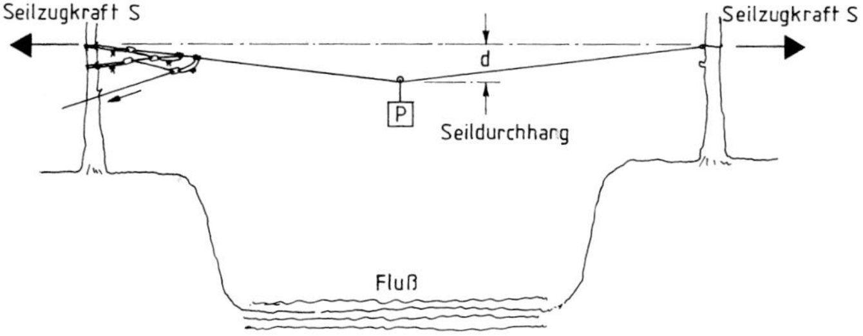

Berechnung der Seilkräfte

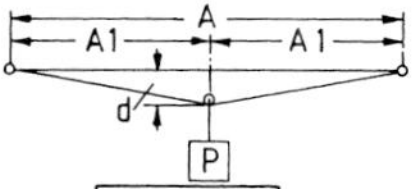

$$S = \frac{P \cdot A1}{2 \cdot d}$$

Es bedeuten:
- S = Seilzugkraft in kp
- A = Abstand Seilbefestigung in m
- A1 = A/2 in m
- d = Seildurchhang in m (schätzen)
- P = Gewicht in kp (Mensch oder Gepäck)

Beispiele

1. Abstand A = 30 m,
   Durchhang d = 1 m,
   Gewicht P = 100 kp,
   A1 = A/2 = 30/2 = 15 m

   Seilzugkraft:

   $$S = \frac{100 \times 15}{2 \times 1} = 750 \text{ kp}$$

2. Abstand A = 50 m,
   Durchhang d = 1,5 m,
   Gewicht P = 100 kp,
   A1 = A/2 = 50/2 = 25 m

   Seilzugkraft:

   $$S = \frac{100 \times 25}{2 \times 1{,}5} = 834 \text{ kp}$$

Anmerkung:
Vor einiger Zeit wurde die Bezeichnung »Kilopond« durch »Newton« ersetzt: 1 Kp = 9,81 N.
Wegen der besseren Verständlichkeit habe ich jedoch die alte Bezeichnung beibehalten. Bei diesen Berechnungen ist noch keine Seilsicherheit eingerechnet. Man sollte mindestens eine 3-fache Sicherheit einkalkulieren! Knoten reduzieren die Seilsicherheit um bis zu 50 %.

Merke: Je größer der Durchhang, desto geringer die Seilzugkraft.

BAU EINES FLASCHENZUGES

Benutzbar zum Überqueren von Flüssen, Schluchten usw. am Hängeseil oder zur Bergung von Gegenständen und Personen.

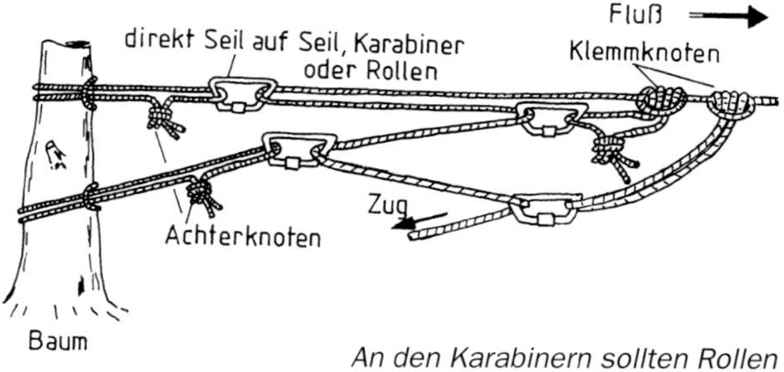

An den Karabinern sollten Rollen befestigt sein (weniger Reibung).

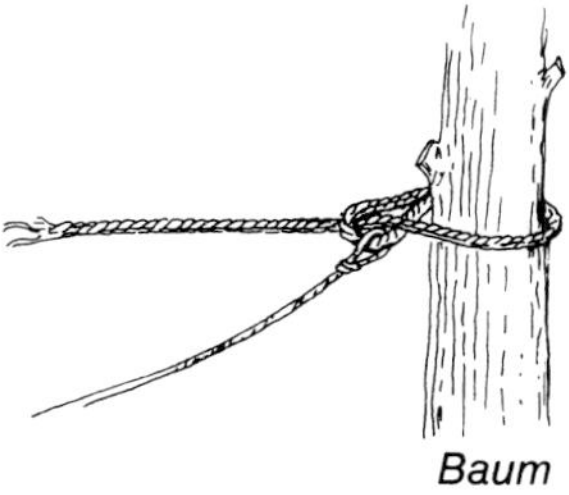

Hilfsseil zum späteren Abziehen des Hauptseiles z. B. bei einer Flussüberquerung.

FLUSSÜBERQUERUNG AM HÄNGESEIL

Das Seil wird mit einem Flaschenzug gespannt (Festigkeit des Seils beachten!). Wichtig für den Transport von Personen:

- Immer mit Brust-/Sitzgurt am Hängeseil sichern
- Wenn möglich, zusätzlich Verbindungsleine zu beiden Ufern (bei Schwierigkeiten kann die transportierte Person an eines der beiden Ufer gezogen werden).

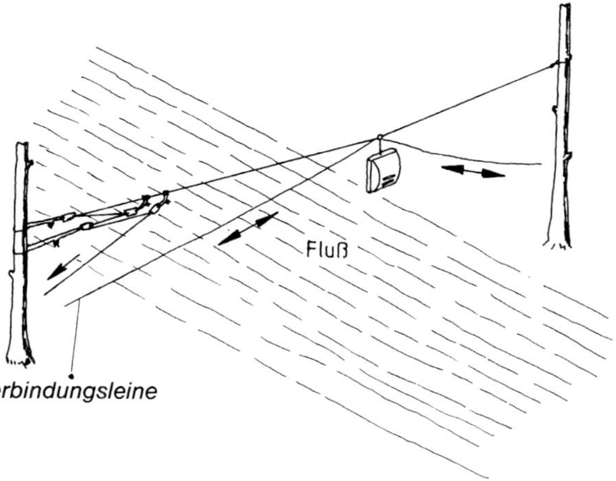

Bei dieser Hilfsseilbahn sollten, wenn möglich, zum »Abfahren« immer zwei Seilrollen benutzt werden, um eine Rotation zu verhindern.
Es sollte auch nie zu schnell »abgefahren« werden, da durch die Reibung die Gefahr bleibender Schäden an Seil und Rollen besteht.
Sollte nur eine Rolle zur Hand sein, kann man ein Reepschnurstück oder eine Bandschlinge einsetzen, um die nicht zu vermeidende Rotation von der Rolle fernzuhalten.

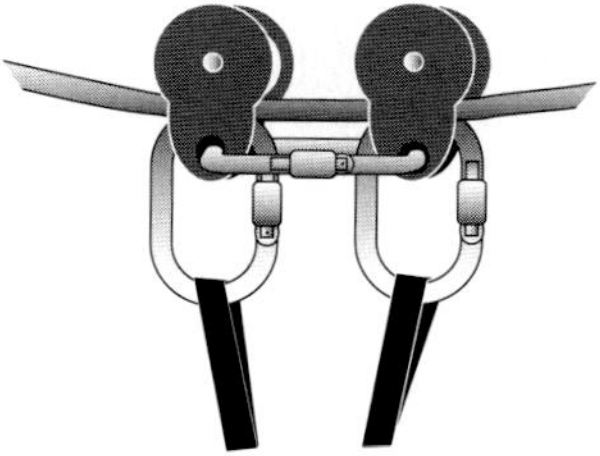

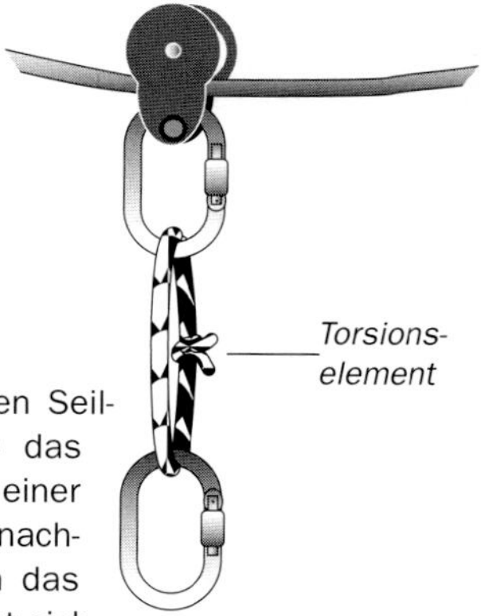

Nach Benutzung einer derartigen Seilkonstruktion (Seilbahn), sollte das System entlastet werden, da vor einer neuerlichen Benutzung sowieso nachgespannt werden muss. Durch das wiederholte Nachspannen erhöht sich allmählich die Belastung auf die Fixierpunkte und auch auf das gesamte System.
Um nach einer Flussüberquerung die Seilkonstruktion nicht zurück lassen zu müssen, empfiehlt es sich, ein Hilfsseil am Hauptseil zu befestigen, um dieses anschließend vom Baum abziehen zu können.

SEILSPANNUNG OHNE FLASCHENZUG

Falls man keine Möglichkeit hat, einen Flaschenzug zur Reduzierung der Kräfte zu bauen, kann man über ein Hebelsystem das Hauptseil spannen. Es sind allerdings mindestens zwei Personen dazu nötig.

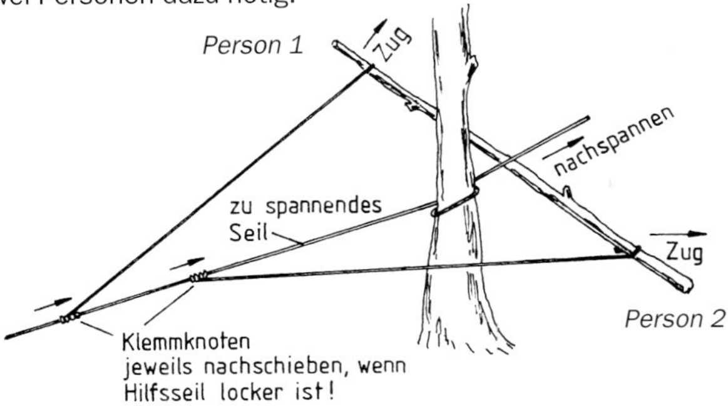

DIE »EINFACH-SEILSPANN-METHODE«

Man spannt über einen im Seil geknüpften Achterknoten und erhält somit auf einfache Art einen »Miniflaschenzug«. Dieses System lässt sich zur Sicherung, zum Verpacken, zum Spannen und beim Verladen benutzen.

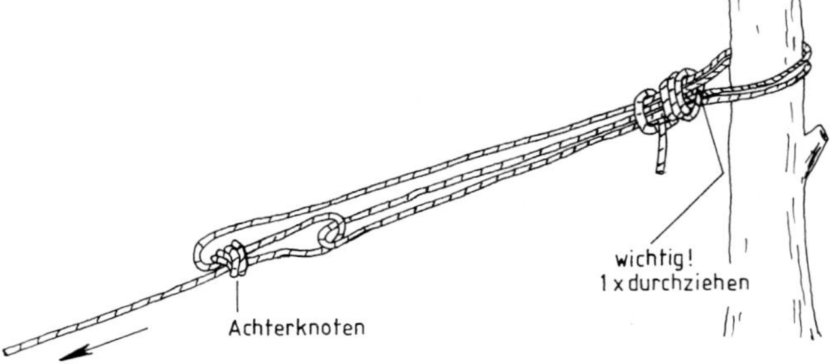

BRÜCKENBAU

2 bis 4 gegabelte, vom Gewicht her noch bewegbare Stämme werden über einen selbst gebauten Dreibock oder einen nahe am Ufer stehenden Baum geschoben (s. Abb.). Die Gabeln dürfen dabei nicht das Übergewicht bekommen (Sturzgefahr in den Fluss). Je nach Flussbreite und Stammgewicht muss man die einzelnen Stämme mit Seilen fixieren. Liegen die Gabeln fest und stabil, wird ein weiterer ungegabelter Stamm an das andere Ufer geschoben; dieser Stamm darf das Übergewicht erst dann bekommen, wenn dessen Spitze das andere Ufer erreicht hat. Sollten die Stämme von der Länge her zu schwer werden, kann es vorteilhafter sein, dünnere Stämme aneinander zu binden; man bekommt somit die erforderliche Länge, muss aber nicht das hohe Gewicht eines gewachsenen, langen Stammes bewegen – ein System, das nur mit mehreren Personen anzuwenden ist.

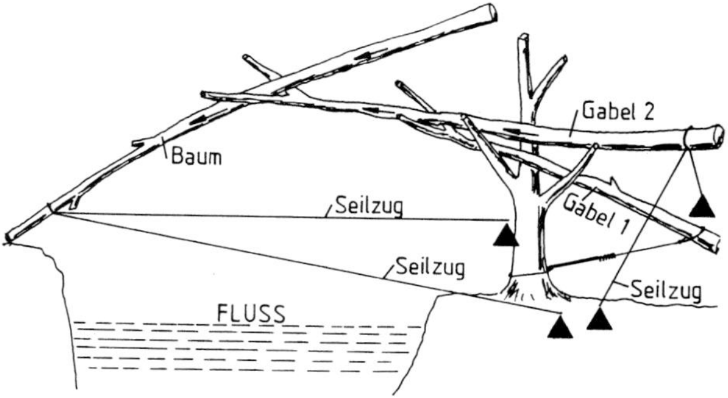

Wahlweise kann man auch einen Dreibock anstelle eines Baumes verwenden.

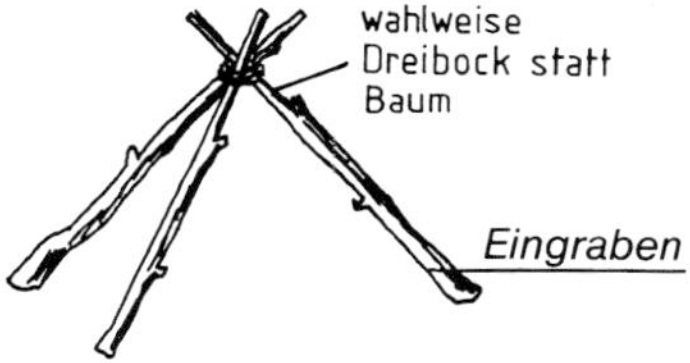

DAS RICHTIGE FÄLLEN VON BÄUMEN

- Gestrüpp und Äste im Arbeitsbereich rund um den zu fällenden Baum entfernen.
- Im Durchmesser der doppelten Baumlänge dürfen sich keine Menschen, Tiere oder zerstörbare Ausrüstung befinden.
- Um den geringsten Weg zur Verarbeitungsstätte einzuhalten, wird die Fallrichtung bestimmt (auf Bäume achten, die in Fallrichtung stehen).
- Beim Fällen mehrerer Bäume muss ein Übereinanderfallen verhindert werden.
- Den natürlichen Überhang eines Baumes bei der Wahl der Fallrichtung einkalkulieren.
- In schwierigen Fällen die Fallrichtung unter Zuhilfenahme eines Flaschenzuges beeinflussen (s. S. 186).
- Am zu fällenden Baum ist zuerst die Fallkerbe – 1/5 bis 1/3 des Baumdurchmessers – anzubringen. Es wird zuerst das Dach, also der schräge Schnitt ausgeführt; darauf folgt der untere, gerade Schnitt. Die beiden Schnitte sollen sich genau treffen. Das so entstandene Dreieck wird entfernt. Die beiden Ecken dieses Schnittes – verlängert auf der Mittelpunktlinie des Baumes – ergeben die ungefähre Fallrichtung.

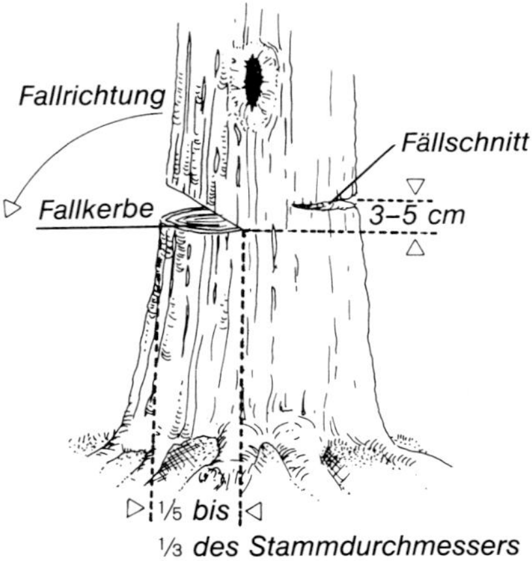
Fallrichtung
Fällschnitt
Fallkerbe
3–5 cm
1/5 bis
1/3 des Stammdurchmessers

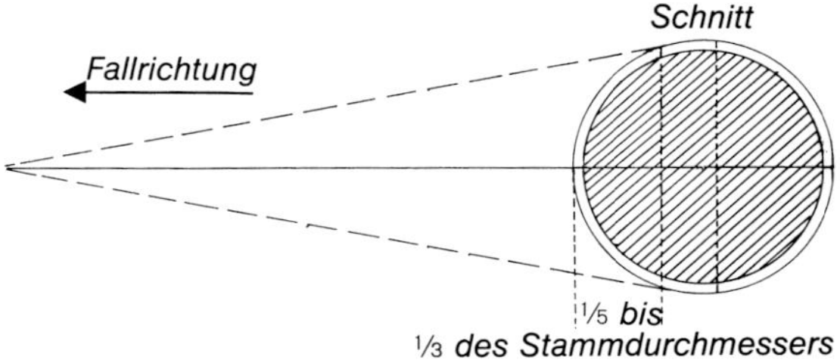
Schnitt
Fallrichtung
1/5 bis
1/3 des Stammdurchmessers

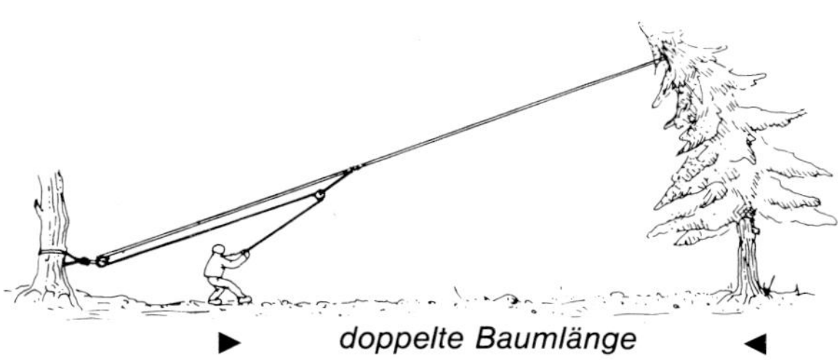
doppelte Baumlänge

- Der Fällschnitt wird 3–5 cm *höher* als die Sohle der Fallkerbe gesetzt. Man verhindert durch diese Treppe im Stamm, dass der Baum nach hinten wegrutscht.
- Sollte die Säge klemmen, Keile *hinter* der Säge in den Schnitt treiben: Der Schnitt wird erweitert und die Säge kommt frei.
- Zeigt der Baum die ersten Anzeichen des Fallens, die Säge entfernen und sich seitlich vom fallenden Baum halten; während des Fallens sofort laut und deutlich eventuelle Partner/Kameraden warnen.
- Den Baum beim Fallen beobachten, um aus der Gefahrenzone zu bleiben.

Sollte der Baum schräg an einem anderen Baum hängen bleiben, dann:

a) zuerst an der Oberseite eine Fallkerbe anbringen,
b) anschließend von unten her einen Fällschnitt machen.

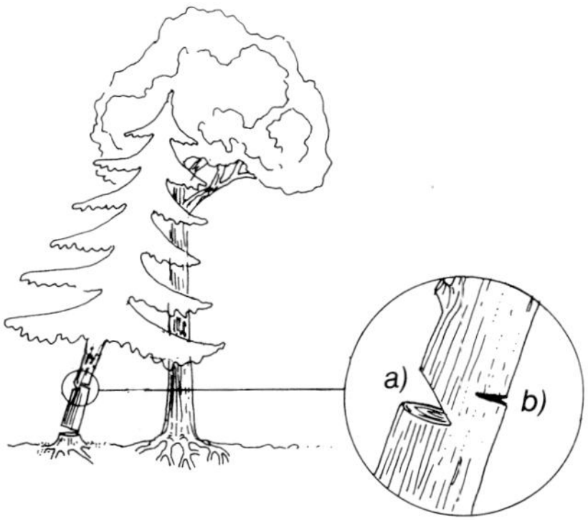

Durch diese Maßnahme wird an dem festgeklemmten Baum ein Stück Stamm herausgetrennt; der obere Teil des Baumes fällt zunächst senkrecht auf den Boden und kommt anschließend wieder zum Kippen. Gelegentlich muss diese Maßnahme mehrmals wiederholt werden, bis der Baum genügend Freiheit zum kompletten Umfallen hat.

Merke: Äußerste Vorsicht walten lassen! Ein hängen gebliebener Baum steht unter Spannung und kann sich auch völlig unkontrolliert verhalten.

18. Fortbewegungs-möglichkeit Wasser

ANFERTIGEN EINES NOTBOOTES

Das Boot wird aus dünnen, biegsamen Ästen hergestellt. Das Bootsgerüst wird mit einer Zeltbahn, Tierhaut oder einer Plastikplane bespannt. Der Bootsrumpf wird mit Laub, Gras oder Fichtenzweigen gefüllt, um ein Durchtreten des Behelfsbodens zu verhindern. Die Länge und Breite des Bootes ergibt sich durch die Planengröße. Sich nur auf die Spanten setzen oder treten!

Vorgehen:

- Zunächst die beiden obersten Längsstreben zusammenbinden.
- Die Querstreben befestigen.
- Die unterste und die beiden mittleren Längsstreben befestigen.
- Die Plane um das Gerippe wickeln und am Rand mit Schnur befestigen.

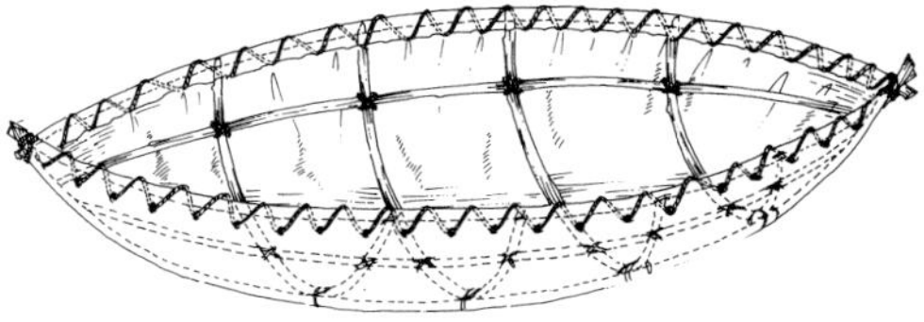

Bricht ein Ast beim Biegen oder während des Einsatzes, so flickt man diesen mit Draht oder Schnur. Alle Aststümpfe sind sauber zu glätten, um eine Beschädigung oder ein Durchstoßen der Plane oder Zeltbahn zu vermeiden!

Ist kein geeignetes Holz für die doch recht eng zu biegenden Spanten zu finden, kann man mittels einer Kreuzkonstruktion oder durch eingebaute Kastensegmente auch weniger biegsames Holz zur Herstellung des Bootsrumpfes verwenden.

Vorgehen:

- Die obersten Längsstreben zusammenbinden.
- 2–3 viereckige Rahmen einbinden.
- Dazwischen senkrechte und waagerechte Querstreben sowie zwei weitere Längsstreben anbringen.
- Plane befestigen.

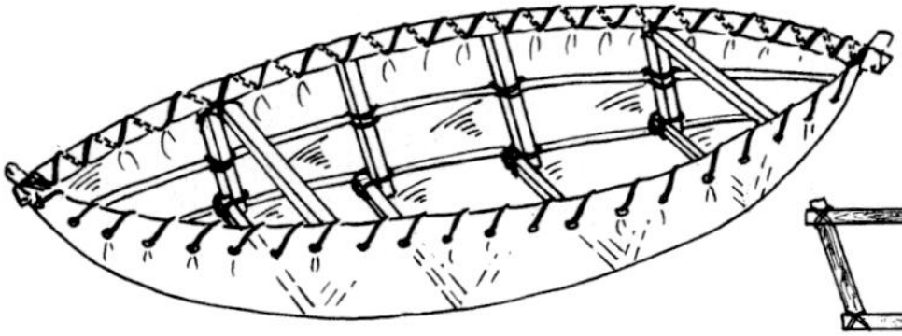

oder:

- Die obersten Längsstreben zusammenbinden.
- Zwei Stangen über Kreuz einbinden.
- Eine Längsstrebe unten sowie zwei seitliche Längsstreben hinzufügen.
- Plane anbringen.

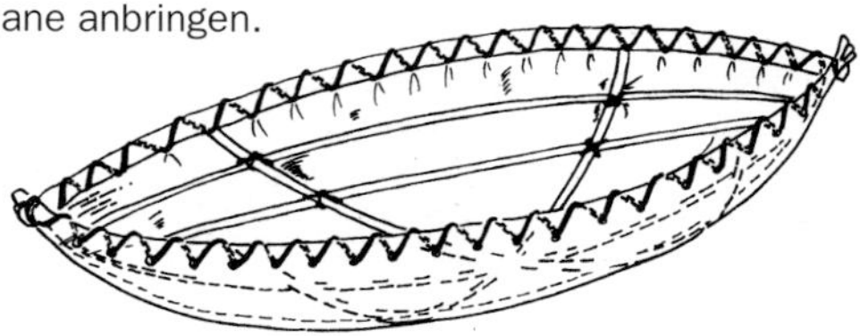

BAU EINES FLOSSES MIT AUFTRIEBSKÖRPERN

Man bindet Äste mit Seilen zu einem leichten Holzrahmen zusammen, der zusätzlich diagonal verspannt wird. Je nach Verwendungszweck kann der Boden mit dünnen Ästen vervollständigt werden oder auch unbedeckt bleiben. Die Auftriebskörper (Autoschläuche, Plastik- oder Blechkanister, Tonnen, Luftballons) werden unter dem Holzrahmen befestigt.
Wichtig: Die gesamte Seilkonstruktion muss sehr straff sein, da es durch die Eigenbewegung des Floßes automatisch zu einer Lockerung kommt.
Ideal ist, wenn man Ratschgurte zur Verfügung hat, da hiermit die ganze Konstruktion wesentlich straffer wird.

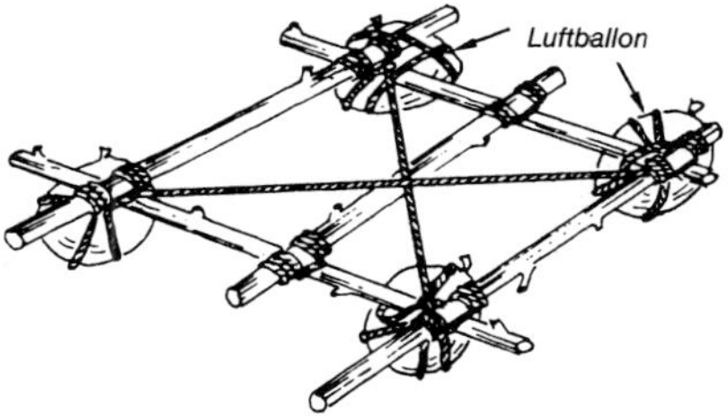

AUFTRIEBSFÄHIGKEIT LUFTGEFÜLLTER GEGENSTÄNDE

Das Volumen der eingeschlossenen Luft in Litern, abzüglich des Eigengewichts der gesamten Konstruktion (z. B. Holzrahmen eines leichten Floßes) ergibt bei einem Sicherheitsfaktor von 20–30 % die Tragfähigkeit.

Beispiel:

4 Gegenstände mit je 50 l Luftinhalt	= 200 kp Auftrieb
Die Rahmenkonstruktion und die Behälter wiegen etwa	70 kp
Sicherheitsfaktor	ca. 50 kp
Verbleiben als Tragfähigkeit etwa	80 kp

Volumenberechnung eines zylinderförmigen Körpers:

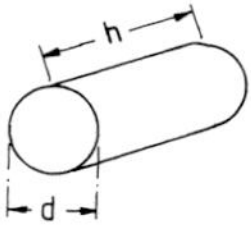

V = Volumen
p = 3,14
d = Durchmesser
h = Höhe

Formel:

$$V = \frac{p \times d^2}{4} \times h$$

$$V = 0,785 \times d^2 \times h$$

Beispiel: d = 0,5 m
h = 2 m

$$V = 0,785 \times 0,5^2 \times 2$$
$$= 0,785 \times 0,25 \times 2$$
$$= 0,393 \text{ m}^3$$

Volumenberechnung einer Kugel:

Formel:

$4/3 \times \pi \times r^3 = 4,1888 \times r^3$ $\pi = 3,14$
r = Radius = 1/2 Durchmesser

Zur schnellen Berechnung:
Der Inhalt einer Kugel mit einem bestimmten Durchmesser beträgt etwas mehr als 50 % (52,36 %) eines Würfels mit der selben Kantenlänge.

Beispiel:
Das Volumen eines Würfels mit 4 cm Kantenlänge beträgt:
$4 \times 4 \times 4 = 64$ cm^3

Das Volumen einer Kugel mit einem Durchmesser von 4 cm beträgt:
$4/3 \times \pi \times 2^3 = 4{,}1888 \times 8 = 33{,}51$ cm^3

Tragfähigkeit = Auftrieb des Volumeninhaltes abzüglich des Gewichtes des Behältnisses

Entspricht das Gewicht des transportierten Objektes der errechneten Tragfähigkeit, so befindet sich der Schwimmkörper in der Schwebe. Daher Sicherheitsfaktor einkalkulieren, um den Schwimmkörper wirklich zum Schwimmen (über der Wasseroberfläche) zu bringen.

HILFSMITTEL LUFTBALLON

Luftballone sind ein gutes Allround-Hilfsmittel. Sie werden verwendet als Kentersäcke am Notboot, als Auftrieb für ein Stangenfloß oder als Schwimmwestenersatz unter der Jacke getragen.

Merke: Die Luftballone müssen durch geeignete Umhüllung (Rucksack, Schlafsackbeutel, Plastik- oder Kartoffelsäcke) gegen Beschädigung geschützt werden.

Übrigens: Kondome erfüllen den gleichen, wenn nicht sogar einen besseren Zweck, da sie stabiler sind.

HOLZFLOSS

Sind keine Auftriebskörper vorhanden, muss man auf ein reines Holzfloß zurückgreifen.
Methode für den Bau eines kleinen Holzfloßes:

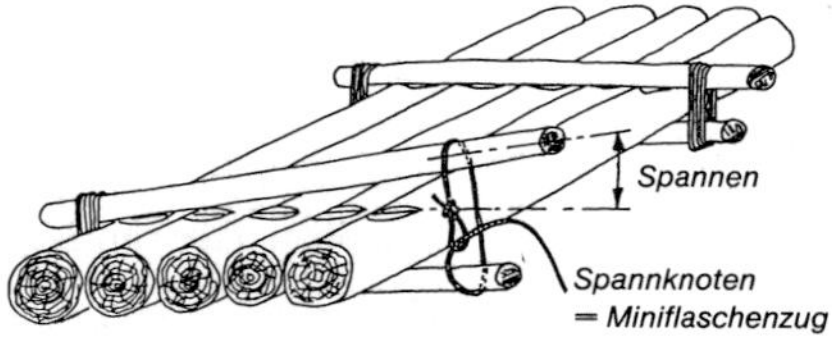

Nachteile des Holzfloßes:

- schwer und unhandlich (kann wegen des hohen Gewichtes nur im Wasser gebaut werden)
- Bau ist wesentlich zeitintensiver (Bäume müssen gefällt und ins Wasser transportiert werden).

TRAGFÄHIGKEIT VON HOLZ

Es handelt sich hier nur um einen Durchschnittswert, da die Tragfähigkeit je nach Holzart und Feuchtigkeitsgehalt variiert. Trockenes Holz: Den Festmeter (= Kubikmeter) durch 5 dividiert, ergibt die Tragfähigkeit in Tonnen ($m^3/5 = t$).

Beispiel: 1/5 = 0,2 Tonnen = 200 kg; d. h. die Tragfähigkeit von einem Kubikmeter Holz beträgt 200 kp.

Anmerkung: Vor einiger Zeit wurde die Bezeichnung »Kilopond« durch »Newton« ersetzt: 1 kp = 9,81 N. Wegen der besseren Verständlichkeit habe ich jedoch die alte Bezeichnung beibehalten.

SCHWIMMHILFEN

Als Schwimmhilfe kann alles dienen, was aufgrund seiner Dichte schwimmfähig ist oder sich mit Luft füllen und/oder luftdicht verschließen lässt:

- Autoschläuche
- leere Kanister
- Luftballone
- Brett(er)
- Äste
- wasserdichte Beutel, usw.

DIE STRÖMUNGSGESCHWINDIGKEIT

Um die Strömungsgeschwindigkeit eines Flusses herauszufinden, steckt man eine Strecke am Ufer parallel zum Fluss ab (z. B. 10 m). Einen schwimmenden Gegenstand in die Hauptströmung werfen; die Zeit stoppen, die der Gegenstand zum Passieren der beiden Markierungen benötigt (z. B. 5 sek.).

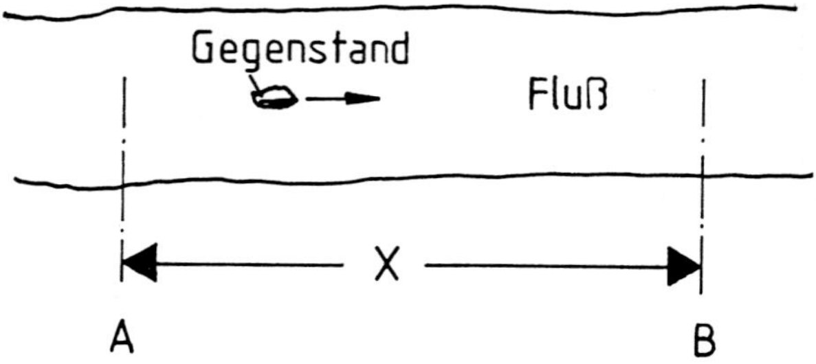

Mit Hilfe eines Dreisatzes kann nun die Geschwindigkeit des Flusses pro Stunde (3600 sek.) berechnet werden:
5 sek. = 10 m
3600 sek. = x

daraus folgt:

$$x = \frac{10 \times 3600}{5} = 7200 \text{ m}$$

Der Fluss fließt mit 7,2 km pro Stunde.

GESCHWINDIGKEITSBERECHNUNG EINES WASSER-FAHRZEUGES VOM FAHRZEUG AUS

Markierung z. B. an Bug und Heck. Abstand der beiden Markierungen messen. Stoppen der Zeit, die ein im Wasser schwimmender Gegenstand benötigt, die beiden Markierungen zu passieren.

Beispiel:
Abstand 5 Meter, gemessene Zeit 5 sek.
5 sek. = 5 m
3600 sek. = x

daraus folgt:

$$x = \frac{5 \times 3600}{5} = 3600 \text{ m}$$

Das Wasserfahrzeug legt in der Stunde 3,6 km zurück (stehendes Gewässer).
Bei fließendem Gewässer muss man die Fließgeschwindigkeit des Flusses berücksichtigen.
Bergauf: Gemessene Geschwindigkeit minus Fließgeschwindigkeit des Flusses
Bergab: Gemessene Geschwindigkeit plus Fließgeschwindigkeit des Flusses

19. Abseilen

GRUNDLEGENDES

- Das Seil immer doppelt nehmen, um es nachher wieder abziehen zu können (Abb. 1).
- Sich vorher überzeugen, dass die halbierte Seillänge bis zum gewünschten Standplatz reicht.
- Die beiden Seilenden verknoten.
- Den Befestigungspunkt auf ausreichende Haltbarkeit überprüfen.

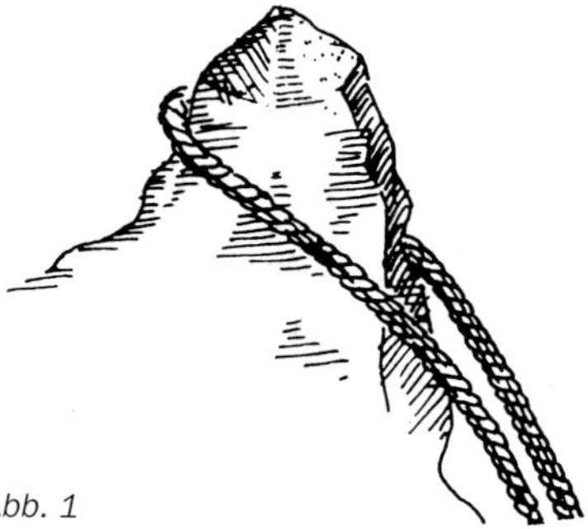

Abb. 1

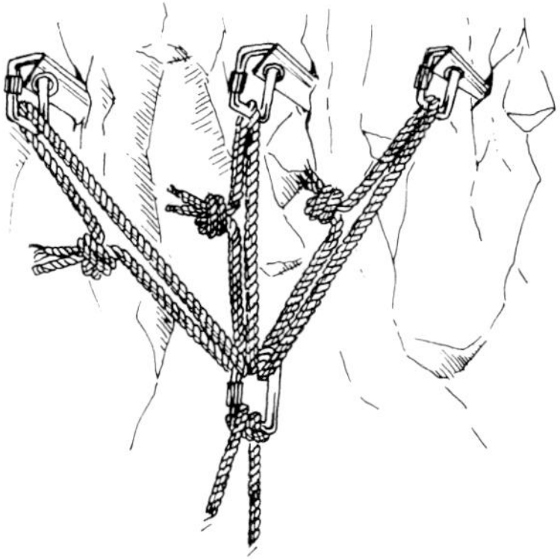

Abb. 2

- Erscheint ein Befestigungspunkt unsicher, den Zug des Seils auf mehrere Befestigungspunkte verteilen (Abb. 2).
- Am Standplatz Selbstsicherung anbringen, z. B. mit Hilfe eines Klemmknotens (Abb. 3).

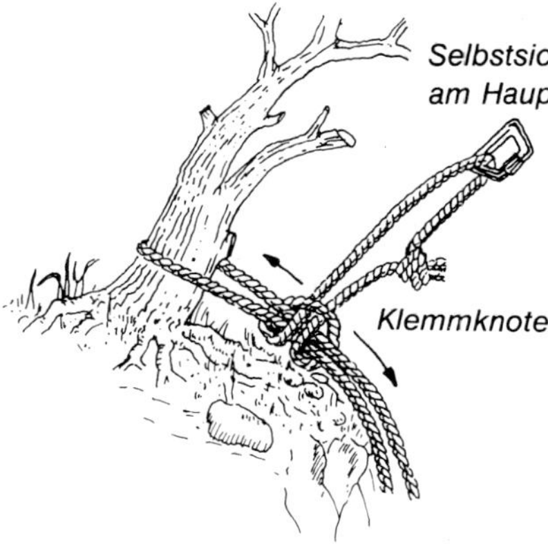

Abb. 3

ABSEILEN MIT HALBMASTWURF UND KARABINER

(Vorsicht, hohe Seilbelastung!)

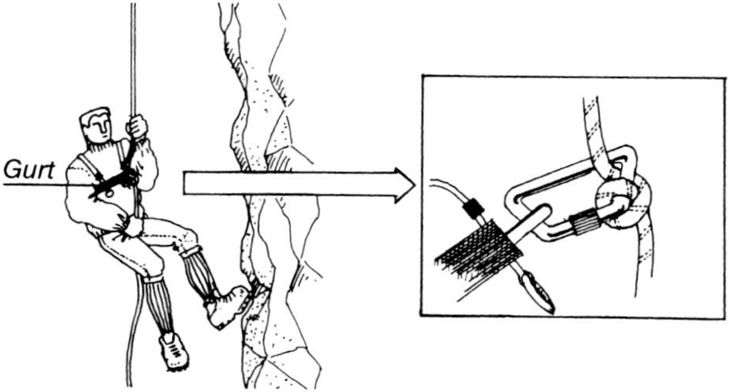

ABSEILEN MIT ABSEILACHTER UND ZUSÄTZLICHER KLEMMKNOTEN-SICHERUNG

(Auch ohne Karabiner möglich)

Klemmknotensicherung *Ohne Karabiner* *Mit Karabiner*

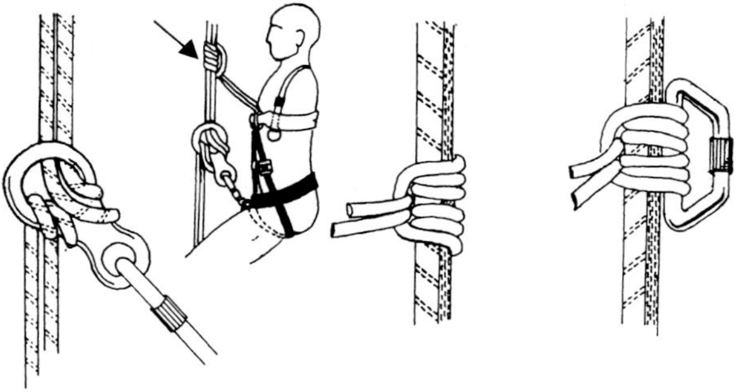

SICHERN MIT ABSEILACHTER

Ein (Abseil-)Achter ist ein im Bergsporthandel erhältliches Gerät zum Sichern und Abseilen; er ist aus Leichtmetall gefertigt und gewährleistet durch seine großen Umlenkradien eine sehr seilschonende Behandlung.

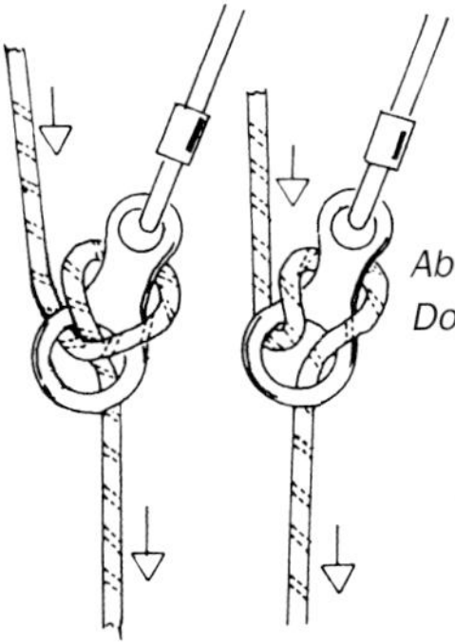

Abseilachter auch mit Doppelseil verwendbar

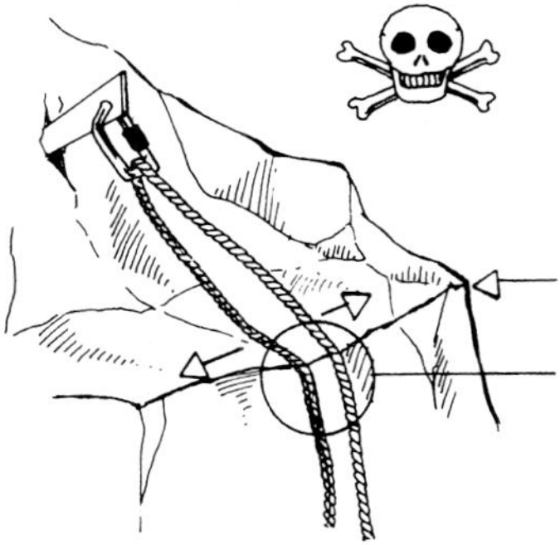

SICHERN MIT HALBMASTWURF

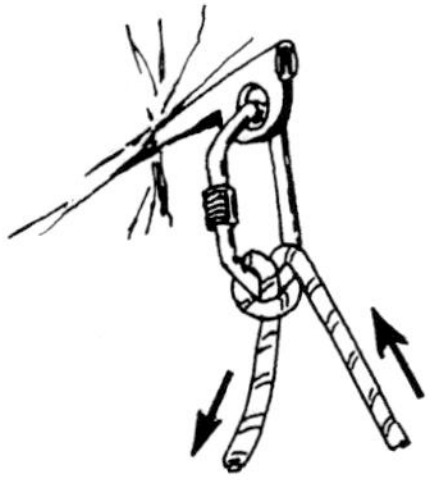

DIE SEILVERLÄNGERUNG

Ist die Abseillänge größer als die halbe Seillänge, muss das Seil verlängert werden.

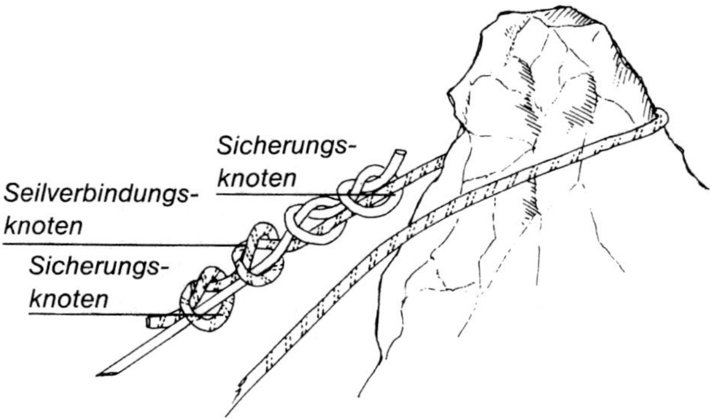

DER DÜLFERSITZ

Abseilen mit Selbstsicherung und Standschlinge am Seilende.

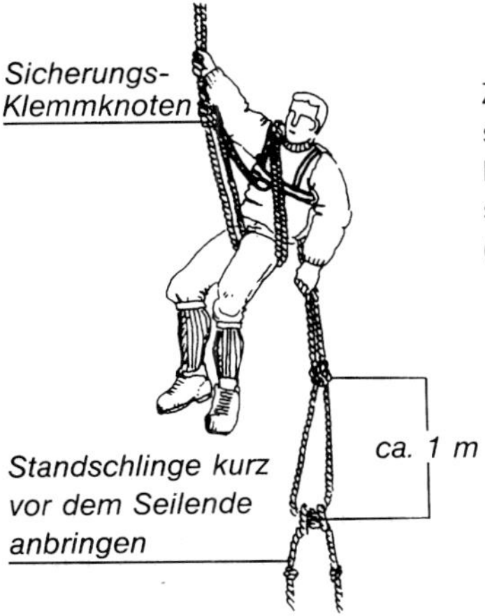

Durch starke Reibung an der Schulter besteht Verletzungsgefahr!

Zur Vorsicht sollte man sich bei der Dülfersitz-Methode mit einem zusätzlichen Klemmknoten (Seil/Körper) sichern.

Provisorischer Brustgurt

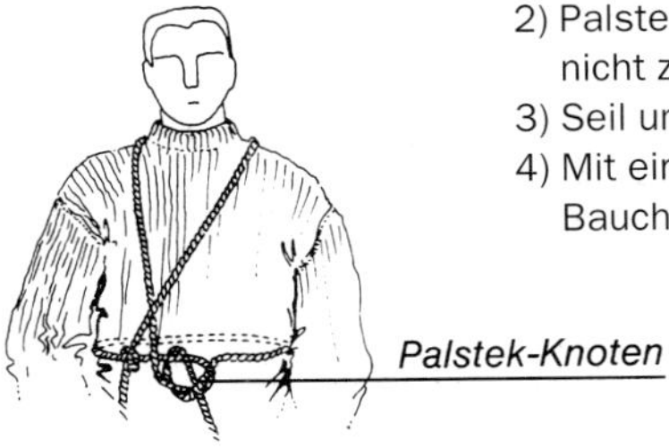

1) Seil um den Bauch führen.
2) Palstek-Knoten (zieht sich nicht zu, s. S. 181).
3) Seil um den Nacken führen.
4) Mit einfachem Knoten am Bauchseil befestigen.

BRUCHLASTEN VON KERNMANTEL-REEPSCHNÜREN

Die folgenden Werte gelten als durchschnittliche Angaben; immer die entsprechenden Firmen-/Herstellerangaben beachten!

Durchmesser	*Bruchlast*
3 mm	180 kp
4 mm	320 kp
5 mm	500 kp
6 mm	750 kp
7 mm	990 kp
8 mm	1350 kp
9 mm	1950 kp
10 mm	2200 kp
11 mm	2800 kp

Merke: Knoten senken die Bruchlast um bis zu 50 %.

VERANKERUNGEN IM SCHNEE, SCHLAMM ODER ERDREICH

Man verwendet den Erdanker, wenn für die Befestigung eines Seiles kein fester Punkt (Fels, Baum usw.) im Gelände vorhanden ist.
Er eignet sich zum Befestigen von Seilen, Flaschenzügen oder Rollen, zum Bergen von Gerät oder Menschen sowie zum Abseilen. Ebenso ist er hilfreich beim Brückenbau, bei der Gletscher-, Material- und Kfz-Bergung (s. entsprechende Kapitel). Geeignet sind dazu z. B. Ersatzreifen, Skier, Rucksäcke, Kleidungsstücke, Holzbalken usw.

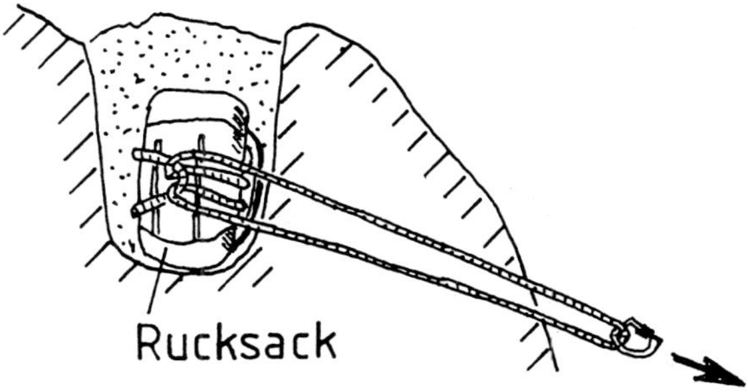

Der dem jeweiligen Belastungsstand entsprechend große Gegenstand wird dabei mit dem befestigten Seil in einem Erd-, Schlamm- oder Schneeloch tief eingegraben. Kommt nun Zug auf das Seil, so gräbt sich dieses zusätzlich, je nach Bodenbeschaffenheit, mehr oder weniger tief in das Erdreich ein (das unter Zug gesetzte Seil versucht immer, eine gerade Linie zu bilden).

20. Bergen

DIE SELBSTBERGUNG (AUF- UND ABSTEIGEN AM SEIL)

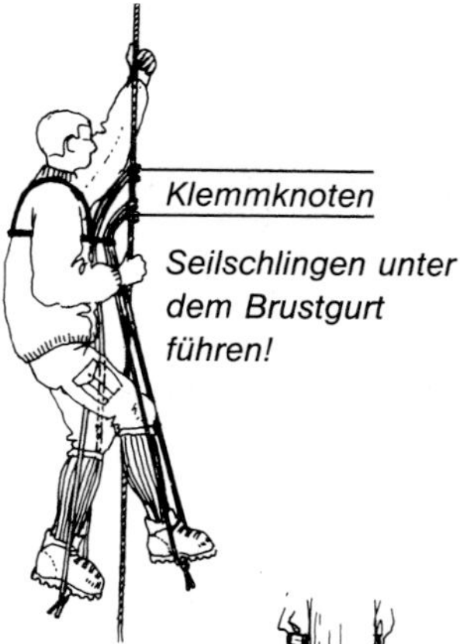

Steigschlinge

Drahtsteighilfe

Mit dieser Knotentechnik gelingt das Auf- und Absteigen nicht nur an normalen Bergseilen, sondern auch an Drahtseilen oder Eisenstangen.

BERGUNG MIT HILFE EINES FLASCHENZUGES

Bei Fehlen von Befestigungsmöglichkeiten im Gelände wird ein möglichst sperriger Gegenstand, an dem ein einfacher oder doppelter Flaschenzug – je nach Gewicht des zu bergenden Objektes – befestigt ist, in einem Erd- oder Schneeloch als Gegenlager vergraben.

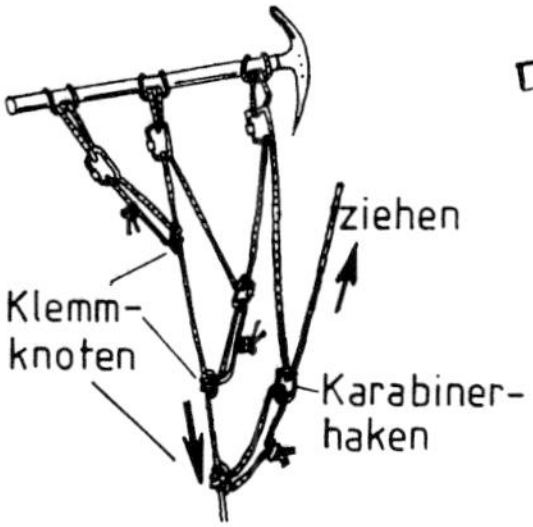

Doppelter Flaschenzug

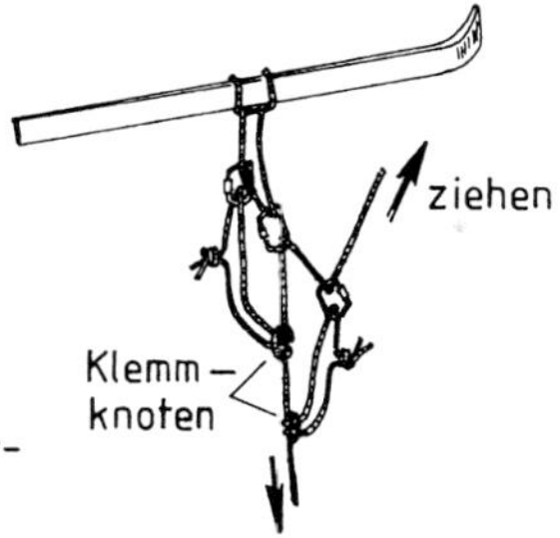

Einfacher Flaschenzug

Diese Art der Bergung eignet sich besonders als Spalten- und Gletscherbergung.

Bergung (z. B. aus einer Gletscherspalte)
Die Möglichkeit der Bergung eines mindestens noch bedingt aktionsfähigen Menschen wird hier am Beispiel einer Gletscherspalten-Bergung erläutert. Diese Rettungsidee kann aber auch an jeder anderen schwer zu ersteigenden Wand (Stolleneinbruch, Haus, Felsen, Schlucht usw.) benutzt werden.

Merke: In den Gletschergebieten immer angeseilt gehen!

Vorgehensweise: Nach Einbruch des Partners in eine Gletscherspalte wird sofort eine Sicherung hergestellt. Dies kann das schnelle Eingraben des Pickels oder das Befestigen des Seils an einem vorhandenen fixen Geländepunkt (Fels, Baum usw.) sein. Dies ist wichtig, um ein evtl. Weiterstürzen zu unterbinden.
Während des Einbruches muss versucht werden, bei möglichst großer eigener Sicherheit den Sturz des Partners zu bremsen.
Der Gestürzte muss dann an diesem nun fixen Seil eine Fußseilschlinge mit einem Klemmknoten befestigen. Diese Seilschlinge muss zwischen Körper und Brustgurt geführt werden, um ein Abkippen des Körpers um den »Drehpunkt Fuß« zu verhindern. Durch dieses Führen der Seilschlinge am Brustgurt wird der Drehpunkt des Körpers in den Körpermittelpunkt verlagert.
Ideal ist, wenn beim Begehen von Gletschergebieten schon vorher eine bis zwei Fußschlingen am Verbindungsseil eingeknotet werden.
Der Seilzweite bindet sich nun aus der Seilverbindung, schafft sich aber sofort eine Selbstsicherung im Gelände. Nun wird am Seil ein Karabiner eingehängt und zum Verunfallten herabgelassen. Dieser befestigt ihn am Brustgurt. Nun wird der Verunglückte durch wechselweises Ziehen von oben und Nachschieben der Fußschlinge langsam nach oben gebracht. Zum Teil ist es schwierig, den Partner über die meist rechtwinklige Kante des Ausstieges zu bekommen.
Ist der Gestürzte verletzt und kann keine Hilfe bei seiner Rettung leisten, muss nach Sicherung des Partners mit

Hilfe eines Flaschenzuges versucht werden, ihn zu bergen. Kommt kein Kontakt vor der Rettung zustande, weil der Verunglückte bewusstlos ist, muss man sich zuerst zu dem Partner abseilen, um ihn ärztlich zu versorgen. Dabei ist wichtig, den eigenen Rückweg zu sichern (Selbstbergung).

SPALTENBERGUNG

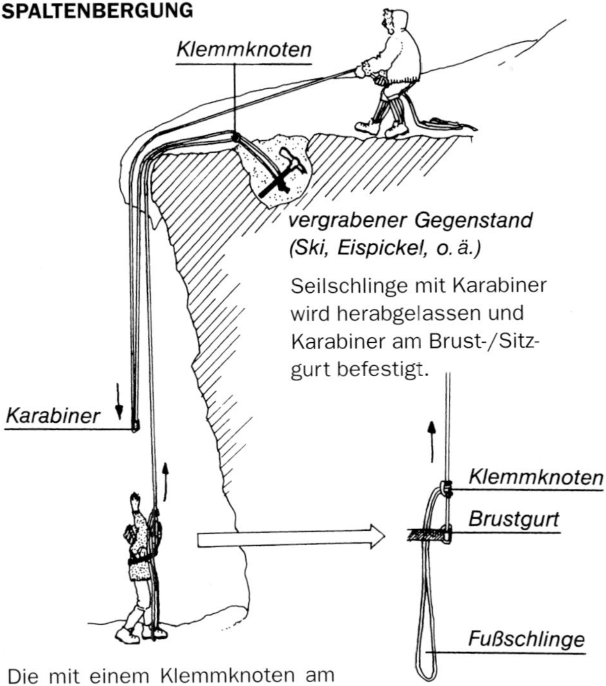

Die mit einem Klemmknoten am Seil befestigte Fußschlinge dient als Sicherung.

21. Hilfsmaßnahmen für draußen

MASSNAHMEN ZUR ABLENKUNG DES TIERES

Pferd will nicht stillhalten (Schmerzen oder Nervosität).

Maßnahmen zur Ablenkung:
- Oberlippe mit einer Hand fest umgreifen und drehen oder ziehen oder
- Einen Strick um die Oberlippe legen und mit Hilfe eines Knebels festdrehen (Vorsicht: Der Strick darf nicht zu dünn sein, um ein Einschneiden zu vermeiden) oder
- Ohr greifen und nach unten ziehen oder
- Das Ohr drehen.

VERHINDERUNG DES AUSSCHLAGENS

- Einen Fuß hochheben lassen oder
- Den Schweif zur Seite oder – noch besser – nach oben biegen (z. B. beim Fiebermessen) oder
- Den Schweif zwischen den Hinterbeinen zur seitlichen Brustwand ziehen und festhalten oder am Hals festbinden.

ÖFFNEN DES MAULS

- In die seitliche Zahnlücke zwischen die Eck- und Backenzähne greifen, die Zunge herausziehen und festhalten oder
- Einen Keil zwischen die obere und untere Zahnreihe schieben.

RUHEWERTE DES PFERDES

Um zu erkennen, ob das Pferd krank ist, muss man die Werte eines gesunden Pferdes (in Ruhe) kennen.

Puls:	28 bis 40 Schläge pro Minute
Atmung:	8 bis 16 Atemzüge pro Minute
Rektaltemperatur:	37,5 bis 38,0° C (bis 38,5° C beim Fohlen)

VERLETZUNGEN

Wundversorgung

- Frische, saubere Wunden nicht berühren, sondern steril verbinden.
- Stark verschmutzte Wunden zuerst mit klarem Wasser, anschließend mit einer desinfizierenden Lösung (siehe Pferdemedikamente) ausspülen.
- Starke Blutungen mit einem Druckverband versorgen; auf keinen Fall abbinden! Beim Pferd sind Blutverluste bis zu 8 l (!) nicht bedrohlich.
- Eine chirurgische Wundversorgung muss innerhalb der ersten 3–4 Stunden erfolgen, da später eine Wundnaht kaum noch möglich ist.

Achtung: Wurde eine Wunde mit Desinfektionsmitteln oder Spray behandelt, kann sie nicht mehr genäht werden.

Wundverband:
Ein Wundverband sollte sich zusammensetzen aus:
1) sterile Wundabdeckung aus nichtfusselndem Material
2) dicke Wattepolsterung, v. a. am Vorderfußwurzel- und Sprunggelenk, da sonst die Haut absterben kann
3) selbstklebender Binde.

Um ein Abrutschen des Verbandes am Pferdebein zu verhindern, muss der Verband von unten nach oben aufgebaut werden.

Bei Verletzungen am Körper können zur Befestigung (Decken-) Gurte, Vorderzeug, Martingal, Schweifriemen oder einfach Klebebänder verwendet werden.

Nageltritt
1) Den Nagel entfernen.
2) Das Loch trichterförmig ausschneiden.
3) Desinfizieren (s. Medikamentenliste, S. 232)
4) Anlegen eines Verbandes (Sackverband).
5) Bei größeren Hufverletzungen, v. a. an der Hufsohle, muss ein Druckverband angelegt werden, da sonst die Gefahr besteht, dass Hufl ederhaut vorfällt.

Hufverband
- Wunde desinfizieren (siehe Medikamentenliste) und mit steriler Gaze abdecken.
- Watte in die Verletzung und die gesamte Sohlenwölbung drücken.
- Den gesamten Fuß bis über die Fesselbeuge mit Watte o. ä. einwickeln, v. a. Kronrand und Fesselbeuge dick polstern.

- Mit Binden festwickeln.
- Falls kein Verbandsmaterial vorhanden ist, einen Sackverband anlegen: Ein Sack wird auf den Boden gelegt, der Pferdehuf darauf gestellt. Dann die Ecken des Sackes hochklappen und mit einer Schnur an der Röhre (Mittelfußknochen; nicht zu fest!) festbinden. Ein Sackverband ist auch ein guter Schutz für einen normalen Verband.

Ballen- oder Kronentritt

Manche Pferde treten sich selbst auf Ballen und Kronränder. Es kann dabei zu Schürfverletzungen kommen.

Behandlung:

- Haare an der Wunde abschneiden.
- Die Wunde auswaschen.
- Abhängende Hautlappen wegschneiden.
- Trockenen Verband anlegen (eine Salbe ist meist nicht nötig).

Huflederhautentzündung

Wandlederhautentzündung (durch Anschlagen) oder Sohlenlederhautentzündung (durch Prellen z. B. auf steinigem Geläuf).

Erkennen:

- Leichte bis starke Stützbeinlahmheit
- Wärme im Bereich der Hornkapsel
- Verstärkte Pulsation der Zehenarterien.

Behandlung:
- Antibiotika
- Kühlen des Hufes
- Leder- oder Kunststoffplatte unter das Eisen legen.

Hufrehe

Die Hufrehe ist eine nicht infektiöse, sehr schmerzhafte und gefährliche Entzündung der Huflederhaut, die meist an beiden Vordergliedmaßen auftritt. Sie hat häufig toxische Ursachen (z. B. Eiweißüberfütterung, Vergiftung), kann aber auch durch Überbelastung auf hartem Geläuf oder durch Schonhaltung hervorgerufen werden.

Erkennen: Klammer Gang; sägebockartige Beinstellung; Trachtenfußung der Vordergliedmaßen; Gewichtsverlagerung auf die Hinterfüße; erhöhte Temperatur im Bereich des Kronrandes und der Zehenwand; Pulsieren der Zehenarterien.

Behandlung:
- Das Pferd stehen lassen.
- Auf weichen Boden stellen.
- Beine kühlen: fließendes Wasser oder Umschläge (nicht heiß werden lassen!).
- Sackverband mit guter Polsterung der Sohle: Das Gewicht des Tieres soll von der gesamten Sohle getragen werden.
- Aderlass: siehe bei »Kreuzverschlag«
- Bei beschlagenen Pferden: Entfernen des Vorderaufzuges und der beiden vordersten Nägel.
- Dünnraspeln der Zehenwand.

Hufabszess, Hufgeschwür

Erkennen:

- Plötzlich auftretende u. U. sehr heftige Stützbeinlahmheit
- verstärkte Pulsation der Zehenarterien
- Schmerzreaktion bei Druck auf die Sohle.

Behandlung:

- Eisen entfernen.
- Huf säubern und im Bereich der weißen Linie und der Eckstreben nach schwarzen Punkten bzw. fauligen Stellen suchen.
- Leicht nachschneiden und mit einem Nagel sondieren bis graue, schwarze oder gelbe Flüssigkeit austritt.
- Anschließend trichterförmig ausschneiden, damit der Abszess leer laufen kann.
- Desinfektion und Verschließen der Öffnung mit einem Druckverband.

Satteldruck

Im Anfangsstadium flache Schwellung in der Sattellage, heiß und schmerzhaft.

Behandlung:

- Kühlen mit kaltem Wasser.
- Anschließend kühlende und schwellungsmindernde Salben (Sportsalben aus der Humanmedizin) auftragen.
- Wenn möglich, das Tier nicht mehr satteln, bis die Schwellung abgeklungen ist; ansonsten polstern, um die Druckstelle zu entlasten.
- Im fortgeschrittenen Stadium (offene Wunde), das Pferd nicht reiten und Wundsalben (Lebertran, Zink) auftragen.

Vorbeugung:

- Guter Sitz des Sattels.
- Vor Beginn des Rittes Vorderbeine einzeln nach vorne herausziehen (Falten unter dem Gurt verstreichen).
- Am Ende des Rittes die letzte Viertelstunde das Pferd bei gelockertem Sattelgurt führen; dies führt zu einer besseren Durchblutung der Sattellage (Massage-Effekt).
- Nach dem Absatteln die Sattellage mit kaltem Wasser reinigen (Säuberung/Massage/Abhärtung).

Einschuss

»Einschuss« ist eine plötzlich auftretende, starke Schwellung der Unterhaut, die durch das Eindringen von Bakterien über kleine Verletzungen bedingt ist.

Erkennen: Ein Bein schwillt plötzlich stark an, die Haut ist teigig und heiß; Fieber (Normaltemperatur: 37,5 bis 38,0° C).

Behandlung:

- Penicillin in den Brustmuskel (zwischen den Vorderbeinen) spritzen
- Angussverband über das gesamte Bein (Aufbau des Verbands: Watte, Mullbinde, aufgeschnittene Plastiktüte, Mullbinde). Kaltes Wasser in die Plastiktüte gießen.

In der Anfangsphase (akute Entzündung) den Verband nie warm werden lassen; ständig Wasser nachgießen.
In der fortgeschrittenen, chronischen Phase (2–3 Tage später) nur noch dreimal täglich angießen. Der Wechsel zwischen kalt und warm (durch körpereigene Aufheizung erwärmt sich der Verband) regt die Durchblutung und den Heilvorgang an.

Verstauchung
Es ist meist keine äußere Verletzung zu sehen. Das Pferd lahmt und eine Sehne bzw. ein Gelenk wird dick und heiß und fühlt sich schwammig an.

Behandlung:
Die entsprechende Stelle kühlen, z. B.
- das Tier in einen Bach stellen,
- mit Wasser übergießen,
- Anfertigung eines Angussverbands (nicht warm werden lassen),
- Auftragen kühlender Gels (Sportsalben).

Druckstellen durch Gebiss
- Das Gebiss länger oder kürzer schnallen.
- Falls möglich, das Tier ohne Gebiss reiten.

AUGENERKRANKUNGEN

Als Ursache können Infektionen, Reizungen durch Staub, Gräser oder Verletzungen durch Äste und Gestrüpp in Frage kommen.
Behandlung:
- Antibiotische Augensalben aus der Humanmedizin verabreichen.

NASENBLUTEN

Nasenbluten kann vielfache Ursachen haben: Risse kleiner Gefäße der Nasenschleimhaut, Schläge oder Tritte an den Kopf, Stürze, Tumoren der Nasen- oder Kieferhöhlen, innere Erkrankungen. Bei Vollblütern häufig auftretend durch kleine Lungenrisse bei extremer Belastung.

Behandlung:

- Bei kleineren Blutungen Pferd in Ruhe lassen, ansonsten keine weitere Behandlung nötig.
- Bei stärkeren Blutungen, Kopf des Pferdes gesenkt halten (evtl. ausbinden), kühlende Umschläge auf Stirn und Nasenrücken.

Merke: Ein Pferd kann je nach Körpergröße bis zu 8 l Blut gefahrlos verlieren.

SCHLUNDVERSTOPFUNG

Bei einer Schlundverstopfung ist ohne Tierarzt keine Hilfe möglich.

Aber: Rasches Erkennen kann für das Pferd lebensrettend sein, da hohe Gefahr für eine Lungenentzündung durch Einatmen von Futter und Speichel besteht.

Anzeichen:

Nach dem Fressen von Äpfeln, Rübenschnitzel u. ä.

- plötzliches Stoppen der Futteraufnahme
- Würgereiz
- Speichelfluss
- Nasenausfluss mit Futterteilchen

KOLIK

Unter Kolik versteht man einen schmerzhaften Zustand im Bauchbereich.

Anzeichen:

- Pferd schlägt mit den Hinterbeinen gegen den Bauch.
- Es frisst nicht.

- Starkes Schwitzen des Tieres.
- Das Pferd wälzt sich am Boden.
- Es liegt und sieht nach hinten.
- Legt man sein Ohr auf die Flanken, sind nur wenig oder keine Darmgeräusche hörbar (normal sind etwa 3 Darmbewegungen innerhalb 2 Minuten – »Knurren«).
- Beschleunigter Puls (normal: 28–40 Schläge in der Minute)

Der Puls ist fühlbar an:

- der Gesichtsarterie am Unterkieferrand dicht vor den »Ganaschen«
- an der Vorhand an der Hauptmittelfußarterie hinter dem inneren Griffelbein
- an der Hinterhand an der Hauptmittelfußarterie dicht vor dem äußeren Griffelbein

Behandlung (nur in leichten Fällen ohne Tierarzt möglich):

- Das Futter entfernen.
- Pferd eindecken, um Erkältungen durch Schwitzen zu vermeiden.
- Das Tier nicht hinlegen lassen, wenn Verletzungsgefahr durch Wälzen besteht (z. B. durch Anschlagen oder heftiges Hinwerfen); ansonsten schadet Wälzen bei leichten Koliken nicht.
- Das Pferd führen, um die Darmbewegung anzuregen und Verletzungen zu vermeiden.

KREUZVERSCHLAG

Akute, sehr schmerzhafte Entzündung der Kruppen- und Rückenmuskulatur nach starker Belastung oder längeren Ruhepausen mit guter Fütterung.

Erkennbar an:

- schwankendem Gang bis zum Umfallen
- plötzlichem Stehenbleiben
- harter und schmerzhafter Rückenmuskulatur
- dunkelbraunem Urin.

Behandlung:

- Pferd sofort für mehrere Stunden stehen lassen.
- Eindecken
- Viel Wasser trinken lassen (evtl. süßen, dann schmeckt es dem Tier besser).
- Ein Schmerzmittel spritzen, falls vorhanden (ca. 12-fache Erwachsenen-Dosis).
- Aderlass:
  1) Mit dem linken Daumen die linke Halsvene stauen (befindet sich in der Rinne seitlich am Hals).
  2) Eine dicke Kanüle kopfwärts einstechen.
  3) Mindestens 7–10 l Blut herauslaufen lassen (dies bewirkt eine Blutverdünnung und somit auch eine Verdünnung der Giftstoffe, die sich durch Muskelschaden im Blut befinden).

SCHLAUCHÖDEM

Das Anschwellen des Schlauches (Vorhaut) beim Hengst oder Wallach ist durch die Verstopfung kleiner Blutgefäße bedingt. Außer der Schwellung des Schlauches fühlt sich die Haut kalt und teigig an.

Behandlung:

- Schlauch kalt abspritzen.
- Vorsichtige, aber ständige Bewegung des Tieres.

NESSELSUCHT

Beetartige bis knotige Erhebungen in der Haut des gesamten Körpers; kein Juckreiz. Ursachen können Insektenstiche, Pilzbefall des Futters oder Staubeinatmung über das Futter sein.
Behandlung:
- Das Pferd (den gesamten Körper) mit Wasser übergießen.
- Bei einzelnen Stichen mit nachfolgender Schwellung hilft das Auftragen von zusammenziehenden Mitteln (z. B. Zink-Lotion, kalter schwarzer Tee, Essigwasser).

HITZSCHLAG

Kann sich bei harter Arbeit und gleichzeitiger starker Sonneneinstrahlung einstellen.
Erkennen:
- Benommenheit, unsicherer Gang, Taumeln
- hohes Fieber (über 40° C) *ohne* Schweißausbruch
- Im Extremfall kann das Pferd flach auf dem Boden liegen.

Behandlung:
- Das Pferd in den Schatten bringen.
- Das Pferd mit kaltem Wasser übergießen oder feuchte Tücher oder zur Not feuchte Erde auflegen. V. a. den Kopf kühlen: ein feuchtes Tuch zwischen die Ohren legen.
- Wenn das Pferd einen ansprechbaren Eindruck macht, lauwarmes Wasser in kleinen Portionen zu trinken anbieten.

AUSTROCKNUNG (EXSIKKOSE)

Zur Austrocknung kann es kommen durch Überanstrengung, länger anhaltende Durchfälle oder einfach durch zu geringe Flüssigkeitsaufnahme in fremder Umgebung oder aus ungewohnten Tränkestellen (manche Pferde sind es nicht gewöhnt aus Flüssen oder Bächen zu trinken!).

Erkennen:

- Außergewöhnlich langsame Erholung nach Belastung und Schwitzen: Das Pferd ist müde, schwach und leistungsunwillig.
- schwankender Gang
- deutliche Temperaturerhöhung
- erhöhter Puls (bis 240 Schläge pro Minute)
- Zieht man eine Hautfalte im Hals- oder Schulterbereich hoch, so muss diese nach dem Loslassen sofort wieder verstreichen. Bleibt sie bestehen, ist das Pferd ausgetrocknet.
- Mit Daumen und Zeigefinger die Unterlippe zusammendrücken, so dass ein blasser Fleck entsteht. Der Fleck muss nach max. 2 Sekunden wieder verschwunden sein. Bleibt er länger bestehen, liegt bereits eine deutliche Kreislaufschwäche vor.

Behandlung:

- Absitzen und das Pferd in den Schatten führen.
- Alle 5 Minuten kleinere Mengen Wasser (2–3 l) geben.
- Das Pferd mit kaltem Wasser übergießen.
- Gras anbieten (enthält viel Flüssigkeit und Mineralstoffe).
- Wenn das Pferd trotz starker Austrocknung nicht saufen will, hilft nur noch eine Tropfinfusion!

GIFTPFLANZEN

Es gibt zahlreiche Pflanzen, die für Pferde giftig sind. Viele Pferde meiden diese instinktiv, doch kann es gelegentlich zur Aufnahme dieser kommen (z. B. bei starkem Hunger).

Einige der in Deutschland vorkommenden Giftpflanzen werden daher hier aufgezählt. Von ihnen sollten Pferde in jedem Fall ferngehalten werden.

- Adlerfarn
- Adonisröschen
- Bingelkraut
- Buchsbaum
- Christrose (= Schwarze Nieswurz)
- Eibe
- Eisenhut
- Feuerbohne
- Goldregen
- Hahnenfuß
- Heckenkirsche
- Herbstzeitlose
- Liguster
- Maiglöckchen
- Oleander
- Osterluzei
- Robinie
- gefleckter Schierling
- Schöllkraut
- Gemeiner Seidelbast
- Spindelbaum (= Pfaffenhütchen)
- Sumpfschachtelhalm
- Tollkirsche
- Thuja (= Lebensbaum)
- Zypressenwolfsmilch

STECKEN BLEIBEN BZW. EINBRECHEN

Das Pferd versinkt im Sumpf, rutscht in einen Graben oder ein Loch oder bricht im Eis ein.

Maßnahmen:

- Ist das Pferd in einen befestigten Graben o. ä. gestürzt, hilft meist nur noch technische Hilfe. Eigene Hilfsversuche sind zwecklos. Man sollte lediglich versuchen, das Tier zu beruhigen bis Unterstützung kommt.
- Steckt das Pferd im Sumpf o. ä. fest, auf keinen Fall versuchen das Pferd am Halfter oder Zügel herauszuziehen. Ist das Pferd richtig versackt, ist dies sinnlos. Ist es nur gering versackt, kann es plötzlich herausspringen und den Reiter dabei überrennen.

- Besser ist es, das Pferd zunächst zu beruhigen, um es dann mit einem kräftigen Schlag auf die Hinterhand dazu zu bringen, alle Kräfte zu mobilisieren, um eine Befreiung aus eigener Kraft doch noch zu schaffen.
- Kann das Pferd sich nicht alleine befreien und ist keine Hilfe in Sicht, zunächst den Sattel und das Gepäck entfernen. Im Sumpf muss auch der Sattel meist erst ausgegraben werden. Anschließend versuchen, nach vorne einen Ausstieg zu graben oder das Loch vorne auszufüllen.

Merke: Will man ein Gebiet durchqueren, das einen sumpfigen Eindruck macht, zunächst das Pferd anbinden und zu Fuß einen Weg suchen. Sinkt der Mensch vermehrt ein, ist bei einem Pferd höchste Vorsicht geboten.

PFERDEMEDIKAMENTE

Wundsalben: Zink- oder Lebertransalben
Augenmedikamente: siehe Kapitel 7
Desinfektionsmittel: Bei Hufverletzungen helfen jodhaltige Präparate, z. B. Betaisodona, Braunol oder 0,1%-ige Kaliumpermanganatlösung (Vorsicht mit Kupfervitriol, da schwere Lederhautverätzungen entstehen!).
Hautverletzungen: Hier kann z. B. Seifenlauge, Ballistol oder Kaliumpermanganatlösung zum Einsatz kommen; bei Hautabschürfungen ein landesübliches Desinfektionsspray.
Antibiotika: Ein Antibiotikum kann wegen der zu verabreichenden hohen Dosis nur gespritzt werden (1 Mega = 1 Million internationale Einheiten – bei Kleinpferden, 2 Mega bei Großpferden). Gespritzt wird i. d. Regel 1-mal täglich (von Wirkungsdauer des Antibiotikums abhängig) mindestens 3 Tage lang.

Impfungen: Eine Tetanusimpfung ist wichtig, da Pferde gegen Wundstarrkrampf äußerst empfindlich sind; ebenso empfiehlt sich eine Tollwutimpfung in gefährdeten Gebieten.

HUFBESCHLAGKONTROLLE

Die Eisenkontrolle sollte generell vor dem Abritt und bei der Ankunft vorgenommen werden. Folgende Punkte sind zu kontrollieren:

- Die Eisen dürfen – wenn man an den Schenkelenden zieht – kein Spiel aufweisen; ansonsten Nägel nachziehen, evtl. ersetzen.
- Hufeisen dürfen nicht vom Horn überwachsen sein: Bei deutlich überwachsenem Horn neu beschlagen.
- Sind die Eisen im Zehenbereich zu stark abgelaufen, riskiert man eine Bruchgefahr; in diesem Fall: neuer Beschlag.
- Die Nagelnieten (Teil des Hufnagels, der durch die seitliche Hufwand kommt) müssen alle vorhanden sein und flach an der Hufwand anliegen. Ansonsten die entsprechende(n) Nagelniete(n) mit Zange und Hammer neu anziehen.

Merke: Nagelniete nie an die Hufwand klopfen ohne vorher anzuziehen; sonst wird der Kopf gelockert, und es besteht die Gefahr des Abreißens!

- Alle Nagelköpfe müssen im Eisen vorhanden sein; nachnageln, wenn ein Nagel fehlt. Ist ein Nagelkopf abgerissen, klopft man den verbleibenden Rest mit einem zweiten Nagel von der Wand in Richtung Sohle; vorsichtig so weit herausklopfen, bis er mit der Zange gezogen werden kann.

ERSETZEN EINES NAGELS

1) Nagelniet öffnen (muss mindestens rechtwinklig zur Hufwand stehen).
2) Den Nagel zurückklopfen in Richtung Sohle.
3) Nagelkopf packen und herausziehen.
4) Den neuen Nagel in den alten Nagelkanal einführen und einschlagen. Ist das Hufeisen bereits stärker abgelaufen, steht der neue Nagel stark hervor, womit wieder die Gefahr des Lockerns oder des Abreißens gegeben ist. Dann entweder: Den Nagelkopf flacher feilen oder »Kuhnägel« (flacherer Kopf) benutzen.
5) Die aus der Hufwand herausragende Spitze Richtung Hufeisen/Hufwand umlegen.
6) Spitze etwa 2–4 mm vor der Hufwand abkneifen.
7) Den Nagel mit Zange und Hammer beiziehen und anklopfen.

VERLUST EINES HUFEISENS

Auf keinen Fall sollte auch das zweite Eisen entfernt, sondern vielmehr ein Ersatzeisen mitgeführt werden.

Vorgehen:
- Das losgerissene Eisen zunächst vollständig entfernen.
- Die noch im Huf steckenden Nägel herausziehen.
- Ersatzeisen aus Kunststoff aufnageln: Es gibt mittlerweile zahlreiche Alternativprodukte verschiedener Hersteller. Es ist dabei kein Aufrichten erforderlich. Das Eisen wird einfach aufgenagelt. Überstehendes Material kann weggeraspelt oder -geschnitten werden. Der Vorteil des Kunststoffeisens

ist das geringe Gewicht (wichtig für das Mitführen im Gepäck).

- Hufschuhe: Für diejenigen, die sich das Nageln nicht zutrauen, besteht die Möglichkeit, sich einen passenden Hufschuh zu kaufen (z. B. Swiss Boot), der dann einfach angezogen wird.
- Neues Metalleisen aufnageln: Vor dem Ritt sich vom Hufschmied ein passendes Vorder- und Hintereisen vorrichten lassen, das dann mit wenigen Veränderungen aufgenagelt werden kann.
- *Vorsicht:* Erfahrung und handwerkliches Geschick sind dringend erforderlich! Daher vor der Tour sich durch den Hufschmied einweisen lassen und selbst üben.

TIPPS ZUR HUFARBEIT

- Hufnägel sind an der Spitze asymmetrisch geformt, *die abgeschrägte Seite* muss beim Einschlagen zur Huf*innen*seite zeigen.
- Die Ersatznägel sollten eine Nummer stärker im Durchmesser sein als die alten Nägel. Somit erhält man einen stärkeren Sitz im alten Nagelkanal.

22. Soforthilfe bei Krankheiten und Verletzungen

ALLGEMEINES

Die Versorgung bei Verletzungen oder Krankheiten bei Hund und Mensch ist weitgehend gleich. Daher zu jedem Fall erst das entsprechende Kapitel für die Behandlung von Menschen nachlesen. Die nachfolgenden Behandlungsvorschläge und Tipps stellen die Abweichungen und Ergänzungen dar.

VERHINDERN DES BEISSENS

Situation: Der Hund beißt um sich und lässt sich nicht anfassen.

Maßnahmen:

- Anleinen oder – falls nicht möglich – eine Schlinge um den Hals werfen.
- Extrem kurz anbinden, z. B. an einen Baum; der Kopf und der Hals müssen gegen den Stamm gedrückt sein.
- Eine Schlinge ums Maul ziehen, zuziehen, die Bandenden unter dem Unterkiefer kreuzen und anschließend hinter den Ohren verknoten.

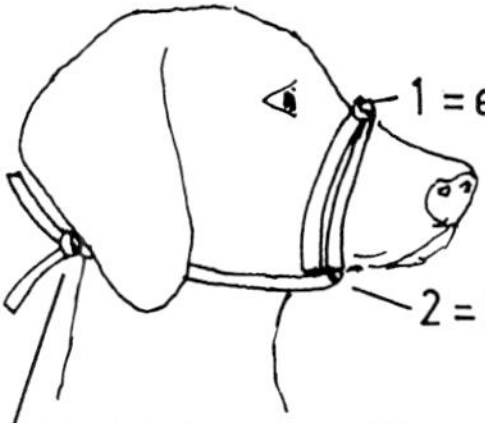

- Bei einer nur dünnen Schnur/Band und/oder extrem bissigen Hund das Band mindestens 2-mal um die Schnauze wickeln.
- Bei kurznasigen Hunden (z. B. Boxer) wird die Schlinge weit hinten auf dem Nasenrücken angelegt (über dem knöchernen Nasenrücken), da sonst Erstickungsgefahr besteht.

Merke: Auch der bravste Hund beißt, wenn er Schmerzen hat. Daher dem Tier vor dem Anfassen oder Hochheben immer erst die Schnauze zubinden!

SCHOCKBEHANDLUNG

Schock ist an der Blässe der Schleimhäute (Zunge, Zahnfleisch, Bindehaut) zu erkennen; das Tier hat kühle Beine und eine oberflächliche, schnelle Atmung. Schneller Puls (160 Schläge/min. und mehr) sowie Pupillenerweiterung.

Behandlung:
- Das Tier in Seitenlage bringen.
- Die Zunge seitlich herausziehen.
- Blutungen so schnell wie möglich zum Stillstand bringen.
- Wärmezufuhr (eindecken).

NORMALWERTE BEIM HUND

Um erkennen zu können, ob ein Hund krank ist, muss man seine Normalwerte (in Ruhe) kennen.

Puls:	80–120 Schläge pro Minute (je nach Rasse und Größe; der Puls ist bei kleinen Hunden schneller)
Atmung:	15–30 Atemzüge pro Minute
Rektaltemperatur:	37,5–39° C (Welpe bis 39,5° C)

PULSMESSEN

Wir am einfachsten an der Arterie vorgenommen, die an der Innenseite des Oberschenkels verläuft:

- Mit der rechten Hand von vorne an die Oberschenkelinnenseite greifen.
- Der Daumen bleibt außen liegen, Zeige-, Mittel- und Ringfinger werden mit leichtem Druck auf das Gefäß gedrückt.
- Eine Viertelminute zählen und mit 4 multiplizieren.

Merke: Eine Unregelmäßigkeit im Rhythmus der Atmung ist beim Hund normal!

WUNDVERSORGUNG

Zunächst immer versuchen, einen Druckverband anzubringen: Gaze oder ein sauberes Tuch auf die Wunde drücken und festhalten, bis die Blutung steht oder zumindest nachlässt; anschließend festkleben oder festbinden.

NÄHEN VON WUNDEN

Zum Nähen von Wunden sollte man:

- Eine sogenannte »rückläufige« oder »U-Naht« verwenden; dadurch erhält man eine gute Kammbildung: breite, rasche und solide Vereinigung der Wundränder.
- Die Fadenenden mit zweifachen Knoten verknüpfen, wobei die erste Schlinge doppelt gelegt wird.

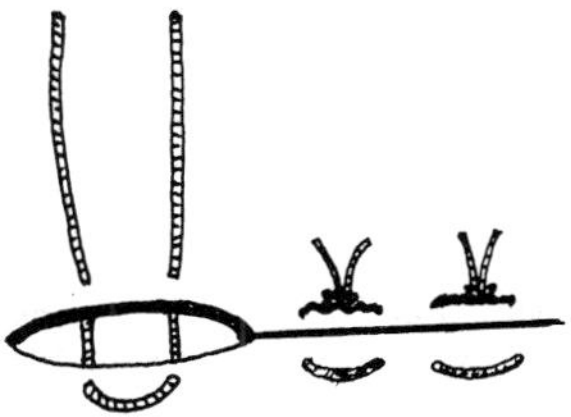

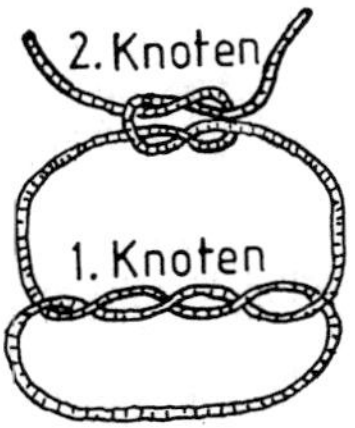

- Infizierte Wunden (Bissverletzungen) an der tiefsten Stelle offen lassen.
- Bei Ansammlung von Wundwasser unter der Haut 1 bis 2 Fäden an der tiefsten Stelle ziehen, mit einem Löffelstiel die Wundränder wieder öffnen und das Sekret abfließen lassen; die Wunde einige Tage offen halten. Eine Vereinigung der Wundränder unter Zuhilfenahme von Klebeband ist nur dann möglich, wenn keine Spannung vorhanden ist.
- Fäden nach 10 Tagen ziehen; bei Wunden am Rücken, Nacken, der seitlichen Brustwand oder wenn starke Spannung besteht, besser erst nach 14 Tagen.

OHRVERLETZUNGEN

- Verbandsmaterial auf beide Ohrseiten legen.
- Festdrücken, bis die Blutung zum Stillstand gekommen ist.
- Das Ohr nach oben klappen und auf den Kopf legen.
- Anfertigung eines Kopf- und Halsverbandes.

BRUST- UND BAUCHVERLETZUNGEN

- Gaze oder Tuch auf die Wunde legen.
- Binde um den gesamten Rumpf wickeln.
- Bei Wunden im Brustbereich, bei denen Atmungsgeräusche zu hören sind oder Schaum austritt: Die Wunde durch einen festen Druckverband möglichst *luftdicht* abschließen. Mehrere Tage absolute Ruhigstellung des Tieres.

WUNDEN AN DEN LÄUFEN (BEINEN)

- Anlegen eines Druckverbands.
- Bei unstillbaren Blutungen Anwendung einer Aderpresse.

Aderpresse

1) Einige Zentimeter über der Wunde einen Stoffstreifen mit Hilfe eines Knebels festzurren (nur so fest drehen, dass die Blutung gerade steht).
2) Den Knebel mit einem Verband fixieren oder festhalten.
3) Alle 15 Minuten für einige Minuten lockern, sonst besteht die Gefahr des Absterbens der Gliedmaße und somit der Amputation.
4) Nach Stillstand der Blutung Anlegen eines Druckverbands.

VERLETZUNGEN AN DEN PFOTEN

- Die Pfote nach einem Fremdkörper (Dorn, Nagel, Scherbe) absuchen.
- Fremdkörper entfernen.
- Verband anlegen (wenn ein Verband längere Zeit an der Pfote bleiben soll, sind die Zehen abzupolstern: Watte oder weiches Material in die Zwischenräume der Zehen stopfen, da sonst die Gefahr von Druckstellen gegeben ist). Zum besseren Halt des Verbands kann dieser mit einem Klebeband am Fell festgeklebt werden.

KRALLENBRUCH

- Das lose Stück mit einem scharfen Ruck abreißen.
- Anschließend verbinden.

Merke: Krallen- und Ballenverletzungen bluten meist sehr stark; daher Druckverband anlegen.

BISSVERLETZUNGEN

Bissverletzungen sind stets als infiziert anzusehen. Vor allem bei größeren Wunden ist häufig Nähen erforderlich.
Reinigung: wie in Humanmedizin, s. Kap. 7.
Nähen: s. »Nähen von Wunden«, S. 239.

Merke: Die Wunde immer am tiefsten Punkt für einige Tage offen halten; bei vorzeitigem Verkleben der Wundränder die Wunde 2-mal täglich mit einem Löffelstiel unten erneut öffnen, damit das sich bildende Sekret abfließen kann.

Forts.: Wenn möglich, einige Tage Antibiotika verabreichen. Im Gegensatz zum Pferd ist beim Hund die Tetanus-Gefahr sehr gering, eine vorbeugende Impfung ist daher unnötig.

ANFERTIGUNG EINER HALSKRAUSE

Versucht der Hund einen Verband mit den Zähnen abzureißen, geht man wie folgt vor:

- Plastikeimer o. ä. nehmen und den Boden herausschneiden.
- Schnüre als Schlaufen durch den bodennahen Rand ziehen.
- Das Halsband durch die Schlaufen ziehen; den Eimer je nach Kopfform des Tieres kürzen, damit es fressen und trinken kann.
- Bauch- und Rückenwunden können geschützt werden, indem man dem Hund ein T-Shirt anzieht: Kopf und Vorderbeine durch Hals- bzw. Armausschnitte stecken; für die Hinterbeine zwei Löcher ins untere Ende des Hemdes schneiden.

KNOCHENBRÜCHE

Offener Bruch: wie in Humanmedizin, s. Kap. 7.
Beinbrüche müssen geschient werden, Vorgehen ebenfalls wie in der Humanmedizin.
Bei *Rippenbrüchen* ist häufig eine Ruhestellung des Hundes ausreichend.
Wirbelsäulen- oder Beckenverletzungen: Das Tier ist bewegungsunfähig, also:

- Den Hund auf ein Brett oder ähnliche harte Fläche legen.
- Tier mit Stoffstreifen festbinden.
- Hund so gut wie möglich ruhigstellen.

Merke: Diese Behandlung ist für das Tier äußerst schmerzhaft. Deshalb dem Hund vorher das Maul zubinden!

KÜNSTLICHE BEATMUNG

1) Die Nasengänge freimachen, evtl. durch Ausschütteln.
2) Den Hund in die Seitenlage bringen.
3) Alle 3 Sekunden Luft in die Nasenlöcher blasen, bis sich der Brustkorb des Tieres wieder von allein bewegt.
4) Puls- und Atemkontrolle weiterhin durchführen. Zum eigenen Schutz sollte man ein dünnes Tuch zwischen die Hundenase und den eigenen Mund legen.

HERZMASSAGE BEI KREISLAUFSTILLSTAND

1) Den Hund in die Rückenlage bringen.
2) Vom Kopf ausgehend den Brustkorb rhythmisch zusammenpressen.
3) 2 Sekunden pressen, 1 Sekunde lockern.
4) Alle 30 Sekunden Atemspende.
5) Herzschlag prüfen durch linksseitiges Hand- oder Ohrauflegen.
6) Wenn der Spontanherzschlag einsetzt, das Tier weiter beatmen, bis es auch zur Spontanatmung kommt.

Merke: Der Herzschlag ist beim Hund von Natur aus unregelmäßig, da er *atmungsgekoppelt* ist.

Magendrehung

Zu Erkennen am stark aufgetriebenen Bauch und schneller Hinfälligkeit. Ohne tierärztliche Hilfe tritt der Tod innerhalb von Stunden ein.

Ursache: Starke Bewegung direkt nach der Futteraufnahme. Also Vorbeugen! Eine Ruhephase für das Tier nach der Fütterung einplanen sowie generell 2-mal täglich füttern.

Große Hunde sind wesentlich stärker gefährdet.

Drohender Erstickungstod durch Fremdkörper

Anzeichen:

- Husten oder Röcheln
- Atemnot
- Hund versucht, mit der Pfote ins Maul zu gelangen.

Behandlung:

- Dem Tier tief ins Maul greifen und versuchen, den Fremdkörper zu entfernen.
- Den Hund an den Hinterbeinen hochheben und schütteln und/oder den Hals kopfwärts massieren.

Erbrechen und Durchfall

- Den Hund 24 Stunden hungern lassen.
- Schwarzen Tee oder Kamillentee mit einer Prise Salz (mindestens 1 Teelöffel pro Liter) anbieten.
- Da eine ausreichende Flüssigkeitszufuhr sehr wichtig ist, bei Bedarf zwangsweise mit einem Löffel einflößen (Mindestbedarf 40 ml pro kg Körpergewicht täglich, bei Austrocknung bis 100 ml pro kg).

- Ab dem 2. Tag kleine Portionen gesalzenen Hafer- oder Reisschleim füttern; auch Sauermilchprodukte, geriebene Äpfel oder Möhren sind möglich.
- Tritt eine Besserung des Zustands ein, ab dem 3. oder 4. Tag kleine Mengen mageres, gekochtes Fleisch (Rind, Huhn oder Fisch) zusetzen. Gut bewährt hat sich die Beigabe von Fleischbrühe aus Brühwürfeln, da sie schmackhaft und salzhaltig sind.
- In schweren Fällen zusätzlich Magen-/Darm-Medikamente verabreichen (wie in Humanmedizin, s. Kap. 7).

Fremdkörper im Darm (Darmverschluss)
Erkennbar an Erbrechen – auch nach Flüssigkeitsaufnahme; kein Kotabsatz.

Behandlung:
In *schweren* Fällen, d. h. bei Darmverschluss, tritt der Tod ohne tierärztliche Behandlung innerhalb von wenigen Tagen ein. In *leichteren* Fällen – wenn der Fremdkörper noch nicht festsitzt – Sauerkraut füttern (kleinere Fremdkörper werden umhüllt, weitertransportiert und ausgeschieden).

Verstopfung
- Löffelweise Öl eingeben
- Abführende Nahrungsmittel reichen (Milch, rohe Leber).

ZAHNERKRANKUNGEN

Hunde sind relativ unempfindlich für Zahnschmerzen. Sieht man allerdings eine *Umfangsvermehrung* unter dem Auge, kann man häufig auf einen Abszess schließen, der von den Zahnwurzeln der Backenzähne ausgeht.

Behandlung:

- Mit einer großen Kanüle oder noch besser mit dem Messer öffnen, Eiter abfließen lassen.
- Die Wunde einige Tage offen halten (durch Auswaschen oder wiederholtes Öffnen).
- Zahnziehen ohne Narkose ist nur bei den vorderen Zähnen möglich, da sie nur eine Wurzel besitzen (auch die aber müssen zu diesem Zeitpunkt schon locker sein), oder bei sehr starker Lockerung der Backenzähne, die extrem starke Wurzeln aufweisen.

AUGENERKRANKUNGEN

- Bei Reizungen der Bindehaut durch Staub o. ä. das Auge vorsichtig mit lauwarmem Wasser oder Kamillentee auswaschen, um reizende Teilchen zu entfernen.
- Kontrollieren, ob sich Fremdkörper (Gras-, Getreidespelzen, Baumnadeln o. ä.) im Auge befinden; ggf. entfernen. Fremdkörper spießen sich oft unter dem Ober- oder Unterlid oder unter dem 3. Augenlid (Nickhaut) ein. Das 3. Augenlid ist normalerweise nur im Augeninnenwinkel als kleines Dreieck sichtbar. Wenn es bei geöffnetem Auge weiter vorgefallen ist, ist dies ein Anzeichen für eine Erkrankung des Auges *oder* des gesamten Hundes (Binde- oder Hornhautentzündung, Nerven- oder Gehirnerkrankungen, Muskelentzündungen, Austrocknung, starke Verwurmung und andere Krankheiten).
- Bei Absonderung eines gelben (eitrigen) Sekrets wird antibiotische Augensalbe verabreicht.

Cortisonhaltige Augensalben können bei starkem Juckreiz am Auge sehr sinnvoll sein (allergische Entzündungen), dürfen aber nur dann verwendet werden, wenn mit Sicherheit keine Hornhautverletzung vorliegt.

Merke: Unbedingt verhindern, dass sich der Hund am Auge kratzt und sich dadurch weitere Verletzungen zuzieht. Eine Halskrause anlegen oder Pfoten (Krallen) umwickeln (Strumpf überziehen oder Verband anlegen und festkleben).

ERTRINKEN

- Nach der Bergung den Hund an den Hinterbeinen hochheben und kräftig schütteln, damit das Wasser aus der Lunge fließen kann.
- Je nach Zustand des Tieres künstlich beatmen oder mit einer Herzmassage beginnen.

ERFRIERUNGEN

Beim Hund sehr selten, am ehesten sind die Ohren oder die Rute (Schwanz) betroffen; *Behandlung* wie in Humanmedizin, s. Kap. 7.

UNTERKÜHLUNG

Die Normaltemperatur eines Hundes beträgt – im After gemessen – zwischen 38° und 39° C. Bei einem Absinken unter 32° C besteht die Gefahr des Kältetodes. Sofort einwickeln in warme Kleidung oder das Tier mit dem eigenen Körper (z. B. im Schlafsack) wärmen. Ansonsten wie in Humanmedizin, s. Kap. 7.

HITZSCHLAG

Ab einer Körpertemperatur von 41,5° C ist ein Gehirnschaden mit Todesfolge möglich. Ein Hitzschlag ist erkennbar an:

- unsicherem Gang des Tieres
- Schwanken
- Bewusstlosigkeit.

Behandlung:

- Zuerst die Läufe, *dann* Kopf und Körper kühlen.
- Den Hund abspritzen.
- Wenn kein Wasser vorhanden ist, das Tier in den Schatten legen und Luft zufächeln.

ZECKEN

- Den Zeckenkörper mit den Fingernägeln oder einer Pinzette erfassen und herausdrehen.
- Reißt der Zeckenkopf beim Entfernen ab und verbleibt somit in der Haut, abwarten, ob sich eine Entzündung bildet; meist wird der Zeckenrest von der Haut eingekapselt.
- Bildet sich eine kreisförmige Rötung um die Bissstelle, besteht Borrelioseverdacht. Penicillin geben (Erwachsenendosis für einen großen Hund).

Merke: Zecken können auch auf den Hund eine Reihe von Krankheiten übertragen. Daher empfiehlt sich in jedem Fall eine Zeckenprophylaxe mit Spot-on-Präparaten, Sprays oder Halsbändern. Gegen Borreliose gibt es eine vorbeugende Impfung. Falls keine Prophylaxe getroffen wurde, den Hund jeden Abend auf Zecken absuchen und diese ggf. wie oben angegeben entfernen.

INSEKTENSTICHE

Bienen-, Wespen- und andere Insektenstiche werden vom Hund meist besser als vom Menschen vertragen. Bei einer Schwellung empfiehlt sich Kühlung. Gefahr besteht dagegen dann, wenn das Tier eine Biene oder Wespe frisst, da durch einen Stich des Insekts ein Zuschwellen des Halses möglich ist (Erstickungstod!). Die Zunge des Hundes herausziehen, kühlende Umschläge machen.

SCHLANGENBISSE

Schlangenbisse bewirken:

- ein Anschwellen der Bissstelle (bei Vipern und Grubenottern)
- Erbrechen des Hundes (bei Giftnattern)
- Atembeschwerden
- Krämpfe und/oder Lähmungen.

Behandlung: wie in Humanmedizin, s. Kap. 7.

> **Merke:** Bei Bissen von Giftnattern treten an der Bissstelle selbst nur selten Veränderungen auf!

MEDIKAMENTENTIPPS

Viele Medikamente, die für den Menschen bestimmt sind, können auch für den Hund verwendet werden. *Aber:* Der Hund benötigt im Verhältnis zu seinem Körpergewicht *eine höhere Dosis als der Mensch.*

23. Hilfe für Offroader

GRUNDREGELN DES GELÄNDEFAHRENS

1) Geschwindigkeit und Fahrstil immer dem Gelände anpassen.
2) Rechtzeitig, also vor auftretenden Schwierigkeiten Allradantrieb und Reduzierung einschalten.
3) Kuppen und unübersichtliche Steigungen langsam überfahren: Man weiß nie, was dahinter ist.
4) In sehr schwierigem Gelände vorher aussteigen und die kritischen Stellen genau anschauen.
5) Versuchen, den Geländewagen immer in Bewegung zu halten. Oft schafft man eine schwierige Stelle nur mit Schwung. Allerdings können bei solchen Aktionen auch Schäden am Fahrzeug auftreten.
6) Das Fahren in Spurrillen vermeiden. Werden sie zu tief, kann das Fahrzeug aufsetzen.
7) Immer versuchen, in der Drehzahl des optimalen Drehmomentverlaufs des Motors zu fahren, d. h. viel Kraft, aber keine durchdrehenden Räder.
8) Gräben, Baumstämme, Felsen u. ä. immer diagonal überfahren.
9) Im Expeditionsbereich sollte man immer mit zwei oder mehr Fahrzeugen unterwegs sein. So kann man sich bei Defekten und in schwierigen Passagen besser helfen.

10) Wenn an einem Steilhang, bedingt durch durchdrehende Räder oder weil der falsche Gang eingelegt war und der Motor ausgeht, das Fahrzeug nicht weiterkommt, muss blitzschnell der Rückwärtsgang eingelegt werden, da das Auto sofort ins Rutschen geraten kann. Möglichst nicht bremsen! Sollte dies nicht zu vermeiden sein, darauf achten, dass die Räder nicht blockieren, da der Wagen ansonsten ebenfalls unkontrolliert nach unten wegrutschen kann. In der Falllinie rückwärts fahren.
11) Bleibt der Wagen stecken:
    a) Versuchen, gleich wieder mit wenig Drehzahl rückwärts heraus zu fahren.
    b) Beifahrer aussteigen lassen; evtl. auch schweres Gepäck ausladen, da der Wagen so mehr Bodenfreiheit bekommt.
    c) Sitzt der Wagen auf einem Stein oder Holzstück auf, versuchen dieses zu beseitigen.
    d) Versuchen, den Wagen durch wechselweises Einlegen von Vor- und Rückwärtsgang »frei zu schaukeln«.
    e) Rechtzeitig aufhören, wenn der Wagen sich einzugraben droht.

AUSRÜSTUNG

1) **Winde**. Sie sollte dem Fahrzeuggewicht und dem Einsatzzweck angepasst sein. Je nach Fahrzeugtyp sind verschiedene Modelle lieferbar: elektrische, hydraulische oder mechanische (über eine separate Kardanwelle).

Frontseilwinden sind fast optimal. Sie haben lediglich den Nachteil, dass das Fahrzeug nicht zurückgezogen werden kann. Dieses Problem ist jedoch mit etwas Aufwand zu lösen:

- Winde demontieren und am Heck (z. B. an der Anhängerkupplung) provisorisch mit einer Kette o. ä. befestigen.
- Eine Kabelverbindung nach vorne improvisieren, z. B. Kabelverlängerung über ein Startkabel möglich.
- In manchen Fällen ist es auch möglich, das Fahrzeug über die Seite um 180° zu drehen.

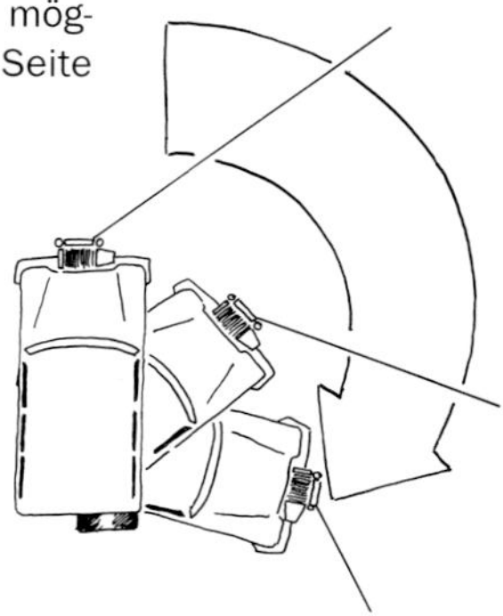

Portable Winde. Sie kann im Innenraum mitgeführt werden und über ein vom Autor entwickeltes *Multimount-System* je nach Bedarf im Heck- oder Frontbereich eingesteckt werden.

2) **Umlenkrolle**. Es sollten mindesten zwei mitgeführt werden, um die Winde zu entlasten oder die Kraft zu vergrößern (Flaschenzugbau). Ideal sind Klapprollen.
3) **Schäkel**. Zum Verbinden von Bergegurten, Seilen und Rollen.
4) **Hi-Jack-Wagenheber**. Gibt es in 1,20-m- und 1,50-m-Ausführung. Sehr robuster und vielseitig verwendbarer Wagenheber (auch als Notwinde einsetzbar). Man sollte vorher die Ansatzpunkte am Fahrzeug klären. Falls das Fahrzeug dort nicht stabil genug ist, Verstärkungen anbringen.
5) **Bergegurte**. Gut zu verstauen, stabil (bis zu 20 t je nach Modell) und vielseitig verwendbar. Durch ihre breite Aufla-

gefläche verhindern sie wirksam Schäden an Bäumen oder am Fahrzeug (z. B. beim Wiederaufstellen).

6) **Kettenstück**. 2–5 m lang. Die Kette wird überall dort eingesetzt, wo starker Verschleiß entsteht, z. B. beim Ziehen von Bäumen oder an Umlenkungen, die scharfkantig sind (etwa Felsen). Da Kettenglieder im Durchmesser kleiner sind, müssen Ringe eingebaut sein, um die Schäkel zum Verbinden einsetzen zu können. Ideal sind daher sog. Choker-Ketten.
7) **Sandbleche**. Sie sollten je nach Fahrzeuggröße 1–2 m lang sein. Ideal sind Leichtmetallbleche (keine Korrosion, wenig Gewicht). Die können als Reifenunterlagen im Schlamm, Sand oder Schnee dienen. Ideal auch als Unterlage für den Wagenheber.
8) **Schaufel, Spaten**. Ideal ist die Kombination aus beiden: der amerikanische Militärspaten.
9) **Axt**. Eine 1–1,5 kg schwere Axt kann man auch gut als Hammer z. B. zum Einschlagen von Pflöcken verwenden. Tipp: Kleine Flachfeile mitnehmen, um die Axt zu schärfen (s. »Schärfen der Axt«, Kap. 5).
10) **Machete**. In manchen Gebieten kommt man ohne Machete kaum aus. Nicht die billigen »Büchsenblechmodelle« kaufen. Selbst in den sogenannten Machetenländern wird meist schlechte Qualität angeboten. Bei einer Machete ist der Schliff entscheidend: Ist der Schneidewinkel zu spitz, hält die Schneide die Belastung nicht aus; ist der Winkel zu stumpf, prellt die Machete beim Arbeiten. Beim Schleifen muss daher der richtige Kompromiss zwischen beiden Extremen gefunden werden (s. »Schärfen der Machete«, Kap. 5).
11) **Greifzug**. Ideales Einsatzfeld von Greifzügen ist die rückwärtige oder seitliche Bergung eines Fahrzeuges oder Ge-

genstandes, da Greifzüge nicht richtungsgebunden arbeiten. Ideal auch zum Spannen oder Fixieren von Leitseilen beim Brückenbau. Greifzüge sind technisch nicht von einer Maschine (Motor, Batterie, Ölpumpe usw.) abhängig. Allerdings ist schonendes Vorgehen ratsam: Seilquetschungen oder Knicke am Auto können zum Ausfall führen. Ein 1600-kp-Seilzug mit der dazugehörenden Seiltrommel ist schon ein größerer Brocken; aber er zieht eben nur 1600 kp! Man muss also zur Kraftverstärkung immer 1 oder 2 Umlenkrollen verwenden, um ein Fahrzeug mit einem Greifzug bergen zu können.

Merke: Eine Umlenkrolle verdoppelt annähernd (Reibungsverluste!) die Zugkraft.

12) **Nylonseil mit eingespleisten Seilenden**. Die Länge sollte ca. 20–30 m betragen, der Seildurchmesser 18–25 mm. Es ist ideal zur Verlängerung des Windenseiles, wenn kein Fixpunkt in der Nähe ist. Wichtig ist es auch beim Bau von Flaschenzügen, da die 30–40 m langen Seile von Winden und Greifzügen durch die Umlenkung nur noch 10–15 m bringen.
13) **Komplettes Werkzeug**. Es sollte enthalten:
- die wichtigsten Schlüssel in Maul- und Ringversion für alle Schrauben des Fahrzeugs
- 1 Hammer
- 1 oder 2 Gripzangen
- 1 großes Stemmeisen
- 1 Meißel
- evtl. 1 Mutternsprenger
- 1 Reifenmontierhebel in langer Version
- ein 30–100 cm langes stabiles Eisenrohr (als Hebel)

- Schrauben und Muttern
- Isolierband
- Elektromaterial
- Spez. Ersatzteile für den jeweiligen Wagentyp
- Reifenflickzeug

14) Diverses:
- Werkstatthandbuch
- Service- und Importeurverzeichnis
- Telefonnummer der eigenen Werkstatt und eines Automobilclubs
- Sinnvoll ist es auch, vor der Reise jemanden zu bestimmen, der im Notfall bereit ist, Ersatzteile zu beschaffen und zu versenden.

Merke: *Winden und Greifzüge müssen dem Gesamtgewicht des Fahrzeuges (= Eigengewicht plus Zuladung) angepasst sein.* Im Zweifelsfall immer die stärkere Version mitnehmen, da der Saugeffekt von Schlamm oder Sand nicht zu unterschätzen ist.

WINDEN UND BERGEN

Grundregeln

a) Möglichst gerade Seilverbindungen wählen, da durch Reibung und Scherkräfte das Seil stark belastet wird.

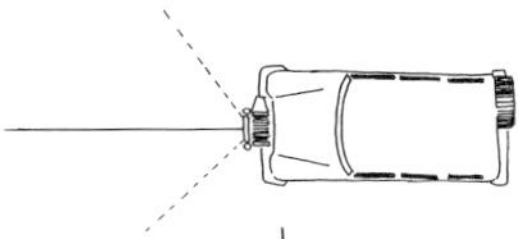

b) Das Seil immer tief an Felsen, Bäumen usw. befestigen.

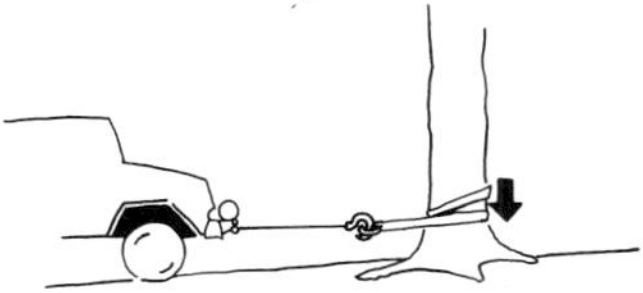

Merke: Bei Bäumen immer sehr vorsichtig sein, damit keine Rindenverletzungen verursacht werden. Die entsprechende Stelle vorher abpolstern bzw. einen Bergegurt aber keine Ketten oder Drahtseile verwenden.

c) Wegen der Bruchgefahr des Seiles sollte man sich immer soweit entfernt wie möglich von belasteten Seilverbindungen aufhalten.
d) Motorhaube bei der Windenarbeit vorsichtshalber öffnen. Falls das Seil reißt, ist die Windschutzscheibe geschützt.
e) Immer versuchen, das Windenseil gleichmäßig aufzuspulen: Druck und Knickstellen vermeiden.
f) Motor beim Winden stets mit erhöhter Drehzahl laufen lassen: So wird die Batterie aufgeladen.
g) Winde beim Aufspulen immer selbst bedienen.
h) Beim Führen und Arbeiten mit dem Drahtseil immer Handschuhe anziehen, da herausstehende Drähte böse Verletzungen verursachen können.
i) Bei Winden, die keinen Überlastschutz haben, diese nicht überlasten, d. h. nicht bis zum Stillstand beanspruchen.
j) Wenn man merkt, dass die Winde in die Knie geht, Winde entlasten und eine oder zwei Umlenkrollen einbauen (Flaschenzug!). Rechnerisch wird mit jeder Rolle die Zugkraft verdoppelt. In der Praxis geht allerdings eine Menge Kraft durch die Rollenreibung verloren.

Bergung mit Seilwinde und einer Umlenkrolle

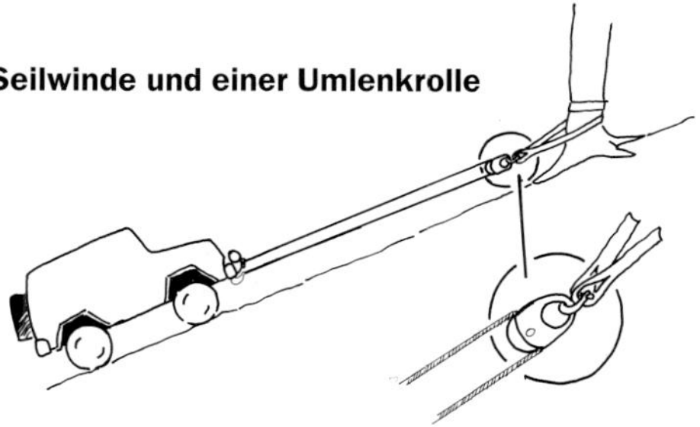

Bergung mit Seilwinde und zwei Umlenkrollen

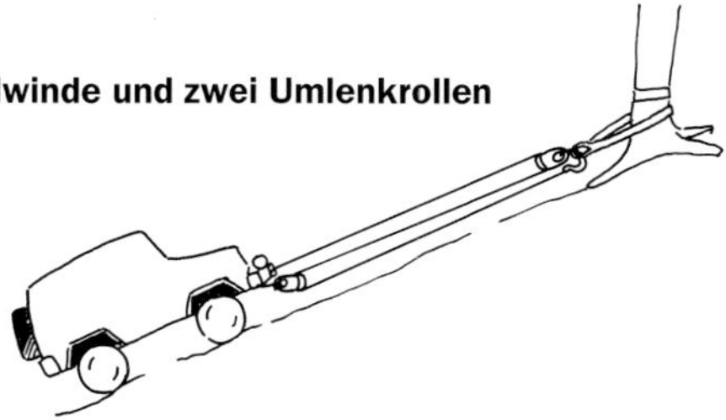

Bergung mit einfacher Kraftumlenkung

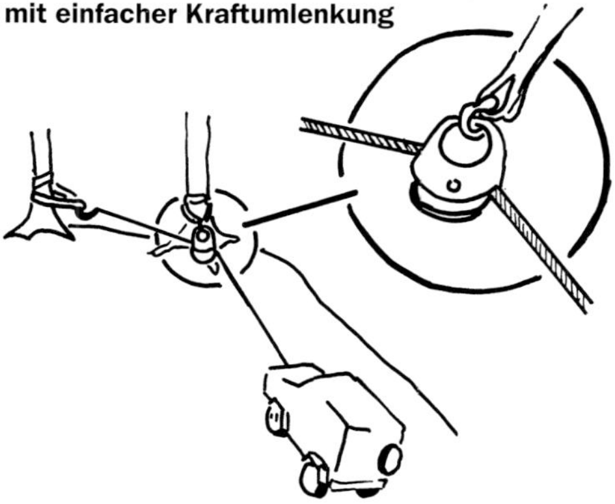

Bergung mit doppelter Kraftumlenkung (Flaschenzug)

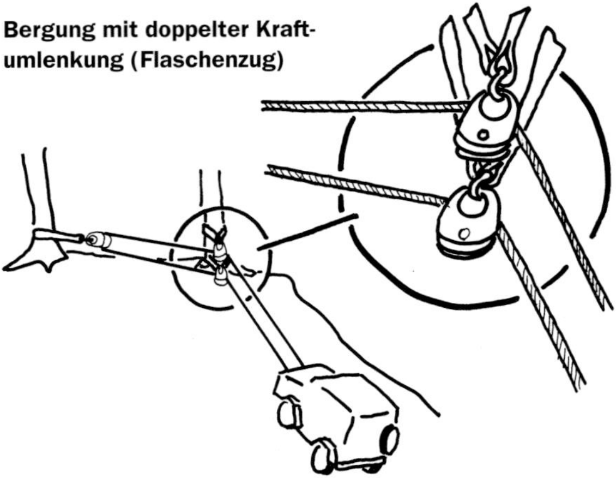

Siehe auch Kapitel 17, »Bau eines Flaschenzuges«.

Bergung eines Fahrzeuges mit der bordeigenen Winde und einer Umlenkrolle

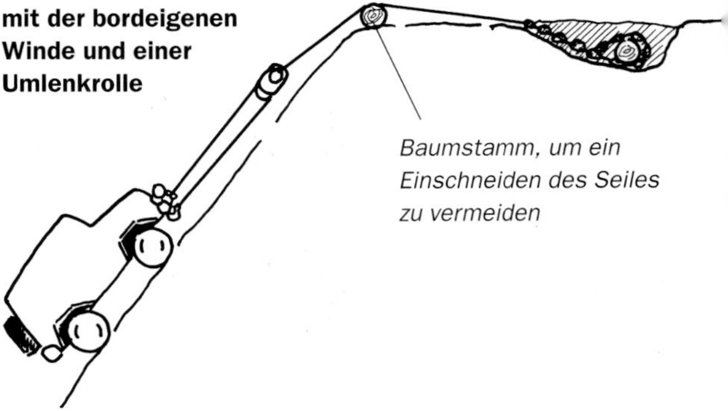

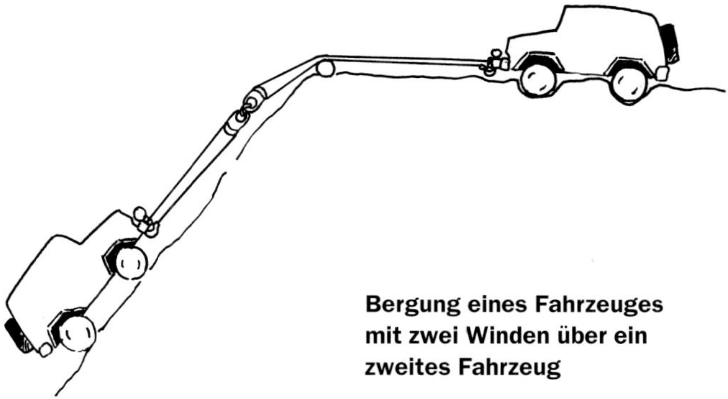

Bergung eines Fahrzeuges mit zwei Winden über ein zweites Fahrzeug

Merke: Bei Hangbergungen (je steiler, desto häufiger notwendig) sollte man das Fahrzeug noch zusätzlich sichern, um einen Unfall bei einem Seilbruch zu vermeiden.

Fahrzeugsicherung

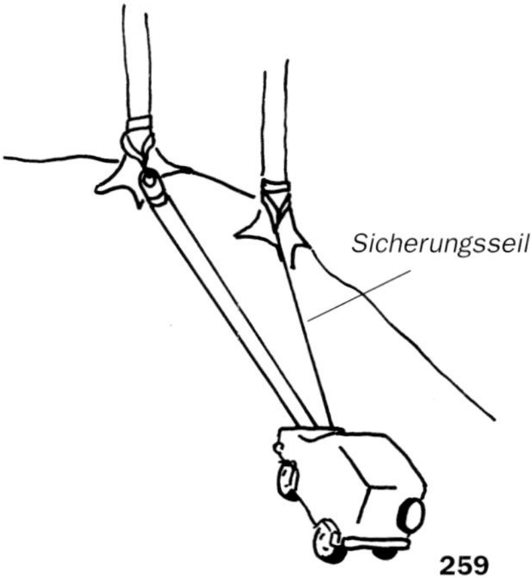

Falls beim Herauswinden eines Fahrzeuges oder anderen Gegenstandes das Zugfahrzeug in Winschrichtung rutscht, kann man zuerst versuchen etwas unterzulegen. Räder dabei gerade stellen! Falls dies

nicht ausreichend ist, das Fahrzeug an einem Baum, Felsen oder anderen Wagen festbinden.
Falls nichts dergleichen vorhanden ist, mit einem Reservereifen, Baumstück o. ä. einen Erdanker bauen. Der Gegenstand wird dabei je nach Zugwinkel und Geländebeschaffenheit 0,5–1 m tief eingegraben.

Bergung mit dem Hi-Jack

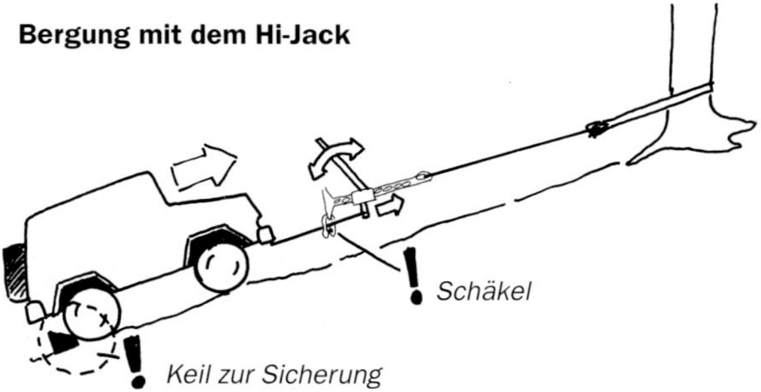

In Ermangelung einer Winde ist es auch möglich, ein Fahrzeug mit dem Hi-Jack zu bergen. Dabei kann man den Wagen auch statt mit einem Keil mit einem Seil an einem Baum sichern.

Bergung mit dem Erdanker

Ist weder ein Baum noch irgendeine andere Befestigungsmöglichkeit für das Windenseil greifbar, so kann ein Erdanker gebaut werden: ein Reservereifen, größeres Holzstück oder irgendein anderer sperriger Gegenstand, der vorher an einer Kette befestigt wurde, wird im Boden eingegraben. In das aus der Erde ragende Ende der Kette wird das Windenseil eingehängt (siehe auch Kapitel 19, »Verankerungen in Schnee, Schlamm oder Erdreich«).

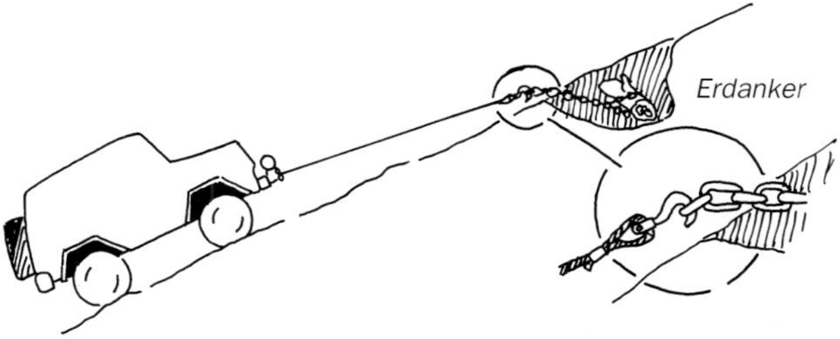

Herausschieben eines Fahrzeuges

Man kann ein eingegrabenes Fahrzeug in Ermangelung von Seilen auch mit einem oder mehreren Fahrzeugen herausschieben. Karosserieschäden sind allerdings meist vorprogrammiert.
Um die schiebenden Fahrzeuge nicht ebenfalls in das Einsinkgebiet fahren zu müssen, kann man durch einen Baum den nötigen Abstand herstellen.

Seilverlängerung

Um ein eingegrabenes Fahrzeug herauszuziehen, kann man in Ermangelung von langen Seilen einen starken Ast, Balken o. ä. als Seilverlängerung benutzen.

Bergen mit Sandblechen

Um die Sandbleche unter die Räder zu bekommen, gibt es zwei Möglichkeiten: Das jeweilige Rad wird entweder freigegraben und das Sandblech darunter geschoben oder man hebt das Fahrzeug mit dem Wagenheber an und schiebt dann das Blech darunter.

Die Sandbleche sollten bei Bedarf mit einer Kette oder einem Seil am Fahrzeug befestigt werden. Man muss dann nicht anhalten, sondern kann mit dem Verstauen der Bleche warten bis man »sicheren« Boden erreicht hat.

Durch das Sandblech wird der Druck auf eine breitere Fläche des losen Untergrunds verteilt.

Erhöhung der Traktion

Um die Traktion in Schlamm und Sand zu erhöhen, kann der Luftdruck in den Reifen abgesenkt werden (bis auf 0,8 bar). Dies sollte nur bei langsamer Fahrweise geschehen, da bei höherer Geschwindigkeit der Reifen schnell geschädigt wird. Je höher die Reifenflanke ist, desto geringer ist die Gefahr, den Reifen bei niedrigem Luftdruck zu zerstören.

Der abgesenkte Druck bewirkt durch die starke Walkarbeit eine schnellere Reinigung des Profils, eine bessere Verzahnung mit dem Untergrund und eine Verbreiterung der Standfläche – also geringeres Einsinken.

HANGFAHREN

Schutz vor dem Umkippen

Um das Kippen des Fahrzeuges am Steilhang zu verhindern oder zumindest hinauszuzögern, gibt es folgende Möglichkeiten:

1. In den Hang hineinlenken

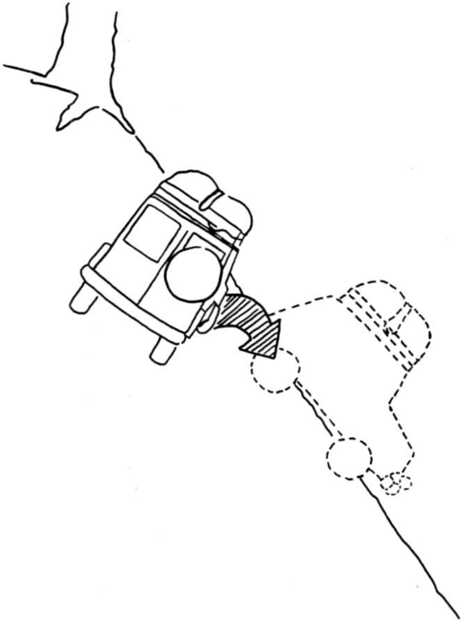

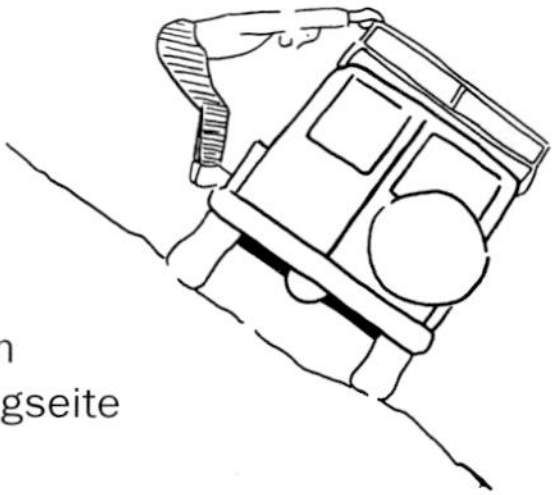

2. Alle Mitfahrer hängen sich zum Gewichtsausgleich an die Hangseite des Wagens.

3. Alle Gegenstände vom Dachträger abräumen; evtl. sogar Dachträger abbauen.

4. Flaschenzug am Dachträger befestigen: Zwischen zwei Befestigungspunkten wird mit Hilfe eines Flaschenzuges ein Seil straff gespannt. Auf diesem Geländerseil läuft eine Umlenkrolle, an der mit Hilfe eines zweiten Flaschenzuges das Auto fixiert und so am Umkippen gehindert wird.

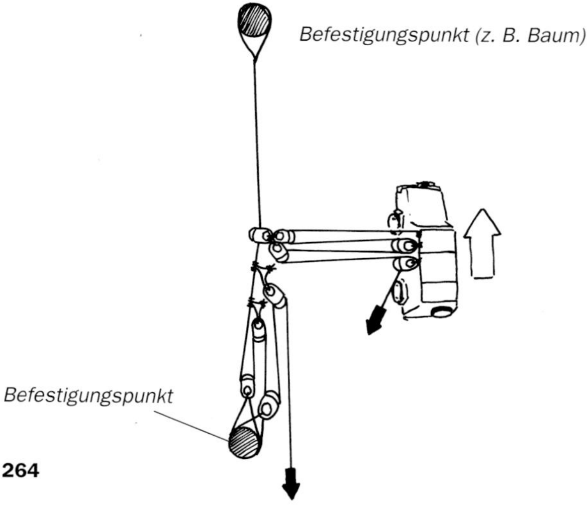

Wenn kein Dachträger vorhanden ist, einen Bergegurt oder ein Seil um die Fahrzeugkontur legen und dann wie oben vorgehen.

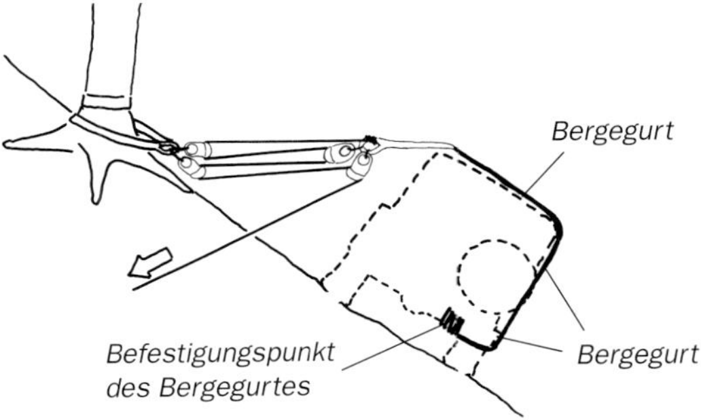

5. Fixierung mir Flaschenzügen oder Winden

Das Auto vorne und hinten mit je einem Flaschenzug oder einer Winde an zwei Befestigungspunkten fixieren und durch Nachlassen bzw. Verkürzen der Befestigungsseile parallel zum Hang führen.

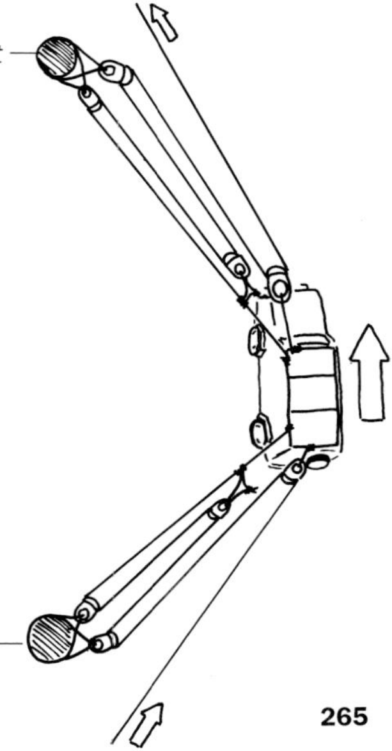

Besitzt das Auto eine eigene Winde, so kann es über das Windenseil vorne an einem Befestigungspunkt fixiert werden und wird nur hinten von der Winde eines zweiten Fahrzeuges gehalten.

Sofortmaßnahmen bei umgestürztem Wagen

1. Zündung sofort ausschalten.
2. Alle stromverbrauchenden Funktionen (Scheibenwischer, Radio usw.) abschalten.
3. Falls der Motor trotz ausgeschalteter Zündung weiterläuft, Bremse treten und Motor mit dem Gang abwürgen.
4. Motorhaube entriegeln.
5. Kleinen Gang einlegen und Handbremse ziehen.
6. Feuerlöscher aus dem Wagen nehmen.
7. Den Wagen gegen weiteres Kippen oder Rutschen sichern.
8. Batterie kontrollieren. Wenn Auslaufgefahr besteht, Batterie ausbauen. Ist bereits Säure ausgetreten, müssen die betroffenen Stellen nach dem Aufrichten mit viel Wasser gesäubert werden. *Ideal sind Gelbatterien.* Sie enthalten keine flüssige Säure und sind somit kippbar und absolut auslaufsicher!
9. Falls Benzin, Öl oder Diesel ausläuft, versuchen, die Öffnung zu verschließen. Notfalls sauberes Gefäß unterstellen, um nach der Bergung die Flüssigkeit wieder einfüllen zu können.
10. Wenn der Luftfiltereinsatz aus Papier besteht, diesen herausnehmen, um zu verhindern, dass er durch auslaufendes Öl der Kurbelgehäuseentlüftung unbrauchbar wird.

Merke: Feuerlöscher bereithalten, um im Notfall sofort löschen zu können.

Aufstellen eines gekippten Wagens

Eisenstange oder stabilen Holzbalken mit Ratschgurten o. ä. am Rahmen befestigen. Wenn das Fahrzeug rutscht, Pflöcke an beiden unteren Rädern einschlagen. Mit zweitem Fahrzeug vorsichtig ziehen und Auto aufrichten.

Anstatt Pflöcke einzuschlagen, kann auch ein Baumstamm zwischen beide Fahrzeug geklemmt werden.

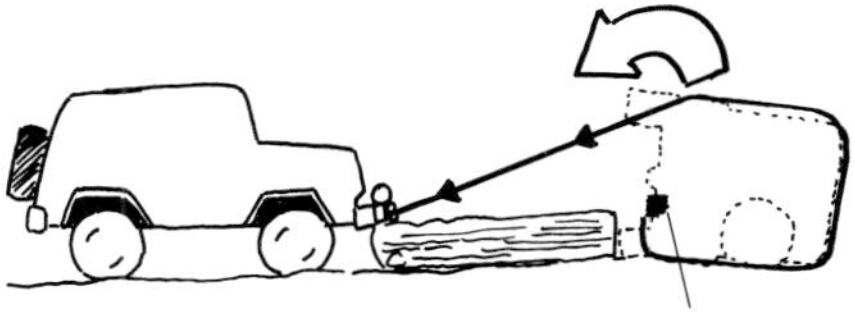

Befestigungspunkt des Bergegurtes

Merke: Auf genügend Abstand zwischen beiden Fahrzeugen achten!

Wenn der Wagen wieder auf allen vier Rädern steht:

1) Batterie und evtl. Luftfilter wieder einbauen.
2) Bei einem Dieselfahrzeug die Glühkerzen, beim Benziner die Zündkerzen herausschrauben und den Motor mit dem Anlasser durchdrehen lassen, um evtl. eingedrungenes Öl

aus dem Kolbenraum herauszudrücken. Es besteht sonst die Gefahr eines Ölschlages (d. h. es gibt verbogene Pleuelstangen, da der Motor das Öl nicht komprimieren kann).

3) Glüh- bzw. Zündkerzen wieder einschrauben.
4) Nachschauen, ob Öl aus der Kurbelgehäuseentlüftung in den Luftfilter gelaufen ist.
5) Falls dies geschehen ist, säubern.

Spurrillen

Beim Fahren in verschlammten Spurrillen darauf achten, dass die Räder genau in Fahrtrichtung stehen. Man tendiert dazu, die Lenkung einzuschlagen, die Räder also schief zu stellen. Auf diese Art schiebt man jedoch den Schlamm wie eine Bugwelle vor sich her, was das Vorwärtskommen stark behindert.

Merke: Bei der Fahrt im Gelände stets die Daumen aus dem Lenkradkreuz nehmen! Bei plötzlichem Lenkradeinschlag (etwa wenn das Fahrzeug mit einem Rad auf einen Stein trifft) besteht die Gefahr eines Daumenbruchs.

Um ein festgefahrenes Fahrzeug aus seiner Spur zu bekommen, kann man versuchen, es per Wagenheber anzuheben und zwar so hoch wie möglich, um es dann seitlich aus der Spur zu kippen.

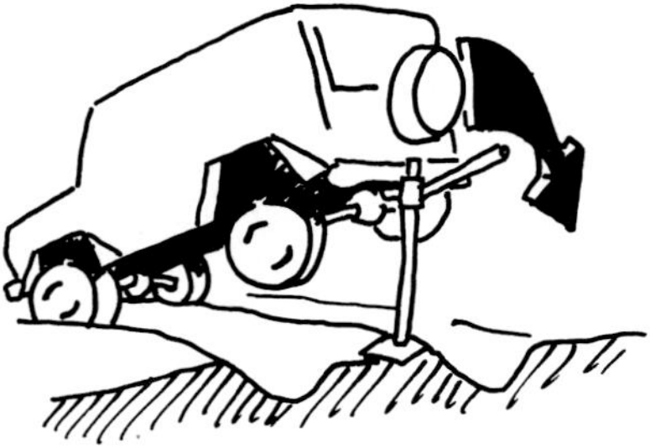

Merke: Bevor man sich zum Brückenbau entschließt, sollten zunächst andere Überfahrmöglichkeiten erkundet werden. Vielleicht findet man eine Furt, eine andere Brücke oder eine Stelle, wo eine provisorische Brücke leichter zu bauen ist. Brückenbau fällt ohnehin eher in den Expeditionsbereich (für Forschungsteams, Entwicklungshelfer, Geologen o. ä.) und erfordert einige Erfahrung und Geschicklichkeit.

Das Hauptproblem beim Brückenbau ist, dass ein Stamm, wenn er mehr als die Hälfte über den Fluss gezogen wurde, leicht in den Fluss stürzen kann oder sich (im besten Fall) in das gegenüberliegende Ufer bohrt.

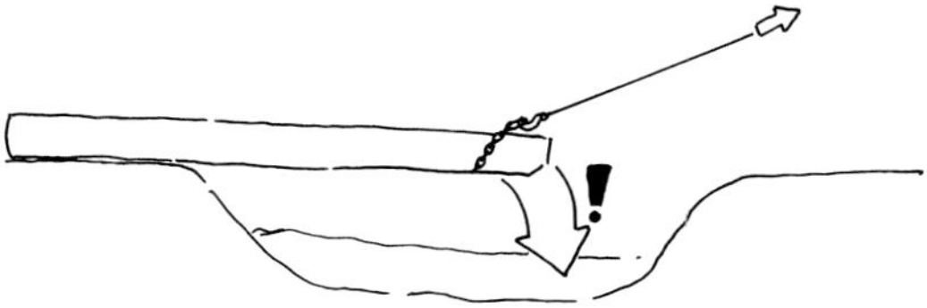

Es ist sehr schwer und gefährlich einen »abgestürzten« Stamm wieder zu bergen. Deshalb empfiehlt sich:

1. die Leitseilmethode: Der Stamm hängt an einem Leitseil.

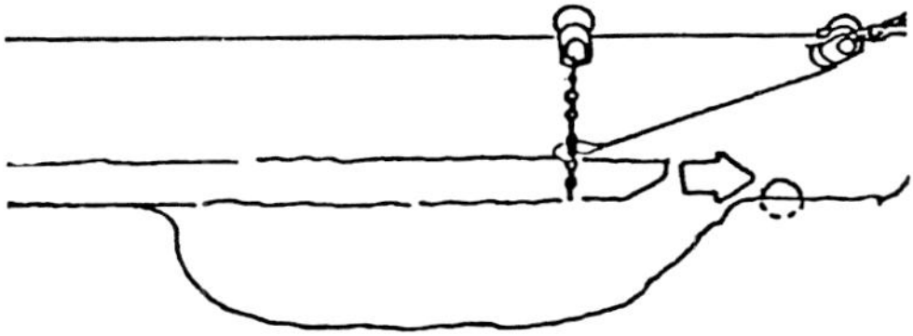

2. die Schiebemethode: Das schiebende Fahrzeug hindert durch seine Achslast den Stamm vor dem Abkippen. Zusätzlich unterstützt es durch Schieben die ziehende Winsch.

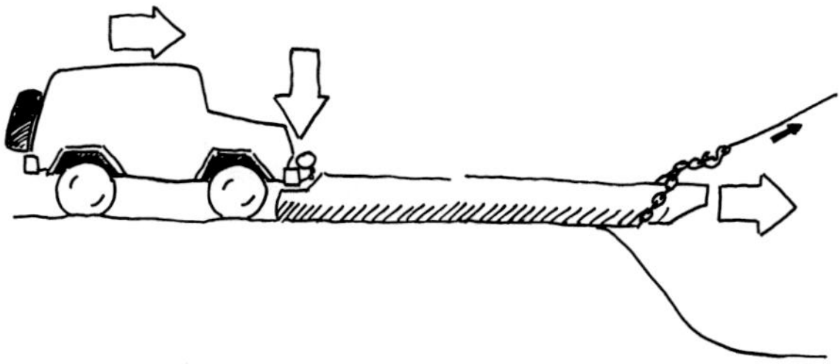

3. Ist ein Stamm über den Fluss geschafft, kann er als Hilfsstamm für die nächsten Stämme benutzt werden. Manchmal kann es sinnvoll sein, zuerst einen leichten Hilfsstamm über den Fluss zu schaffen. Der neue Stamm rutscht auf dem bereits liegenden und kann so nicht in den Fluss fallen.

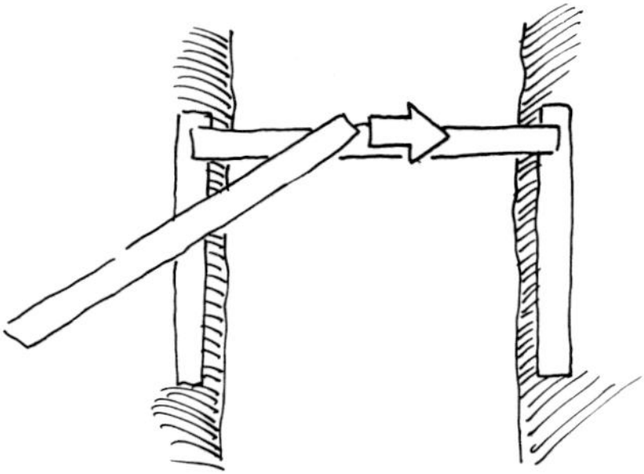

Brückenbau mit einem Fahrzeug und einer Winde

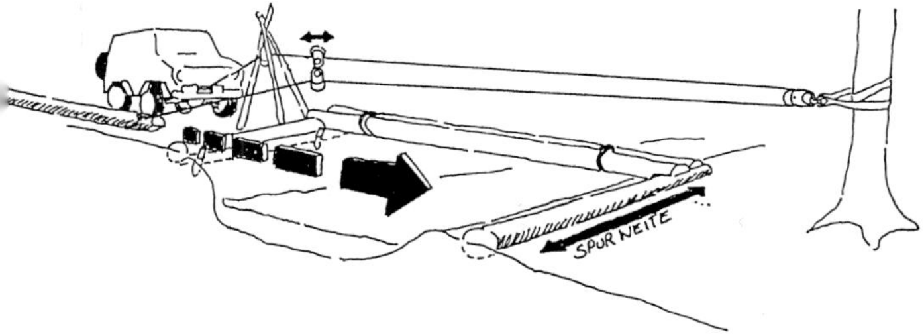

Brückenbau mit zwei Fahrzeugen und zwei Winden

Mit Flaschenzug zum Abspannen des Baumes
oder Dreibocks.

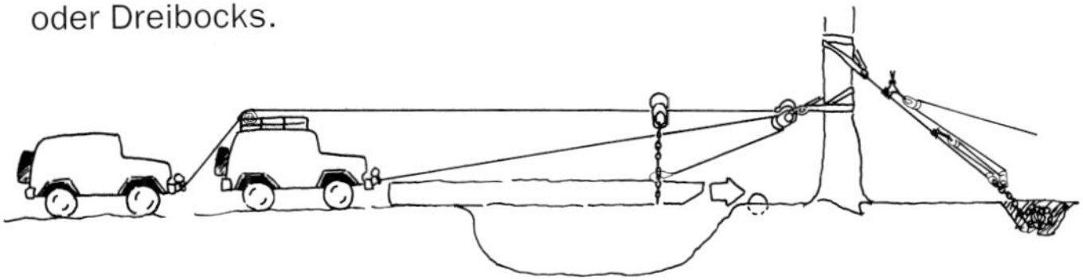

Brückenbau mit einem Fahrzeug und einer Winde

Mit Erdanker und Dreiböcken.

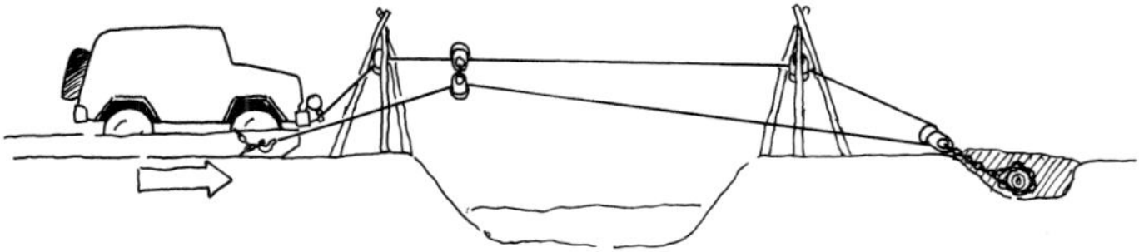

Um den nötigen Abstand der Stämme, der der Spurweite des Fahrzeuges entsprechen muss, zu gewährleisten, wird zwischen den Stämmen ein Distanzstück eingeklemmt. Um ein seitliches Verrutschen zu verhindern, werden an den Außenseiten Pflöcke eingerammt, die gleichzeitig das Lager vor dem Verrutschen schützen.

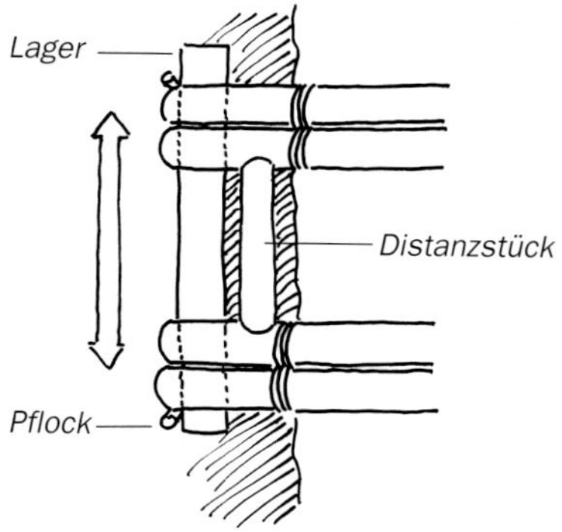

Will man sehr schnell eine Möglichkeit der Flussüberquerung haben, kann man mit nur zwei Stämmen arbeiten. Man zieht das Fahrzeug, das mit der Achse auf den Stämmen liegt, mit der Winde auf die andere Seite. Dabei auf glatte Stämme achten und alle Aststutzen vorher entfernen. Darauf achten, dass nichts am Fahrzeugboden (Bremsleitung, Spurstangen usw.) abgerissen wird.

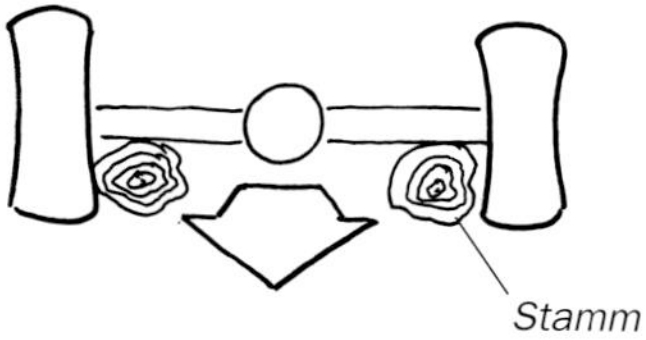

Zum Ziehen von Stämmen sollte man Ketten verwenden, um Schäden an Seilen und Gurten zu vermeiden.

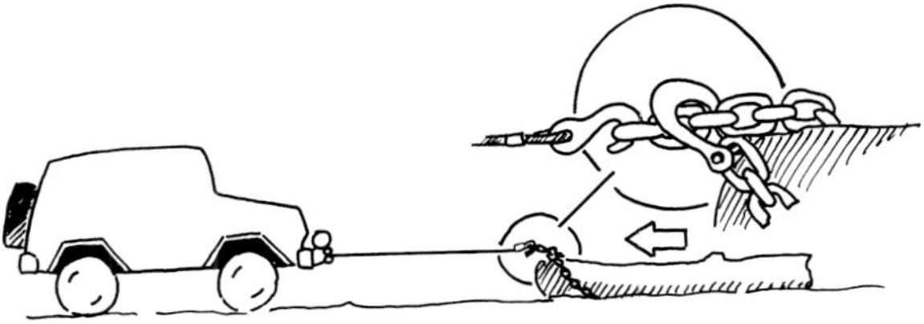

Bau einer Konturenbrücke

Sind Täler zu überwinden, kann man die Fahrzeuge herunterwinschen. Falls dies nicht möglich ist, etwa wegen großer Felsen, wird eine Brücke in die Kontur des Tales gebaut.
Die Konstruktion immer von unten nach oben bauen, da der Druck auf dem untersten Stamm am größten ist.

Die Auflager werden je nach Länge der Stämme gebaut.

Bau einer Konturenbrücke mit zwei Fahrzeugen

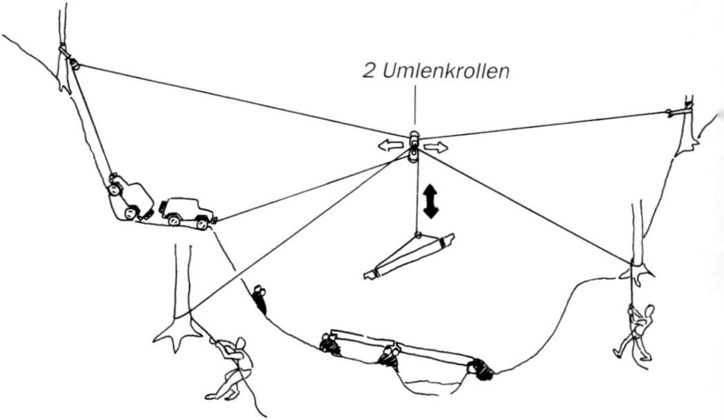

Bau einer Konturenbrücke mit einem Fahrzeug und einem Flaschenzug

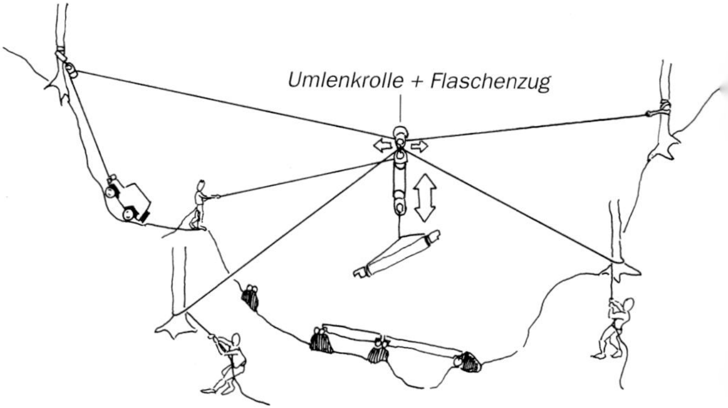

Ist die Brücke fertig gestellt, wird das hinüberfahrende Auto hinten gesichert und langsam nach unten gelassen. Ist die Talsohle erreicht, wird das Fahrzeug mit der eigenen Winde herausgewinscht.

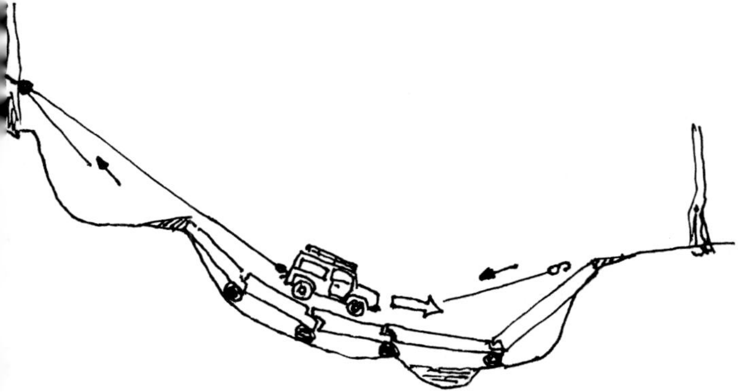

Generell liegt die mittlere Spannweite einer mit solch beschränkten Mitteln gebauten Brücke bei ca. 12 (max. 15–16) Metern, da längere Stämme zu schwer und zu dick werden, um mit Autos und Winden bewegt werden zu können.
Ist das gegenüberliegende Ufer zu flach, ist Brückenbau generell schwierig, da die Auflagefläche für die Stämme fehlt, bzw. die Stämme im Wasser liegen und von diesem weggedrückt werden.

Überwinden unwegsamer Areale mit Hilfe einer Dreibockbrücke

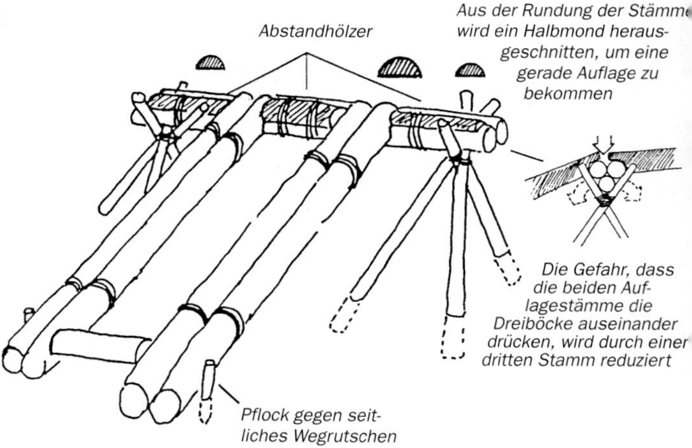

Brückenbau mit Hilfe von Schwimmkörpern (Flößen)

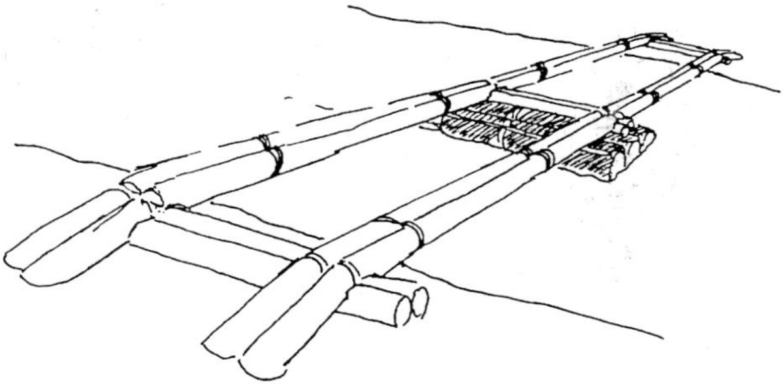

Der Schwimmkörper oder das Floß kann mit Baumstämmen, Fässern, Schlauchbooten, Schläuchen und anderen schwimmfähigen Hohlkörpern gebaut werden. Auf die Strömung achten!

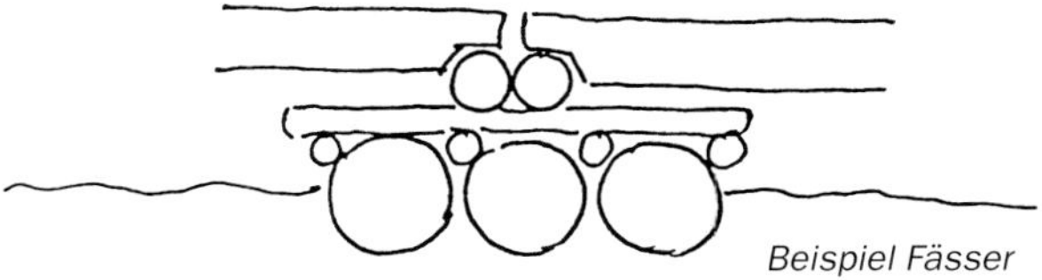

Beispiel Fässer

Wenn sehr große Strecken überwunden werden müssen, besteht auch die Möglichkeit, mehrere Floße zu bauen (sehr schwierig!). Probleme entstehen auch durch die Seilmengen, die man benötigt, um die Flöße am Ufer zu befestigen, wenn man keine Anker hat.
Gute Anker kann man z. B. aus zwei zusammengebundenen Rädern herstellen.

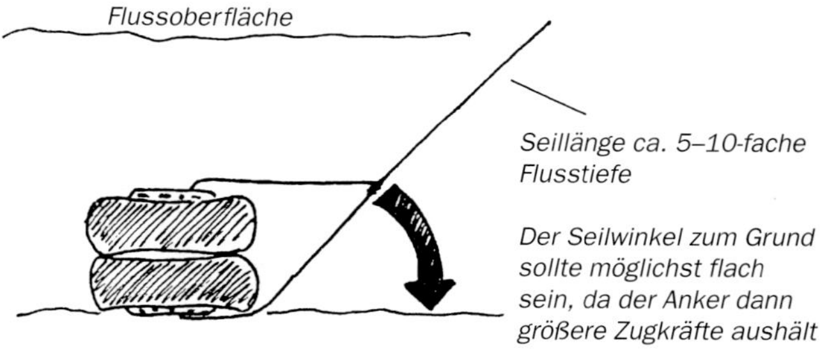

Vorgehensweise:

1) Floß am Ufer bauen und stabil verzurren.
2) Gegenlager und Rampe am Ufer bauen.

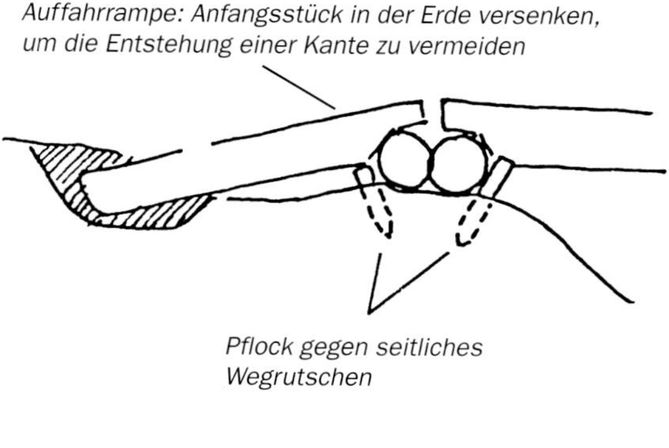

3) Mit dem Floß die Anker ausbringen. Sicherstellen, dass sie absolut sicher das Floß halten. Falls die Anker nicht halten, ein weiteres Rad 2–3 m vor dem Anker ausbringen.

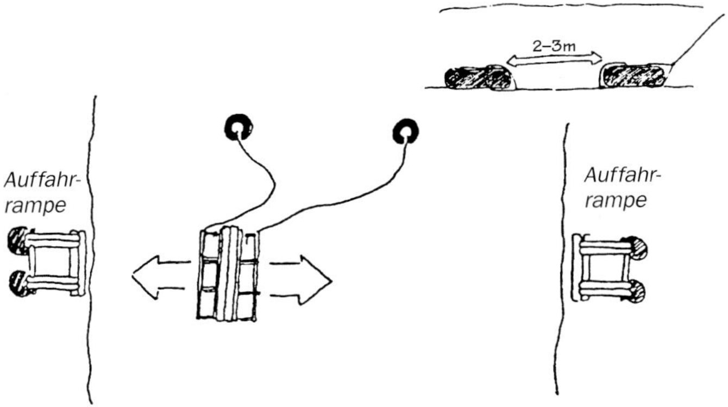

4) Die Stämme auf dem Floß befestigen und es dann vorsichtig in Ankerposition bringen. Falls genügend Seil vorhanden ist, das Floß zusätzlich an beiden Flussufern sichern.

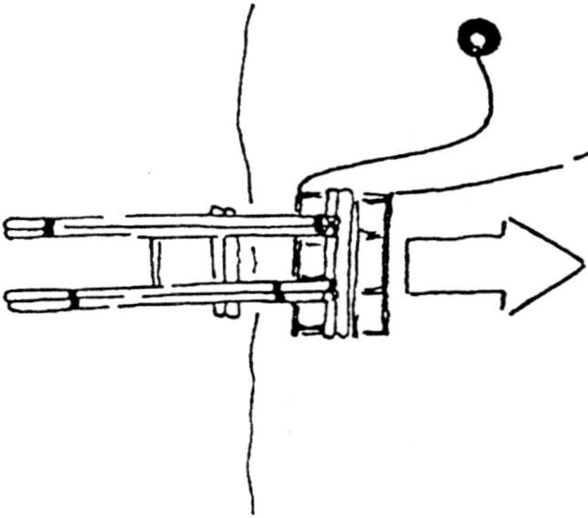

5) Wenn die Stämme sicher auf dem Floß liegen, die Anker halten und man die erste Teilstrecke befahren könnte, werden die nächsten vier Stämme eingeschwommen, d. h. mit Seilen vom Ufer aus in Position gebracht und dann auf das Floß und die Rampe gehoben und fixiert.

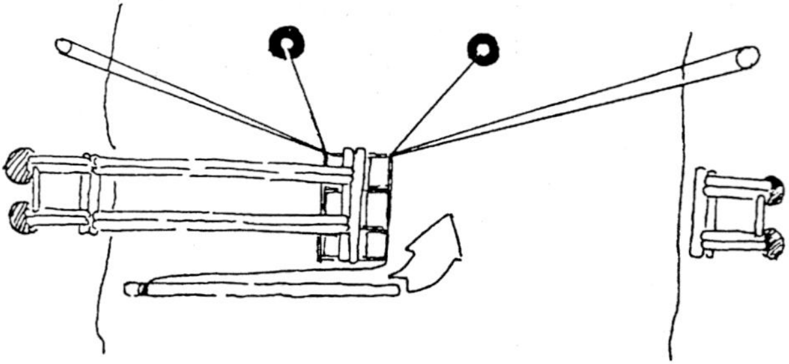

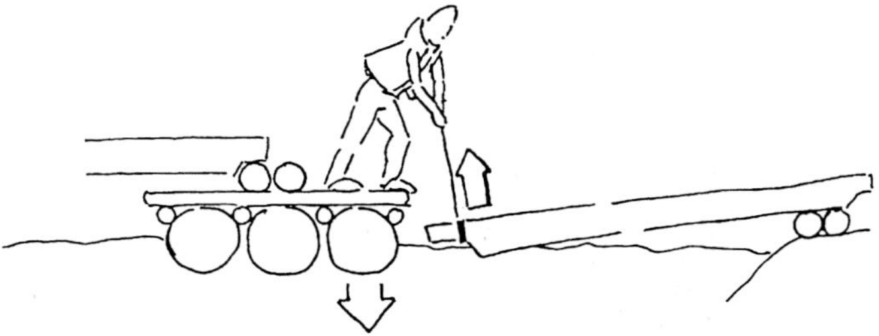

6) Stämme alle fest verbinden. Dabei immer genau auf die Spurweite des Fahrzeuges achten. Danach kann die Brücke befahren werden.

Merke: Beim Bau Schwimmwesten tragen. Falls keine vorhanden sind, kann man Hilfswesten aus Luftballons oder Präservativen unter dem Hemd tragen.

7) Geländewagen mit dem Windenseil am Ufer sichern. Ein Fahrer fährt das Auto. Er muss über die Abkippgefahr, die besonders über dem Floß besteht, informiert sein.

8) Der Fahrer des Wagens darf sich nicht anschnallen und sollte möglichst wenig Kleidung tragen. Dies ermöglicht ihm, sich schnell aus dem Fenster zu retten.

9) Wenn die Sache zu gefährlich erscheint, den Motor laufen lassen und den Wagen mit der Winde über die Brücke ziehen. Dabei muss kein Fahrer im Auto sitzen, da die Winde über die Fernbedienung von außen bedient wird und die Vorderräder in der Mitte der Doppelbalken automatisch spuren.

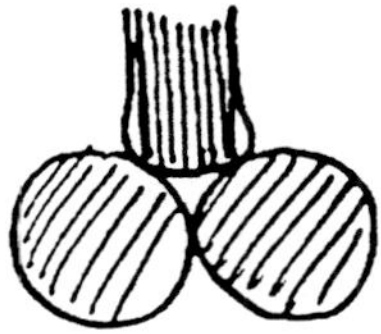

REIFENWECHSEL

Öffnen einer Radmutter

1) Ein Eisenrohr als Verlängerung auf den Schlüssel oder das Radkreuz schieben (Hebelwirkung).

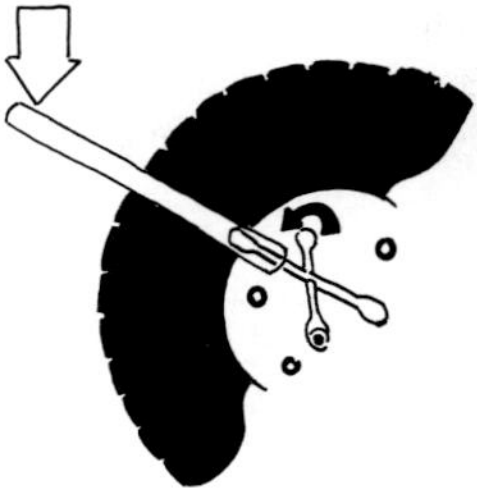

2) Von oben auf die Radmutter schlagen (nicht aufs Gewinde schlagen, falls es übersteht).

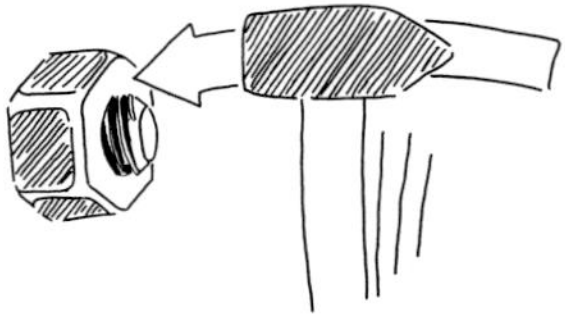

3) Wenn eine Radmutter auch mit diesen Tricks nicht aufgeht, versuchen, sie zu erhitzen – etwa mit Lötkartusche, Benzinkocher o. ä. Dann wie oben beschrieben vorgehen.

4) Geht gar nichts mehr, mit einem Meisel seitlich an der Mutter ansetzen und versuchen, mit einem Hammer die Mutter auf zu drehen oder zu schlagen.

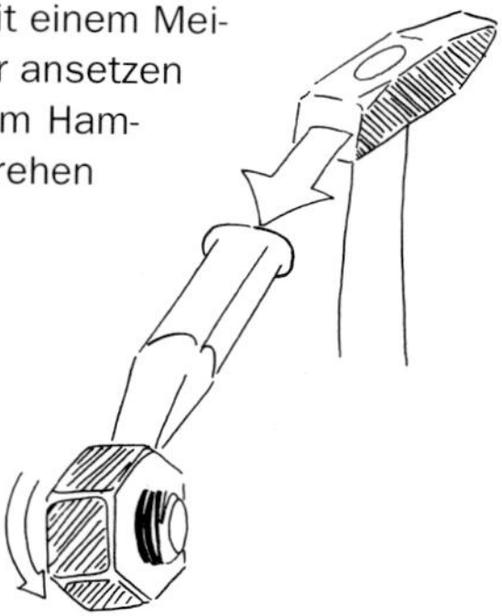

Anheben des Wagens

Falls kein Wagenheber vorhanden ist, den Wagen mit einem Baumstamm anheben. Dabei – um Karosserieschäden zu vermeiden – eine Unterlage unter den Rahmen legen.

Sind weder Wagenheber noch Baumstamm vorhanden, die Radmuttern des defekten Rades lösen und dann mit dem diagonal gegenüberliegenden Rad in eine Mulde oder einen Graben fahren. Das defekte Rad wird sich vom Boden abheben. Falls nötig, die gegenüberliegende Seite zusätzlich belasten. (Je schlechter die Achsverdrängung des Fahrzeuges ist, desto besser funktioniert diese Methode.)

Entfernen des Reifens von der Felge
Das Fahrzeug hochheben, Reifen unter die vordere Stoßstange legen, Rohr o. ä. auf den Wulst des Reifens setzen und dann das Fahrzeug mit Schwung herunterlassen; falls nötig, mit zusätzlichem Gewicht auf der Achsseite.
Mit etwas Glück drückt das Gewicht des Autos den Reifen von der Felge.

WASSERFAHRTEN

Grundregeln

1) Die vom Werk angegebene Wattiefe annähernd einhalten.
2) Vor dem Passieren eines Flusses Strömung und Tiefe bestimmen.
3) Im Zweifelsfall das Fahrzeug mit einem Seil an einem weiteren Fahrzeug sichern, um es im Fall der Fälle schnell wieder herausziehen zu können. Dies ist vor allem bei reißenden Flüssen notwendig, da man zu Fuß nicht imstande ist, ein Seil zum steckengebliebenen Fahrzeug zu bringen. Man sollte das Seil vorher in seiner gesamten Länge auslegen und dann im gleichen Rhythmus des den Fluss querenden

Wagens am Ufer mitfahren. Seilwinden laufen zu langsam, man behindert oder stoppt den Wagen im Fluss.

4) Falls kein zweites Fahrzeug vorhanden ist, sollte man über ein ausgelegtes Seil das Fahrzeug an einem Baum oder Erdanker sichern.
5) Nicht zu schnell in ein Gewässer fahren, da sonst die Bugwelle die Wattiefe überschreiten kann.
6) Bei längeren Wasserdurchfahrten kann man den Lüfter oder den Keilriemen für den Lüfter entfernen, da der Lüfter noch zusätzlich Wasser an den Motor drückt (Er saugt es durch den Kühler und drückt es über den Motor.).
7) Es kann versucht werden, ein Ansaugen von Wasser über den meist nach vorne zeigenden Einlass zum Luftfilter durch geeignete Maßnahmen zu erschweren (z. B. Schlauch aufstecken, Prallblech anbringen oder den Einlass umdrehen). Nach der Wasserdurchfahrt wieder umbauen, da der Motor sonst unter Umständen zu wenig Luft bekommt.
8) Wenn man merkt, dass der Wagen tiefer als geplant einsinkt, sofort den Motor ausschalten, da sonst die Gefahr eines Wasserschlages besteht (Wasser dringt durch den Luftfilter in den Brennraum; da Wasser nicht komprimiert werden kann, sind verbogene Pleuel die Folge).
9) Wenn man vermutet, dass Wasser in den Brennraum eingedrungen ist, sollte man zur Sicherheit die Glüh- bzw.

Zündkerzen herausschrauben. Dann den Motor durchdrehen lassen, um das Wasser auszublasen. Schließlich die Kerzen wieder einschrauben.

10) Falls die Ansaugluft über eine zum Dach hochgelegte Filteranlage angesaugt wird, müssen immer wieder die Verbindungsstücke auf Undichtigkeit kontrolliert werden, da der Motor über diese Lecks ebenfalls Wasser ansaugen kann.

11) Nach Wasserdurchfahrten Motoröl und Tank kontrollieren. Nach längeren Wasseraktionen auch Getriebe-, Reduziergetriebe- und Differentialöle überprüfen. Wenn Wasser ins Öl gelangt ist, erkennt man dies an dem milchig-trüben Aussehen des Öls. Da Öl leichter als Wasser ist, setzt sich das Wasser nach einiger Zeit an der tiefsten Stelle ab.

12) Lässt sich draußen kein fachgerechter Öl- und Ölfilterwechsel vornehmen, muss man versuchen, durch vorsichtiges Öffnen und schnelles Schließen der Ablassschrauben das Wasser auslaufen zu lassen.

13) Bzgl. des Tankes kann man versuchen, durch Lösen der Leitung zwischen Treibstoffpumpe und Motor bei gleichzeitigem Laufenlassen der Pumpe (Zündung einschalten und Motor starten) evtl. vorhandenes Wasser aus dem Tank zu pumpen. Das Diesel- oder Benzingemisch kann so in einen Reservekanister gepumpt werden.

    Es kann auch versucht werden, durch schnelles Öffnen und Schließen der Tankablass-Schraube (tiefste Stelle) das Wasser herauszubekommen. Falls keine Ablass-Schraube vorhanden ist, diese nicht zu öffnen ist oder die Batteriekapazität nicht ausreicht, um den Tank leer zu pumpen, kann man versuchen, einen Schlauch in den Einfüllstutzen zu stecken, kurz mit dem Mund anzusaugen und dann den Tankinhalt auslaufen zu lassen.

Merke: Öle, Diesel und Benzin auch im Ausland nicht einfach auslaufen lassen, sondern in Kanistern, Eimern usw. auffangen!

14) Wasser setzt sich nach einiger Zeit unten ab: Durch vorsichtiges Abschöpfen kann der Treibstoff vom Wasser getrennt werden. Nun den Tank wieder befüllen. Bei älteren Dieselmodellen muss die Einspritzpumpe entlüftet werden.
15) Beim Diesel gibt es von der Zündungsseite her keine Probleme bei Wasserdurchfahrten. Beim Benziner hingegen ist das Problem durch Verteiler, Zündkabel, Kerzen und Zündspule schon größer.
16) Falls der Benziner nicht mehr anspringen will:
    a) Zuerst Verteiler öffnen, alles trocken wischen.
    b) Zündkabel, Kerzen und Zündspule an den Verbindungsstellen trocknen.
    c) Kontaktspray aufsprühen (wirkt meist Wunder!).
    d) Wenn der Wagen nicht anspringen will, den Anlasser nicht zu lange betätigen; sonst besteht Gefahr, dass der Motor »absäuft«. Lieber gleich Punkte a–c wiederholen.
17) Nach der Ausfahrt aus dem Wasser die Bremsen trocken bremsen.
18) Nach längeren Wasserdurchfahrten alle Schmiernippel abschmieren.
19) Anlasser, Lichtmaschine, Seilwinde, Bremsen, Radlager und Achsschenkelgehäuse kontrollieren.

Merke: Nie in Salzwasser fahren. Falls dies unumgänglich sein sollte, das Fahrzeug danach schnellstens mit reichlich Süßwasser spülen – auch den Motorraum!

FLOSSBAU (SCHWIMMAUTOBAU)

Um Flüsse, Seen oder Überschwemmungsgebiete in eigener Regie mit dem Geländewagen zu überqueren, gibt es mehrere Möglichkeiten des Floßbaus. Egal welches System man jedoch wählt bzw. was als Auftriebskörper dienen soll, man benötigt Seile o. ä. zum Zusammenbinden der einzelnen Teile. Sehr gut bewährt haben sich dabei Ratschgurte. Man sollte diese daher immer in ausreichender Zahl mit sich führen, wenn man eine derartige Flussüberquerung plant.

Als Auftriebskörper kommen alle schwimmfähigen, wasserdichten Hohlkörper und Holzstämme in Frage.

1. Holzfloß (aus Stämmen oder Bauholz)

Zuerst denkt man natürlich an Holzstämme. Dies ist auch möglich. Aber der Aufwand ist zum einen vom Standpunkt des Umweltschutzes nicht gerechtfertigt, wenn die Stämme frisch gefällt werden müssen. Stehen Stämme zur Verfügung, ist zum anderen der Bau trotzdem problematisch, da es sehr schwierig ist, die schweren Stämme zu bewegen. Sie müssen daher im Wasser zusammengebunden werden.
Der Auftrieb der Stämme richtet sich nach dem Trocknungsgrad des Holzes und der Baumart. Man muss den Auftrieb schätzen und dann vorsichtig ausprobieren.
Zur Berechnung der Tragfähigkeit des Holzes siehe Kapitel 18, »Tragfähigkeit von Holz«.

2. Schlauchbootfloß

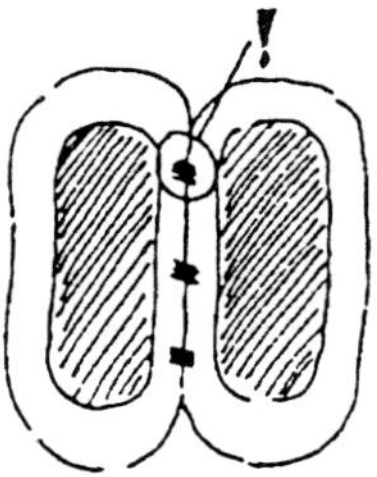

Werden zwei Schlauchboote verwendet, so werden sie aufgepumpt nebeneinander ins Wasser gelegt und an möglichst vielen Punkten miteinander verbunden (z. B. an Seilösen oder ähnlichen Punkten).

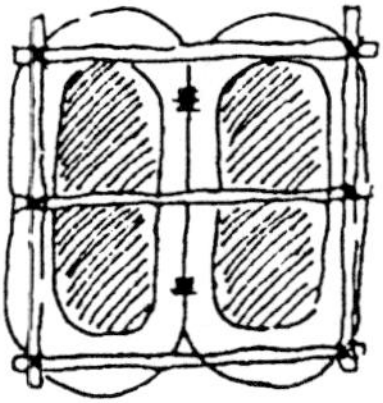

Danach fertigt man einen leichten Rahmen aus dünnen Baumstämmen oder Kantholz. Dieser Rahmen kann gebunden, geschraubt oder genagelt werden.

Auf diesem Holzrahmen wird anschließend die »Fahrspur« – bestehend aus vier Holzstämmen – befestigt. Die vier Stämme werden ebenfalls je nach Möglichkeit geschraubt, gebunden oder genagelt.

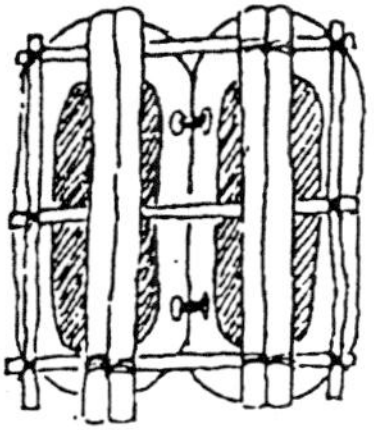

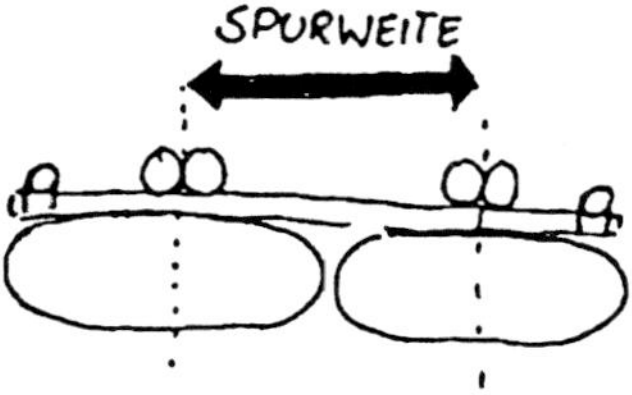

Man sollte versuchen, die Mitte des Schlauchbootes mit den Spurbalken zu belasten

Ladekapazität des »Bootes«:	*Beispiel:* 2 Schlauchboote à 2500 kp Auftrieb	
Auftrieb der Schlauchboote	2 x 2500 kp =	5000 kp
minus Holzrahmen (geschätzt)	Holzrahmen =	- 300 kp
minus 4 Spurbalken (geschätzt)	Spurbalken =	- 500 kp
dividiert durch 2		4200 kp
= **Ladekapazität**	÷ 2 =	**2100 kp**

D. h. das Fahrzeug inklusive Ausrüstung darf max. 2100 kp wiegen. Falls der Auftrieb zu gering ist, müssen Ausrüstung und Gepäck getrennt vom geleerten Fahrzeug transportiert werden.

Merke: Auf potentielle Scheuerstellen achten. Sie müssen mit Planen, Decken, Säcken o. ä. unterlegt werden.

3. Auftriebskörper-Floß

In Ermangelung von Schlauchbooten kann man auch ein Floß mit Auftriebskörpern wie Ölfässern, Tanks, Autoschläuchen, Styropor, Kunststofftonnen o. ä. bauen.

Die Auftriebskörper werden am Ufer ausgelegt. Bei schweren Auftriebskörpern (Tanks, Fässer usw.) muss im Wasser gebaut werden. Falls dies nicht möglich ist, kann man die gesamte Konstruktion auf Rollen setzen und im Fertigzustand ins Wasser rollen.

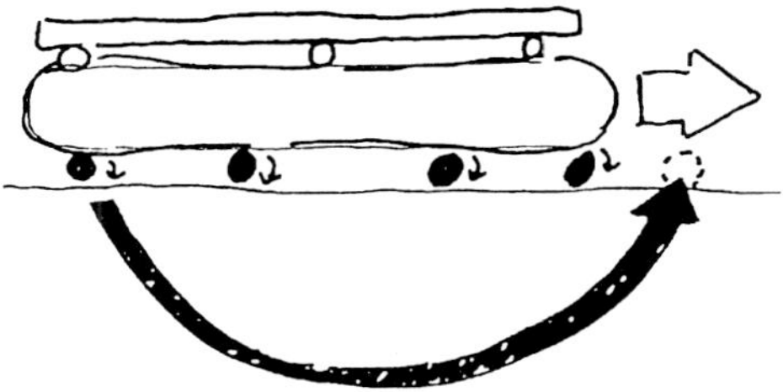

Über die Auftriebskörper wird ein leichter Holzrahmen gebaut. Auch hier wird wieder genagelt oder geschraubt. Der Holzrahmen trägt die beiden Spurhölzer.

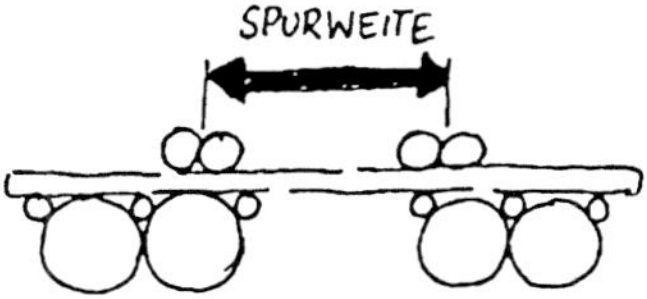

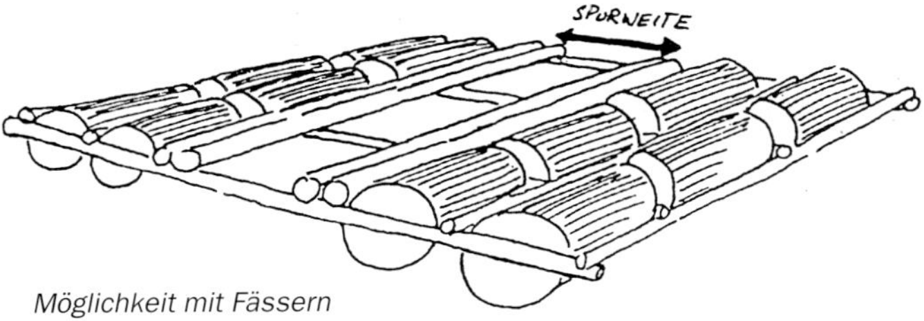

Möglichkeit mit Fässern

Es muss darauf geachtet werden, dass die Schwimmkörper vor Beschädigungen geschützt sind. Wenn die Konstruktion belastet ist, versuchen die Schwimmkörper sich durch den Rahmen zu drücken.

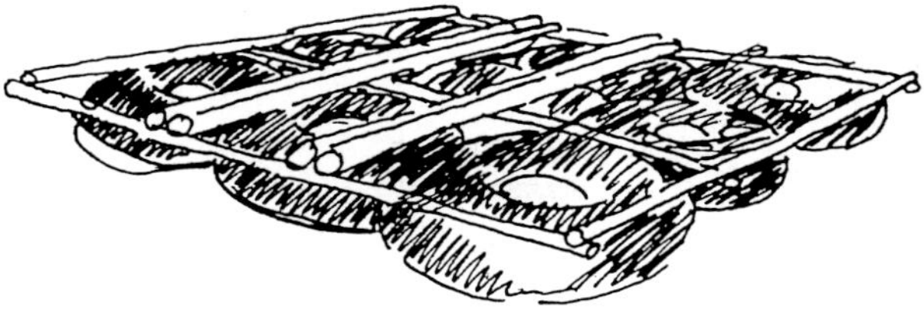

Möglichkeit mit Autoschläuchen

Berechnung der Auftriebskapazität:

Die Auftriebskapazität entspricht dem Auftriebsvolumen der Hohlkörper minus der Holzkonstruktion minus Leergewicht der Hohlkörper geteilt durch 2.

Beispiel:	4000 l	Volumen der Hohlkörper (l = kp)
	- 400 kp	Holzkonstruktion
	- 200 kp	Leergewicht der Hohlkörper
	= 3400 kp ÷ 2 = **1700 kp**	= zulässiges Gesamtgewicht für das Fahrzeug

Merke: Das Fahrzeug immer gegen das Verrutschen sichern.

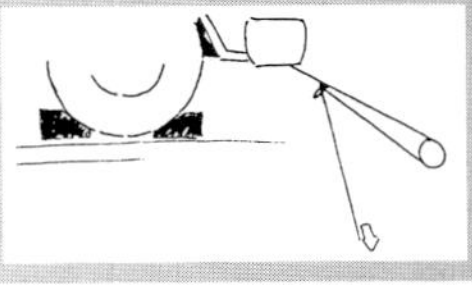

Als Auftriebskörper kommen alle schwimmfähigen und wasserdichten Hohlkörper in Frage, z. B. Schläuche aus Reifen (LKW, PKW, Traktor), Fässer (z. B. Ölfässer), aufblasbare Schwimmkörper (z. B. Reste von Schlauchbooten), Flugzeugschwimmer.

Um die oben beschriebenen Floßkonstruktionen mit dem Auto befahren zu können, muss das Floß am Ufer fixiert und eine stabile Auffahrrampe gebaut werden. Das Gleiche gilt auch für das Entladen.

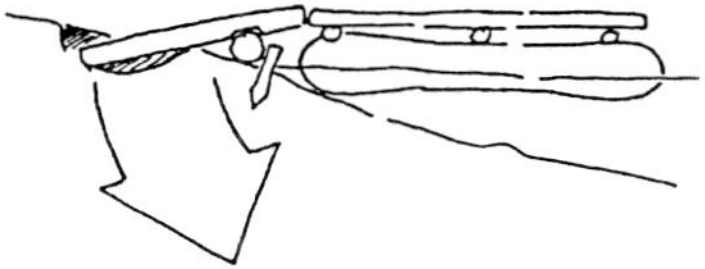

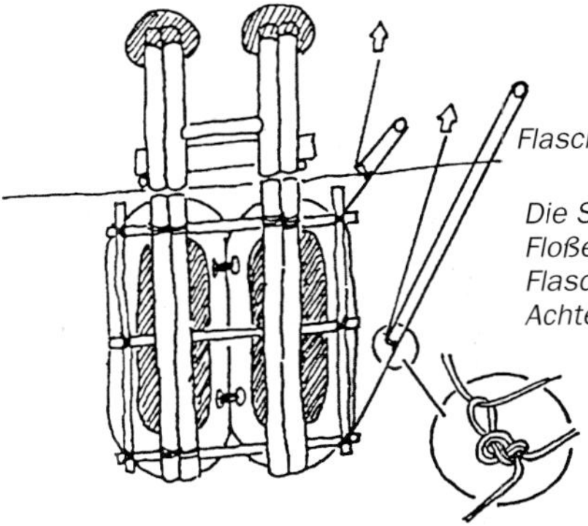

Die Sicherung des Floßes erfolgt durch Flaschenzüge mit Achterknoten

Merke: Die Rampe wie auch das Floß selbst muss gut am Ufer befestigt sein.

4. Bau einer Konstruktion, um das Fahrzeug selbst schwimmfähig zu machen (Schwimmautobau)

Die Hauptlast wird beim Schwimmautobau über zwei Balken/Bäume, die an den Stoßstangen befestigt werden, getragen. Je nach Fahrzeughöhe kann zusätzlich ein mittlerer Tragebalken verwendet werden.

Dann werden zwei stabile Rahmen zur Befestigung der Schwimmkörper angefertigt.

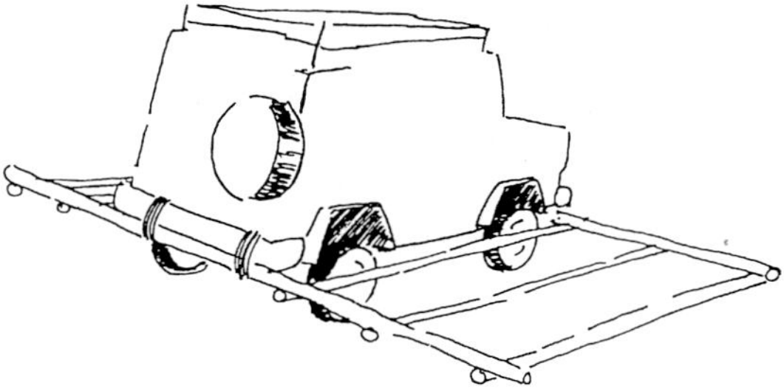

Falls die Auftriebskapazität nicht ausreicht, muss parallel ein zweiter Rahmen gebaut werden.

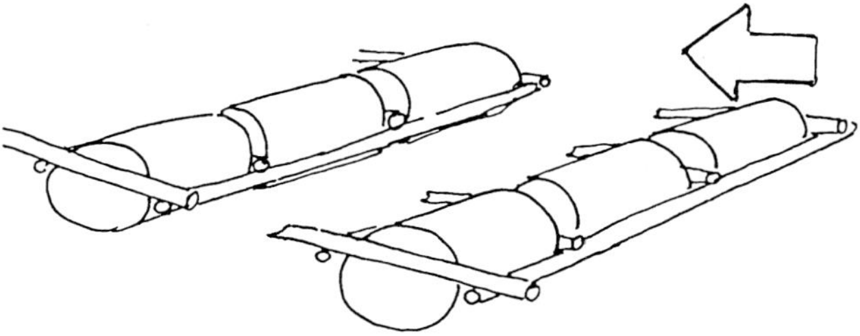

Der Rahmen wird gegen den Dachgepäckträger abgestützt.

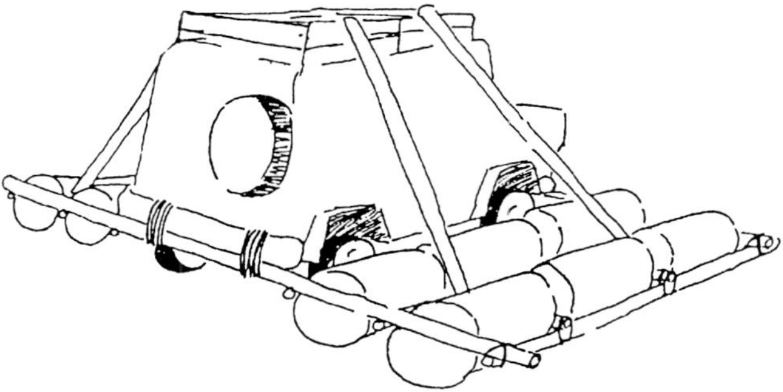

Je nach Stabilität der Gesamtkonstruktion gibt es verschiedene Abstützmöglichkeiten über den Dachträger.

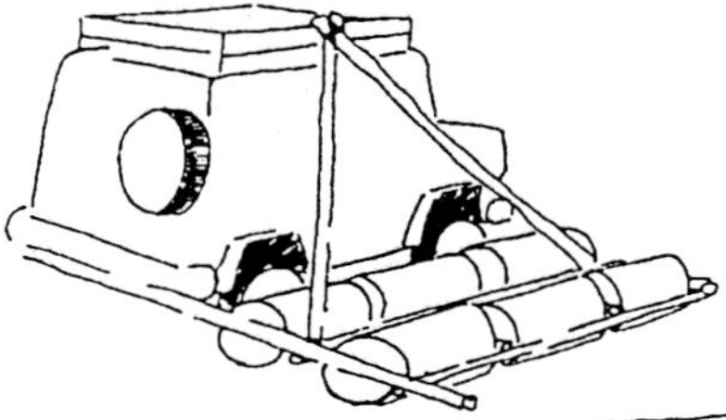

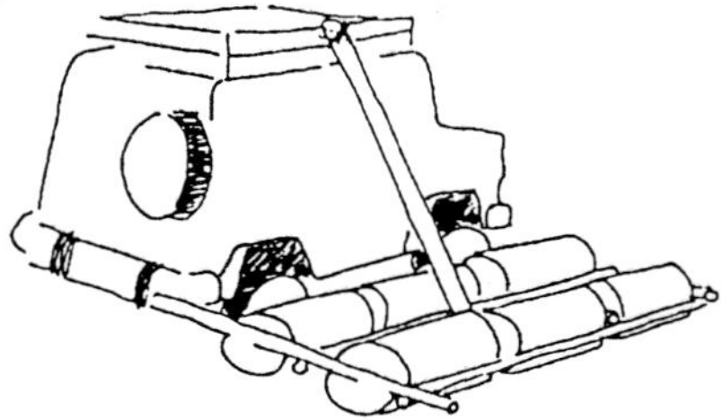

Falls kein Dachträger vorhanden ist, kann ein Hilfsrahmen über das Dach gebaut werden.

Merke: Man sollte darauf achten, dass das Fahrzeug noch fahrbar bleibt. D. h. unter der Schwimmerunterkante sollten ca. 10 cm Luft bleiben. Ansonsten ist es fast unmöglich, in das Wasser hineinzufahren oder es zu verlassen.

Da der Bootskörper durch die Belastung des Fahrzeuges heruntergedrückt wird, besteht die Gefahr von Verletzungen der Bootshaut. Daher mit großer Vorsicht in das Gewässer einfahren.
Die Schwimmkörper auch nicht zu hoch auf das Ufer legen, sonst kommt man nach der Beladung nicht mehr vom Ufer weg.
Beim Herausfahren eine flache Uferstelle suchen. Kurz vor dem Ufer etwas Schwung holen, um das Fahrzeug aufzusetzen (auf die Schwimmer aufpassen!), sonst greifen die Räder nicht. Meistens muss beim Verlassen des Gewässers die Winde oder der Greifzug eingesetzt werden.

Mit dem hier abgebildeten Schwimmauto fuhr der Autor 1200 km von Kanada nach Alaska den Yukon hinunter

Möglichkeiten für den Vortrieb

1) Schaufelradprinzip

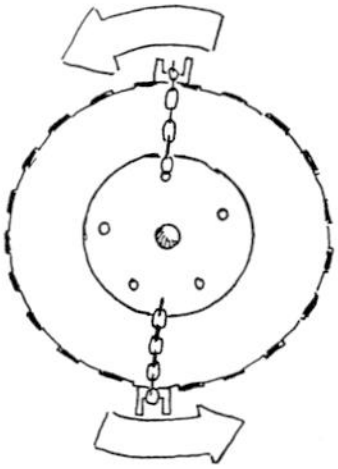

Je nach Radhausgröße und Bremsenabstand kann eine Schaufelkonstruktion aus Holz oder Metall gebaut werden. Gelenkt wird dabei über die Vorderräder.

Merke: Im großen Gang über die Wasserfläche fahren. Vorsicht bei Wind und Strömung. Meist reicht dann der Vortrieb nicht aus. Bei starkem Wind und Wellenbildung generell warten bis sich das Wetter bessert.

2) Paddeln.
3) Staken.
4) Außenborder am Fahrzeug befestigen.
5) Seilverbindung zum Ufer herstellen und Fahrzeug ziehen.
6) Über die Winde ziehen (Motor dabei laufen lassen).
7) Seil spannen und hangeln.

Kappbare Seilverbindung

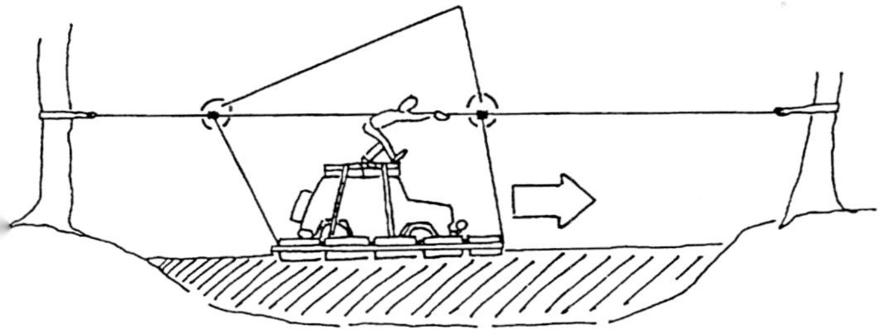

8) Mit einem zweiten Auto vom Ufer ziehen.

24. Notsignale und Nachrichtenübermittlung

ALPINES NOTSIGNAL

6-mal in der Minute ein Signal geben – eine Minute Pause.
Antwort: 3-mal pro Minute ein Signal geben – eine Minute Pause.
Diese Signale können mit einem Funkgerät, dem Signalspiegel, einer Lampe, einem Signalabschussgerät oder einer Pfeife gegeben werden.

DAS MORSEALPHABET

a •–	k –•–	u ••–	1 •––––
b –•••	l •–••	v •••–	2 ••–––
c –•–•	m ––	w •––	3 •••––
d –••	n –•	x –••–	4 ••••–
e •	o –––	y –•––	5 •••••
f ••–•	p •––•	z ––••	6 –••••
g ––•	q ––•–	ä •–•–	7 ––•••
h ••••	r •–•	ö –––•	8 –––••
i ••	s •••	ü ••––	9 ––––•
j •–––	t –	ch ––––	0 –––––

DAS PHONETISCHE ALPHABET

(Von NATO und Luftfahrt)

A	Alfa
B	Bravo
C	Charlie
D	Delta
E	Echo
F	Foxtrott
G	Golf
H	Hotel
I	India
J	Juliett
K	Kilo
L	Lima
M	Mike
N	November
O	Oscar
P	Papa
Q	Quebec
R	Romeo
S	Sierra
T	Tango
U	Uniform
V	Victor
W	Whiskey
X	X-Ray
Y	Yankee
Z	Zulu
1	Wun
2	Too
3	Tree
4	Fow-er
5	Fife
6	Six
7	Seven
8	Ait
9	Nin-er
0	Ze-ro

BODENZEICHEN FÜR FLUGZEUGE

Diese Zeichen können in den Schnee getrampelt, mit Steinen angelegt oder auch aus Zweigen und/oder Kleidungsstücken angefertigt werden. Es ist auf Schattenbildung zu achten! Die Zeichen möglichst groß anlegen; mit Kaliumpermanganat kann man eine Blaufärbung des Schnees erzielen.

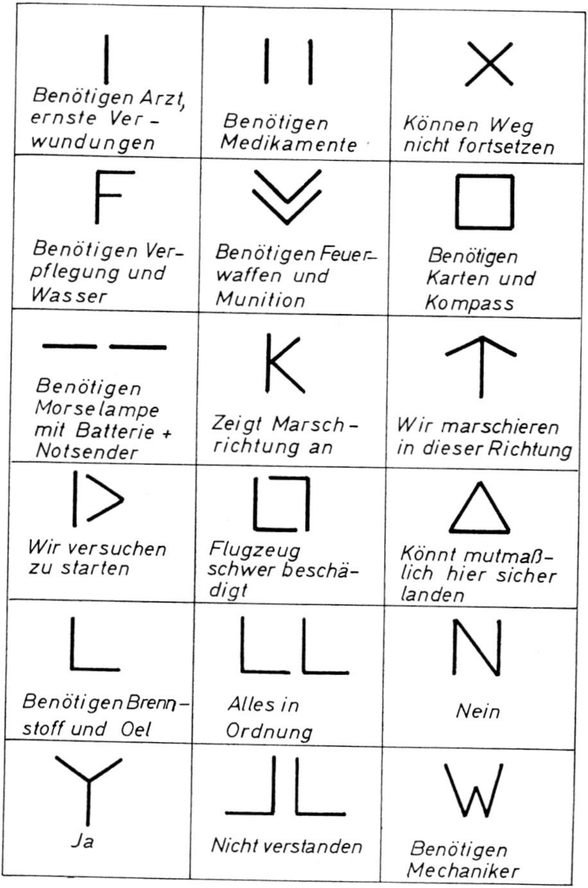
Benötigen Arzt, ernste Verwundungen
Benötigen Medikamente
Können Weg nicht fortsetzen
Benötigen Verpflegung und Wasser
Benötigen Feuerwaffen und Munition
Benötigen Karten und Kompass
Benötigen Morselampe mit Batterie + Notsender
Zeigt Marschrichtung an
Wir marschieren in dieser Richtung
Wir versuchen zu starten
Flugzeug schwer beschädigt
Könnt mutmaßlich hier sicher landen
Benötigen Brennstoff und Oel
Alles in Ordnung
Nein
Ja
Nicht verstanden
Benötigen Mechaniker

KÖRPERSIGNALE FÜR DIE LUFTSUCHE

FLUGZEUGANTWORTEN

- **Grünes** Blinklicht *oder* **Wackeln** mit den Tragflächen = Nachricht verstanden.
- **Rotes** Blinklicht *oder* **voller Kreisbogen** nach rechts: Übermittlung **nicht** verstanden.

ALLGEMEINE ODER IMPROVISIERTE NOTSIGNALE

In einer Notsituation kann man mit den verschiedensten Hilfsmitteln auf sich aufmerksam machen. So sollten in keinem Survival-Kit fehlen:
- Signalspiegel
- Leuchtraketen oder Rauchstäbe
- Pfeife.

Folgende Dinge können als improvisierte Notsignale dienen:
- Taschenlampe, die im SOS-Rhythmus an- und ausgeknipst wird.
- Kosmetikspiegel
- Eine Alurettungsdecke, die an auffälliger Stelle platziert oder auch zu einem Kinderdrachen umgebaut wird, der im Wind flattert.
- Stark rauchende Feuer, evtl. sogar mit Hilfe eines Autoreifens oder eines Öl-Sand-Gemisches, das in der Radkappe entzündet wird.
- Schüsse, falls man eine Jagdwaffe bei sich führt.

25. Verschiedene Maßeinheiten

DIE UMRECHNUNG VON FAHRENHEIT IN CELSIUS

Nullpunkte: 0 Grad Celsius entsprechen 32 Grad Fahrenheit.

Formel zur Umrechnung von Fahrenheit in Celsius und umgekehrt:

$$°C = \frac{°F - 32}{9} \times 5 \qquad °F = \frac{°C \times 9}{5} + 32$$

Beispiel: Umrechnung von 100° Fahrenheit in °Celsius

$$°C = \frac{°F - 32}{9} \times 5$$

$$\frac{100° - 32}{9} \times 5 = 37{,}8°\ C$$

Beispiel: Umrechnung von 20° Celsius in ° Fahrenheit

$$°F = \frac{°C \times 9}{5} + 32 \qquad \frac{20 \times 9}{5} + 32 = 68°\ F$$

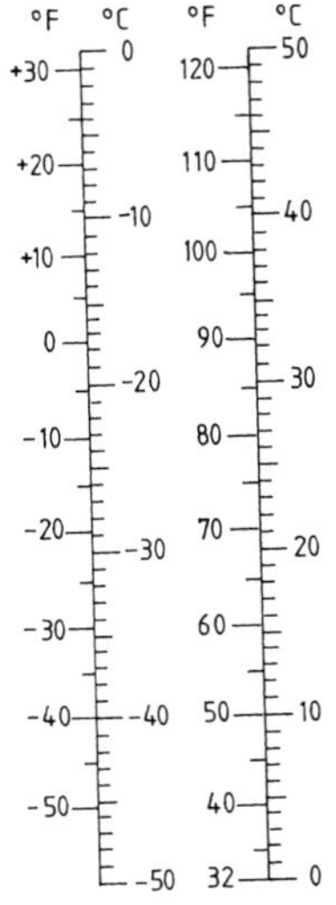

0°C = 32°Fahrenheit

UMRECHNUNGSTABELLE FÜR DEUTSCHE, ENGLISCHE UND AMERIKANISCHE MASSE UND GEWICHTE

1 Kilometer	=	1000 Meter
1 Meter	=	1000 Millimeter
1 km^2	=	1.000.000 m^2
1 Hektar	=	10.000 m^2
1 Ar	=	100 m^2
1 Seemeile	=	1852 m
1 englische Landmeile	=	1609 m
1 square mile (engl.)	=	2,59 km^2
1 acre	=	4046,8 m^2
1 square foot	=	929,029 cm^2
1 square inch	=	6,452 cm^2
1 Fuß	=	30,48 cm
1 Yard	=	91,44 cm
1 Zoll (= 1 Inch)	=	2,54 cm
1 Kilogramm	=	1000 Gramm
1 Tonne	=	1000 kg
1 Liter	=	1000 ccm
1 Gallon (USA)	=	3,79 Liter = 4 engl. pints
1 Gallon (engl.)	=	4,55 Liter
1 Quart	=	1,14 Liter = 2 engl. pints
1 pint (engl.)	=	0,57 Liter

Faustregeln:

· 4 Inches	=	ca. 10 m
· 5 Meilen	=	ca. 8 km
· 10 Yard	=	ca. 9 km
· 3 Feet	=	ca. 1 m

26. Improvisierte Hilfsmittel

ANFERTIGUNG EINER SCHNEEBRILLE

Bei starker Sonneneinstrahlung oder großen, reflektierenden Flächen (Wüste, Sand, Wasser, Eis oder Schnee) muss man die Augen – auch bei vermeintlich bedecktem Himmel – vor Blendung schützen.

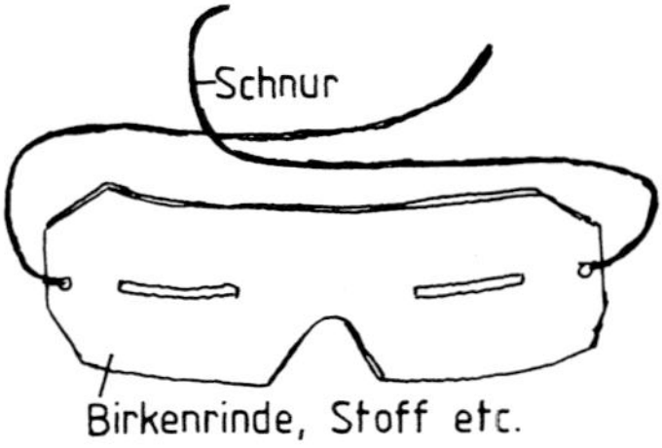

RUCKSACK- UND TRAGENBAU

Einfacher Rucksack

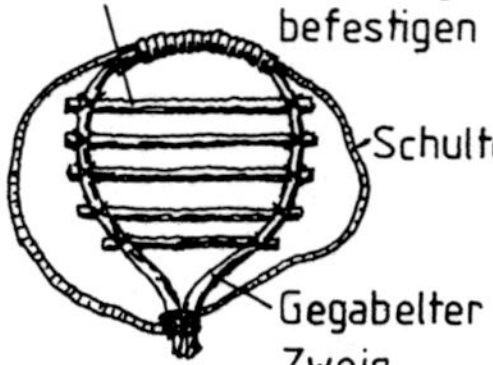

Traggestell

BAU EINER SÄGE

Das Sägeblatt kann unterwegs gerollt (z. B. im Kochtopf) gut transportiert werden.

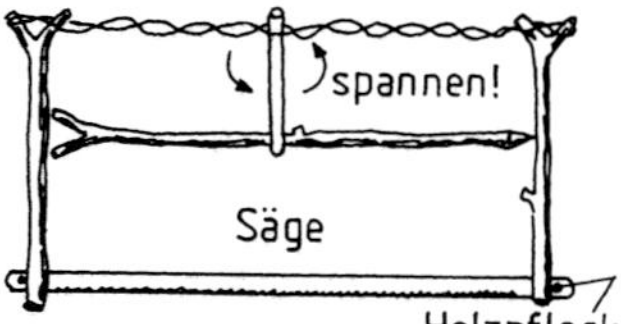

Danksagung

Nobody is perfect. Will man in einem Lehrbuch dieser Art alle Themen kompetent behandeln, ist man – gerade im medizinischen Bereich – auf Spezialisten angewiesen. Ich möchte mich an dieser Stelle bei den Fachleuten bedanken, die mir für die einzelnen Kapitel ihr Fachwissen zur Verfügung gestellt haben:

Dr. Lisa Fritsch, Zahnärztin, Hasloch
Rainer Korn, Journalist und Angelspezialist, Hamburg
Dr. Ruth Markus, Ärztin und Medizinjournalistin, Ronneburg
Prof. Dr. Dietrich Mebs, Toxikologe,
Universität Frankfurt/Main
Dr. Ingomar Naudts, Facharzt für Allgemeinmedizin, Rodgau
Dr. Karin Pantel-Lapp, Kleintierärztin, Wittgenborn
Pit Pfrüner, Outdoor-Journalist und Navigationsspezialist,
München
Hubertus Schulze-Neuhoff, Meteorologe, Traben-Trarbach
Dr. Michael Weiler, Pferdetierarzt, Gelnhausen
Dr. Hans-Jörg Werner, Arzt, Hainburg
Rainer Wohlfahrt, Hufschmied, Rothenberg-Hinterbach

ADAC Fahrsicherheit GmbH
Lievelingsweg 102–104
53119 Bonn

Für die Zeichnungen möchte ich mich bei meinem Vater Heinz Lapp bedanken sowie bei Christian Schiegel für die Wolkenbilder.

Mein ganz besonderer Dank gilt jedoch meiner Frau Karin, ohne die es mir nicht möglich gewesen wäre, all mein gesammeltes Wissen in geordneter Form zu Papier zu bringen.

Volker Lapp

Der Autor

Volker Lapp, selbstständiger Kaufmann aus Wittgenborn. Entwicklung und Vertrieb von Ausrüstung und Booten, Offroadfahrzeugen und -zubehör.
Leiter von Expeditionsseminaren für Privat und Industrie. Durchführung von Incentive-Veranstaltungen im Outdoor-Bereich.

Extremreisen in aller Welt: USA, Alaska, Kanada, Grönland, Afrika, Südamerika, Indonesien und Rußland:
- Camel Trophy in Brasilien, Gewinner des TEAM SPIRIT AWARD
- Pharao-Rallye in Afrika
- Motorbootrennen Niamey–Bamako in Afrika
- 1999 Dunlop Iron-Drivers-Cup in Patagonien
- Segelboottour Hanau–Afrika–Hanau
- Schwimmautobau und 1200-km-Erprobungstrip auf dem Yukon
- Survival-Lehrgänge bei der Bundeswehr.

Unterwegs mit Kanus, Segel- und Motorbooten, Geländewagen, Motorrad, ATV, Pferden, Hundeschlitten und zu Fuß; geprüfter Wanderrittführer, Jäger und Hundeführer.

Stichwortverzeichnis

I

K

L

S

T